ジャン＝リュック・ナンシーの哲学

共同性、意味、世界

序文

この世界を織り成す私たちは各々が、そのつど、他の実存者と共同で存在する。言い換えれば、人間という類に包摂可能な抽象的個体としてではなく、根底的に単数でありながら複数のものとして実存している。あらゆる意味作用をもたらす地平（意味そのもの）もまた、こうした共同存在のあり方において分かち合われている。意味そのものの地平が独占されえず、つねに分有されてほかの実存者へと宛てられているがゆえに、意味は絶え間なく循環し、ときに逸脱し、多種多様な方向性をもつ。ただ、つねに方向性をもつ意味そのものは無際限な地平ではなく、私たちを限界に接触させる。私たち実存者はさまざまな限界——死も生もその範例と言える——に曝されており、こうした在り方、すなわち有限性を分有することで共同で生存し、思考しているのである。

仮に一筆書きで描いてみるとするならこのような展望のもとに、フランスの思想家ジャン

＝リュック・ナンシー（一九四〇－二〇二一年）は共同体や世界、実存、意味の実相を探究した。ナンシーはジャック・デリダの脱構築思想を継承しつつも、共同性やキリスト教といった主題をめぐって独自の思索を展開した。刊行された著作は単著だけでも七〇冊を超え、哲学のみならず、文学や政治、美術、音楽、宗教、精神分析など多岐にわたり、いまだその思索の成果は十分に汲み尽くされていない。

一九九〇年代初頭に心臓移植を受けたナンシーは他者の臓器で生き長らえ、二〇二一年夏に逝去した。その後、世界各地で追悼のシンポジウムや刊行物が相次ぎ、彼の思想的遺産が継承されている。本書もまた、二〇二二年九月一七－一八日に東京の日仏会館で開催された国際シンポジウム「ジャン＝リュック・ナンシーの哲学　共同性、意味、世界」の記録である（主催：日仏哲学会、共催：日仏会館、協力：東京都立大学、慶應義塾大学、後援：脱構築研究会、助成：日仏会館・日仏学術研究助成）。発表原稿を収録するにあたって、主題ごとに順序と形式を整え、ナンシー思想の豊かな広がりを示した。

まず、「ナンシー哲学の原像」には、ナンシーの思想的原理をさまざまな角度から解き明かす論考が配されている。柿並良佑は「Mêmaltération」というタイトルの表現によって、〈同じもの〉が絶えず〈他なるもの〉に変貌し続けるというナンシーの思考の原‐運動を指し示そうとする。澤田直の「ナンシーにおける singulier pluriel について」では、ナンシーが「一と多」、

「自己と他者」といった二項対立を解きほぐすべく、「単数複数」という表現をもちいた思想的背景が考察されている。西谷修の「哲学の転生、または〈分有〉の未来」では、西洋哲学が見落としてきた「分有」の諸相が、政治的文脈とともに示され、翻訳やアントロポスの主題とともに語られる。ジェローム・レーブルの「非人間的なものたちとの共存？」はナンシー共同体論をエコロジーの視点から再考する独自の論考で、人間の彼方で共存について思考するという困難な要請を明らかにする。ジャコブ・ロゴザンスキーの「共同体の不可能な可能性」も同じく共同体論で、デリダの脱構築との対比からナンシーの議論の特色を浮かび上がらせたのち、身体と肉の接触と共同というロゴザンスキーならではの議論に辿り着く。

つぎに、「同時代への参与」のセクションでは、ナンシーが同時代的な政治社会状況にいかに応答したのかが論じられる。松葉祥一「三〇年後の「政治的なもの」」では、ナンシーがラクー＝ラバルトと主宰した「政治的なものの哲学的研究センター」（一九八〇－八四年）での共同研究について、「政治」の本質を指し示す「政治的なもの」の考察と後年のその自己批判の内実が描き出される。西山雄二「闇のなかの遠くへの眼差し」では、一九九〇年代前半の欧州連合の形成期に、ナンシーがヨーロッパの理念を眼差しの運動性によっていかに考察したかが示される。鵜飼哲「戦争、あるいは限界で生きることを学ぶ」は、一九九一年の湾岸戦争時に執筆された時評的テクストをもとに、戦争と主権、（国際）法の関係を分析したのち、自然と技術が錯綜した戦争の彼方に「平和の閃光」を示唆する。以上、本セクションは、ロシア・ウクライナ戦争によって決定的な変質を被っているヨーロッパをナンシーとともに考える行論にもなっている。

「思考の共同性のなかで」では、関連する他の思想家との比較検討がおこなわれる。合田正人「無限なものの水平圏内で」では、ハイデガーにおけるスピノザの締め出しという問いから、デリダとナンシーのスピノザ哲学との関係が考察され、有限と無限の連関に焦点が当てられる。郷原佳以「途切れつつ続く流れ」は、ナンシーとブランショの共同体論をめぐって、しばしば指摘される両者の相違ではなく、共有された問題意識、つまりイメージと神話の問いを明らかにする。渡名喜庸哲「ナンシーとレヴィナス　sens について」では、接点が少ないとされるナンシーとレヴィナスの交錯を論じるべく、「意味＝方向」が取り上げられ、聞くことと聴くこと、身体やエロスといった主題群に接続される。市川崇「一と多」が比較するのはバディウの哲学で、批判的な対話を繰り広げてきた両者のなかに、多としての存在、意味、出来事といった共通の思索が概観される。

最後に、「ナンシーと共に生きる」は、学術的論考ではなく、むしろ、個人的な挿話を交えた友愛的なオマージュの文章で構成されている。ジャン＝クレ・マルタンの「コルピュス」では、ナンシーが度々論じた身体の問いをめぐって、有限な身体の触覚を介した思考の延長が主題化され、カントとは異なる新たな超越論的感性論の萌芽が指し示される。ボヤン・マンチェフ「思考の蜂起、あるいは哲学の誕生」が参照するのはナンシーによるキリストの復活論で、身体の起ち上げという復活の含意が、自己を超過する思考の蜂起として描き直される。小林康夫は「実存の縁で」において、ナンシーとの私的な交流を辿りながら、ランボーの「別れ」をめぐるナンシーの論考を参照し、実存の縁をなす魂と身体の二重性をめぐって追慕の言葉をしたためる。

本書の巻末にはナンシーの略年譜と文献目録を付した。岩波書店の『思想』(一一七二号、二〇二一年)に掲載された情報を補訂して再録するものである。転載を快諾された『思想』編集部には感謝申し上げたい。

国際シンポジウムの成果が手頃な新書で読めるのは実にありがたいことだ。出版企画を承諾していただき、的確に作業を進めてくれた週刊読書人の岩崎清氏と明石健五氏に感謝の意を表したい。

二〇二三年四月三〇日

西山雄二・柿並良佑

*本書での翻訳は、東京都立大学・学術集会等開催支援の助成を受けたものである。

ジャン=リュック・ナンシーの哲学　目次

［目　次］

II　同時代への参与

Ⅲ　思考の共同性のなかで

IV　ナンシーと共に生きる

凡　例

本書で参照されるジャン＝リュック・ナンシーの著作については、次の略号を用いる。アラビア数字で原書の頁数／漢数字で日本語訳書の頁数を示す。たとえば、（ESP 53/ 八二）は『複数にして単数の存在』の原書五三頁、日本語訳八二頁を示している。日本語の既訳を参照している際にも、著者が原文から訳出している場合がある。

RS　*La remarque spéculative. Un bon mot de Hegel*, Galilée, 1973.

DS　*Le discours de la syncope. I. Logodaedalus*, Aubier-Flammarion, 1976.

AL　*L'absolu littéraire. Théorie de la littérature du romantisme allemand*, avec Ph. Lacoue-Labarthe, Seuil, 1978.

CD　*La communauté désœuvrée*, Christian Bourgois, 1986.『無為の共同体　哲学を問い直す分有の思考』西谷修·安原伸一朗訳、以文社、2001 年。

OP　*L'oubli de la philosophie*, Galilée, 1986.『哲学の忘却』大西雅一郎訳、松籟社、2000 年。

EL　*L'expérience de la liberté*, Galilée, 1988.『自由の経験』澤田直訳、未來社、2000 年。

PF　*Une pensée finie*, Galilée, 1990.『限りある思考』合田正人訳、法政大学出版局、2011 年。

MN　*Le mythe nazi*, avec Ph. Lacoue-Labarthe, L'Aube, 1991.『ナチ神話』守中高明訳、松籟社、2002 年。

C　*Corpus*, Anne-Marie Métailié, 1992.『共同-体《コルプス》』大西雅一郎訳、松籟社、1996 年。

SM　*Le sens du monde*, Galilée, 1993.

M　*Les Muses*, Galilée, 1994.『ミューズたち』荻野厚志訳、月曜社、2018 年。

ESP　*Être singulier pluriel*, Galilée, 1996.『複数にして単数の存在』加藤恵介訳、松籟社、2005 年。

H　*Hegel. L'inquiétude du négatif*, Hachette, 1997.『ヘーゲル　否定的なものの不安』大河内泰樹·西山雄二·村田憲郎訳、現代企画室、2003 年。

PD　*La pensée dérobée*, Galilée, 2001.

CM　*La création du monde* ou *la mondialisation*, Galilée, 2002.『世界の創造あるいは世界化』大西雅一郎・松下彩子・吉田晴海訳、現代企画室、2003 年。

AE　*À l'écoute*, Galilée, 2002.

NMT　*Noli me tangere. Essai sur la levée du corps*, Bayard, 2003.『私に触れるな　ノリ・メ・タンゲレ』荻野厚志訳、未來社、2006 年。

D　*La déclosion (Déconstruction du christianisme, 1)*, Galilée, 2005.『キリスト教の脱構築 1　脱閉域』大西雅一郎訳、現代企画室、2009 年。

VD　*Vérité de la démocratie*, Galilée, 2008.「民主主義の実相」渡名喜庸哲訳、『フクシマの後で　破局・技術・民主主義』、以文社、2012 年。

S　*Sexistence*, Galilée, 2017.

I　ナンシー哲学の原像

Mêmaltération

——ナンシー、同という他化

柿並 良佑

不慮の経験から

メマルテラシオン——目眩のする語。

共同体、共同での存在、単数複数存在、共出現……、いずれもナンシーが書物や、その中の章のタイトルに掲げてきた語であること、そして生涯をかけて問い続けた問いそのものであったことは疑いようがない。

我々がそのような存在であること——あくまでも共同で存在し、生きていることは、事実でもあり、かつ（事実であるということその事自体がまた）哲学的問題であった。事実問題であると同時に権利問題でもある、古典的にはそのように言い換えてよいかもしれない。しばしばナンシーは「〜しなければならない（il faut）」という当為的な語法でそれを語ったのだった。事実に、そしていわば定言命法にも関わる問題は、初期のテクストから明示的に問われていた。[*1]

ただ、そうした共同での存在であることによって、何が争点となり、そこからさらに何が問われていくのか。我々の存在の共同性が保証され、言い換えれば「世界」[*2]というものが担保されたときに、何が核心の問題として生起してくるのか。私はそのことを言い表すのに、題に掲げた奇妙な語―― mêmaltération ――をもって考えてみたい。ほとんど目眩のするような経験をそのままに奔らせることによって。

目眩というのは、通常の肉体的症状のみを指しているのではない。ジョルジュ・バタイユから思考の決定的なモティーフを受け継いだ哲学者にとって、目眩もまたその一つであったことはあまり指摘されてはいないかもしれない。その点については別の機会に少し触れたので今は措く。[*3]ともあれ、絶え間なく続く目眩というのは、何一つ定まった足場がないところで、すべてが変転する現象の謂いである。すべてが変転するのだから、「私」なるものも、私がいる「今ここ」とされる地点もすべてが動く。それが語の強い意味における目眩だ。私という個人、主体、ひいては存在そのものを拉し去る経験、あるいは経験を根底から覆すような経験を、日本語とフランス語の偶発的な音の類似を頼りにして、mêmaltération と仮に呼んでおく。

これはフランス語の même と altération という二つの語を重ね合わせた造語で、前者は「同じ（もの・こと）」を意味する形容詞・代名詞であり、後者は通常なら「変質」のように否定的な響きを持つ語だ。仮に「同じもの（le même）」が毀損されぬ本質によって同一性を保つのだとすれば、「他なるもの（l'autre）になること」としての「変質＝他化（altération）」は「同じもの」あるいは「主体」にとっての脅威だということになろう。

いわば現代思想のクリシェである〈同と他〉を圧縮するかのような組み合わせは、本書の元になったシンポジウムを準備するなかで、どこからか降ってきた単なる思いつきではある。思

＊1 Cf. J.-L. Nancy, *L'impératif catégorique*, Flammarion, 1983, p. 116 *sq.* 本書では「法」ないし「義務」の問題がボヤン・マンチェフによって触れられるだろう。

＊2 「共にある存在」、「一緒にいる存在」は、別の主著のタイトルにもなった表現である「世界の意味」と言い換えられている（ESP 55／八五）。

＊3 拙論「人間《オム》なきオマージュ——バタイユとナンシー、思考の身振りと力」、『多様体』月曜社、第二号、二〇二〇年、一〇八頁。altération 自体、バタイユが用いた語でもあり、ナンシーによる概念的援用にその影響をみることも可能なはずだが、管見の限り、ナンシーがバタイユについて語る際にこの語を強調しているくだりはないように思われる。たしかに「書く理由」というテクストはバタイユ的エクリチュールに近いところで書かれたものだが（さらに、雑誌 *Po&sie* 第四七号（一九八八年）に再録された際には、後に『有限な思考』に収められることになる「外記（L'excrit）」に組み込まれている）、そこでは直接にはデリダやフッサールを参照しながら用いられていた。Cf. J.-L. Nancy, «Les raisons d'écrire» [1977], *Demande. Littérature et philosophie*, Galilée, 2014, p. 51 et 55.
バタイユの用法については以下。酒井健『バタイユと芸術——アルテラシオンの思想』青土社、二〇一九年。

いつきというのはしかし、ナンシーが好んだ機知（Witz）でもあり、ドイツ語で言えば Einfall、たしかに降ってくるものだ（AL 74）。それはドイツ・ロマン主義の断章と共に落ちてきた。

機知に富む思いつきの多くは、二つの仲のよい考えが、長い別離のあと、驚きとともに再会するようなものである。（『アテネーウム』断章、三七；AL 103）

〈同と他〉という二者が、ここに言われる「友のように仲の良い二つの考え（deux pensées amies）」だというわけではない。それが別離《わかれ》の後に再会するのかどうかも定かではない。むしろ別離の難しさ、どうしても離れられないことを、ナンシーは語っていたように思われる。そうした意味も込めて、mêmaltération だ。

無論、ナンシーは年長の友人デリダほどには、言語に無理を強いるような、いわゆる「カバン語」を好まなかった。ただし同時に、こうした「驚き」ないし「不意打ち《サプライズ》」は我々の存在そのものを襲う衝撃として、ナンシーの存在論を撃つ――「存在の本質とは衝撃（le coup）である」（ESP 53／八二）。自らの存在論を提示した『単数複数存在』に併録された論考の一つはまさにこの語を伴って「出来事の不意打ち（La surprise de l'événement）」と題されており、ナンシーは「起こってしまったこと」の把握に留まらぬ哲学の課題を、不意に生じる出来事への直面に見出す。そこには以下のような一節が書き込まれていた。

何でもないもの〔＝無 rien〕と同じものとしての、同じもの性自体〔la mêmeté même〕を思考することが肝心なのだ。[4]（ESP 188／二九二）

あったのではないということと同じもの、何でもないもの〔無〕と同じもの〔le même que rien〕〔……〕（ESP 190／二九六）

ナンシーは少なからぬ著作で、「物」を意味するラテン語の res に由来する「何でもないもの＝無（rien）」を強く読み込んでいるが、[5] ここでもそのような「無」に着目しておこう。「何でもないもの＝無」としての「同」。〈同と他〉でも、〈同の中の他〉でもない、ナンシーの思

---

*4　ラランドの『哲学語彙』が指摘するところでは、ヴォルテールが mêmeté を identité の代わりに提案したが当時は普及しなかった。André Lalande, *Vocabulaire technique et critique de la philosophie* [1902-1923], PUF, coll. «Quadrige», 1997, p. 456 n. et 606.

*5　「無」については例えば以下を参照。C 86／七一；EL 203／二七四；PF 211, 219／二四九、二五八。このモティーフをめぐっては以下の拙論で多少なりとも展開した。Ryosuke Kakinami, «Rien que rien – en guise d'hommage à Jean-Luc Nancy», *Philosophy World Democracy*, 27 september 2021.

考の核心、変転し続ける核心、あるいは核心ならざる核心のようなものがここにも姿を見せ、そして過ぎ去ってゆく。同じ存在論の書物は言う、「一者（l'un）からでも他者（l'autre）からでもなく」、「共に、ということ（l'avec）」（ESP 54-55／八四）から思考すること、と。しかし、ある存在があり、それとは別の存在が確固たるものとしてあり続けるのではない。「我々、そのつど一つの他者（un autre）」とも言われていたではないか（ESP 55／八五）。決して安定した場所に留まることのない「我々」は、我々自身に対してつねに不可思議であり続けるのかもしれない。

引き退いてゆく起源

「同じものの謎（l'énigme du même）」を初期から辿り直してみることにしよう。この表現は最初期の著作、『失神のディスクール』（一九七六年）の序章を構成する節の一つに見出しとして採られた。同書は流行《モード》現象となっていた脱構築の鍵語である「決定しえないもの（l'indécidable）」の言挙げを問いに付し、この語によって賭けられているものを明るみに出そうとする。仮に流行（la mode）が何らかの様態（le mode）だとすれば、その背後に潜む実体／実態とはどのようなものなのか。哲学的言説を、あるいは哲学的言説の系譜を支える「同じもの（le même）」の身分がそこで問い質されるというわけだ。

ナンシーにとっては単に〈同〉にとっての〈他〉が問題なのではない。先に言及した「決定不可能なもの」とは、「同じもの」がおのれの「変質＝他化」として産出する「同じもの性」であることが、このときすでに明言されていた。

> 決定しえないものは〈同 le Même〉にとっての〈他 l'Autre〉、思弁的＝鏡面的な入れ子や公現《エピファニー》のうちで〈同〉を穿ちにやってくる〈他〉ではない。（DS 13）
>
> 同そのもの〔le même lui-même〕は、同をめぐる言説を陰険に捻じ曲げ、侵食し、荒廃させてしまう。決定しえないものとは、同がおのれの変質＝他化〔altération〕として産出する同の同じもの性〔la mêmeté du même〕のことである。こうした他化には、〈同〉の中で弁証法的な〈他〉がもつ豊穣な否定性はみられない。他化とは、同の不可能性「そのもの」〔l'impossibilité «même»〕のことである。お望みなら〈同〉の弁証法と言ってもいい、ゆえにその固有な不可能性としての弁証法そのもの、なのだと。（DS 13）

「弁証法」という措辞からも分かるとおり、ナンシーが初期から一貫して「お気に入り」の哲学者と公言して憚らないヘーゲルの読み直し——あるいはこれまでとは異なったヘーゲルの読み方（«lire autrement Hegel»）——がこうした哲学的姿勢を可能にしている（RS 30, 108, 174）。事実、右の引用に続く箇所に付された注では、先立つ著作『思弁的注解』の参照が指示され、「弁証法そのもの（la dialectique *elle-même*）」の決定不可能性が確認されていた。同そのものが他と化し、「豊穣な否定性」を欠き、決して回帰しないという〈変質＝他化する弁証法〉とでも呼ぶべき方途は（cf. PF 216／二五五）、すぐ後に続くフロイト読解にも顔を見せるだろう。盟友ラクー＝ラバルトとの共著論文である「政治的パニック」（一九七九年）や、それを承けた「ユダヤの民は夢を見ない」（一九八〇年）では、「触発＝情動（l'affect）」による主体の発生が論じられる。個人心理学が社会心理学ないし集団心理学に他ならず、個人の心の蠢きの内に社会的なものとナルシス的なもののせめぎ合いがあることを看取したフロイトを踏まえる著者たちは――「他と自我の分割*6（partage entre l'autre et moi）」なる表現があるいは想定させかねない二元論を超えて――主体の同一性がその原理において変質＝他化にほかならないことが明らかになる地点まで踏み込んでいく。

主体と呼ばれるものの同一性は〔……〕その原理において変質＝他化する〔*s'altère*〕〔……〕。この変質＝他化の中には〈他 Autre〉はいない。それはまだいないし、おそらくずっといないだろう。そこにいるのは、この語かつ概念をレヴィナスから引き取って言うなら、他人〔*autrui*〕である。他人は一つの主体ではないし、二つの主体でもない。他人は内から触発する外、外へと自己触発する内部がもつ――あるいはみずからの同じもの性〔sa mêmeté〕で重篤化する他性、みずからの他性とともに成長する同じもの性がもつ――度を超した度量なのである。*7

ナンシー（および特にラクー＝ラバルト）*8によるレヴィナス批判の成否については、後年の論考までを視野に入れて改めて検討する必要がある。目下、確認しておきたいのは〈同〉と〈他〉、主体とその他者という「分割」がいかにして可能となるのかを問題にしようとするその視点である。同一性と呼ばれるものは誕生において他性と相互に浸透し合っており、そのような主体も他者もない場面に振動するもの、それが「政治的パニック」と「ユダヤの民は夢を見ない」においては、小文字で書かれる「他人（autrui）」をもって示されたのであった。

＊6　Philippe Lacoue-Labarthe et J.-L. Nancy, *La panique politique* suivi de *Le peuple juif ne rêve pas*, Christian Bourgois, 2013, p. 40.「政治的パニック」拙訳、『思想』岩波書店、二〇一三年一月号、四五頁。

＊7　*Ibid.*, p. 69-70.「ユダヤの民は夢を見ない」、藤井麻利訳、『イマーゴ』青土社、一九九二年七月号、一二三頁。

＊8　Cf. J.-L. Nancy, «D'une «mimesis sans modèle»», *L'animal*, nº 19-20, «Le Simple / Philippe Lacoue-Labarthe», hiver 2008, p. 111. 後年のナンシーによるレヴィナス読解については例えば以下。そこでも altération の語が用いられる。Cf. Nancy, «Hors tout», *Emmanuel Levinas et les territoires de la pensée*, PUF, 2007.

他人はまず同一なる他者〔l'autre identique〕であるわけではなく、この同一性の退引——起源的な変質＝他化である。[*9]

謎めいたものとしてフロイトが『集団心理学と自我分析』の一節に書き留めた「同一化（l'identification）」という概念が、ナンシーによってしばしば肯定的に用いられるのに対して、「同一性（l'identité）」やそれに類する語が固定され、動かないものとして扱われていることは、遺されたテクストを紐解けばいたるところで目に入る。

こうしたフロイト読解と並行して、七〇年代から八〇年代初頭にかけてのナンシーはラクー＝ラバルトとともにカントを、ヘーゲルを、ハイデガーを、そしてバタイユを読み抜いてゆく。同時期の二人の共同作業の中には、先に触れたように哲学に接するドイツ・ロマン主義の読解があった。哲学（史）的に「主体」を問い直す試みは、人間的主体のみならず、集団としての主体、哲学的体系としての主体、さらには芸術作品としての主体へと及ぶ。とりわけ文学作品の構造はブランショとともに、主体の「脱作品化＝無為（le désœuvrement）」として解きほぐされるのだった。いささか長くなるが引いておこう。

こうした「文学のそれ自身への顕現〔manifestation de la littérature à elle-même〕」は、ロマン主

義の本質的特性を打ち出すのにちょうどよく定式化されているが、これが自己顕現であるのはただ、そのなかで作品の Gattung《ジャンル》が絶え間なく無為＝脱作品化されているのが認められる限りにおいてである。Gattung が根本的に無為なものにされているのは、『アテネーウム』のテクストの多くが故意かどうかはともかく呼び求めているポエジー的思弁が到来しないから、あるいは Gattung が分解しなければ——ジャンルが、そして混交物が分解しなければ——そのような思弁が到来しないからである。こうした自己顕現においては、単に文学から哲学へ、哲学から文学への一致〔l'identité〕が起こらないというだけではない。それと同じように、文学の文学自身に対する、哲学の哲学自身に対する一致＝同一性が生じないのだ。ここにみられる〈同〉は自らの同じもの性に辿り着くことはない*10〔Le Même, ici,

*9　*La panique politique, op. cit.*, p. 53.「政治的パニック」、五三頁。「他人」という語は、この引用箇所の原文では文頭に来ているため Autrui と大文字表記だが、その他文中に出てくる箇所ではすべて autrui と小文字で表記されている。

*10　ナンシーは Witz を論じた一九七七年のテクストで以下のように述べる。「美学は哲学のなかで、Witz の学のプロジェクト、芸術と文学をめぐる学の——排除された〈他なるもの〉の学の——プロジェクトとして誕生する。そしてまたこの排除が不可能なために、〈他なるもの〉とそれを排除する〈同じもの〉との同じもの性についての学〔une science *de la mêmeté de l'Autre et du Même qui l'exclut*〕のプロジェクトとして生まれるのだ」。また同時期の「書く理由」（注3参照）ではデリダの著作に目配せを送っている。Cf. *Demande, op. cit.*, p. 27 et 51. デリダ『哲学の余白』藤本一勇訳、法政大学出版局、下巻、二〇〇八年、二六六頁。

n'arrive pas à sa mêmeté〕。これこそロマン主義において、すでにして文学でも哲学でもないものが知ったことである。（AL 421）

「共同哲学」や「共同ポエジー」の旗印のもとで哲学と文学の幸福な綜合を夢見たロマン派の理論の核心部に、やはりナンシーたちは（ここで文字どおりその語が用いられはしないが）他化の運動を見出した。同一性の極に統合的・哲学的・思弁的弁証法が位置づけられるとするなら——そのすぐ横に、そして内部に、と著者たちは言う（AL 69, 71-72）——はっきりと同じものの逸脱する運動が読み取られている。

もちろん手放しでロマン主義の遺産が称賛されているのではない。例えば「断片《フラグメント》」の詩学がいかに古典的な作品概念を撹乱するとしても、将来の収穫を待望するノヴァーリス的な播種とデリダ的な散種とは峻別されていた（AF 70）。ところで植物、ひいては生物学全般にかかわる措辞は恣意的なものではない。それは先の引用にもあったとおり、今日の我々が「ジャンル」の名のもとに思い描くものをめぐって、初期ロマン主義の文学的企図の謎めいた核心に触れている。

断章《フラグメント》、宗教、小説《ロマン》、批評が代わる代わる打ち立てようとしているのは文学的《リテレール》ジャンルであり、かつ文字《リテラル》どおりの属《ジャンル》だ。すなわちGattung、種《エスペス》、特種性《スペシアリテ》そのもののもつ特種な生殖であり、同と混交した同の自己生殖だ〔l'auto-engendrement du même au même mélangé〕。自然発生、あるいは当時まだそう呼ばれていたように、曖昧《いかがわしい》な発生〔*generatio aequivoca*〕。（AF 420）

曖昧であると同時にいかがわしいもの――l'équivoque と仮に呼ばれる何らかのもの（ソレça）をロマン主義者たちは掴みきれなかった。さしあたり『文学的絶対』という注解の書はそのような結語をもって閉じられているようにみえる。だが後年、例えばバタイユになおも取り組み続けるナンシーのテクストにこの語が姿を現すとき（PF 56／六〇）、この曖昧さ、いかがわしさは、主体・哲学・文学等々の名のもとに同定されることを絶えず拒む原理的な事態のように思われてくる。

すべてが変わる世界で

こうした作業を経て、ブランショの概念を共同体に施してみせたのが代表作の一つ『無為の共同体』（一九八六年）であったが、そこで「他化」なる語が強調されているわけではない。しかしやはり同じもの、同一性が問われる箇所にたしかに書きつけられているのが分かる。他人や世界を単純に他者化することによって殺害の対象としてしまうようなサド的論理を批判するバタイユの言葉を受け継いで、ナンシーは未聞の共同体の姿を一挙に描き出してみせる。そこにもやはり「同じものの謎」が谺している。

似た者〔le semblable〕というのは同じような者〔le pareil〕のことではない。私は他者〔l'autre〕の内に私を再度見出すのでも、私を再認するのでもない。すなわち私は他者の内に、あるいは他者から、他性を経験し、そして私の特異性を「私自身の内で〔en moi-même〕」私の外に出し、無限に有限なものとする変質＝他化を経験する。共同体とは、他と同が似た者となっている特異な存在論的機制である。すなわち同一性の分有〔le partage de l'identité〕のことだ。（CD 83-84／六一）

統合や全体性なき共同体においては何が起きているのか？　私が外に追い出され、変質する。「体験する」と訳された éprouver という動詞が示すとおり、それは危うく苦痛に満ちた事態かもしれない。[*11]「分有」、すなわち分割にして共有というナンシーの思考を集約する鍵語――ただし後にその使用が控えられた概念[*12]――が、予めできあがった共通の本質といったものの配分でないことはナンシーの哲学的営為を文字どおり分有しようとする人々によって異口同音に繰り返され、確認されてきた。

逐一数え上げていけば切りがないほど、こうした言及は繰り返されるだろう。同じもの性の運動という強い意味での同一化とともに、同一化として起こる他化は他者にも先立つ。注意してテクストを追うなら、重要な概念が論じられる際にこのモティーフがついてまわっているのが分かる。

> 世界は〈他 l'Autre〉ではないし、〈法 la Loi〉でもない。世界は〈他〉より古い他化であり、〈法〉よりも古い立法〔une législation〕なのだ。(SM 80 ; cf. SM 94)。

> 時間とは同の他性および他化、あるいは他化する同〔le même s'altérant〕に他ならない〔……〕(CM 109 *sq.* ／九四以下)[*13]

*11　本書では「危険」についてジャン＝クレ・マルタンが論じている。最晩年、ナンシーは「似た者」と「同じような者」の区別を再考することになった。Cf. J.-L. Nancy, *Cruor*, Galilée, 2021, p. 30-31, 72 et 91.

*12　ナンシー『共出現』大西雅一郎・松下彩子訳、松籟社、二〇〇二年、七六頁参照。

*13　ただし、例えば「共にあること（l'être-avec）」「政治的なもの（le politique）」などがそうであるように、一つの概念が留保なしに、すなわちその危険を顧みずに使われることはない（cf. CM 29／二〇）。

ここに挙げた『世界の意味』同様、存在論の書もまた『無為の共同体』以降の「共同での存在」の問いを引き継ぎ、我々がそこに住んでいると思っている世界の同一性を問い直す。世界とは我々が織りなし、我々を織りなす意味の網の目であり、ここまでテクストを読んでくれば明らかなように恒常的なものではない。その意味で、「我々、そのつど一つの他者」（ESP 55／八五）という、先に引いた一節と共に世界の他化の運動を考える必要がある。*[14]

起源が他であること〔l'être-autre〕は、何らかの「世界とは他なるもの〔un «autre-que-le-monde»〕」の他性ではない。世界とは別の〈他〉（不可避的に「大他者」）が問題なのではなく、世界の他性ないし他化が問題なのだ。（ESP 29／四二）

かくして同と他化をめぐる思考の経験は、世界というあまりに大きな事象を相手にする地点に至ると同時に、出発地点としての弁証法を決して離れてはいない。

〔さまざまな姿をとる他なるものは〕「自己〔le «soi»〕」というものが争点となる他性あるいは他化へと導く。他なるものが思考可能であり、思考されねばならないのは、自己が「同」

として現れ、自らに現れる契機から出発してのことだ。（ESP 101／一五六）

同として現れることのある「自己」とはどのようなものか。「疎外」として理解される限りでの「ラディカルな他化」は通常なら弁証法により、大文字で書かれた「〈自己 le Soi〉」によって同に引き留められるままになる。だが、ナンシーの読み込むそれは常に死と共にある、他化＝変質に晒された自己である*15（ESP 101-102／一五七－一五八）。

この自己の構造を解き明かす余裕はもう残されていない。この書物でも「同じもの性」が、そして「同一性」が問い直される際に「自己性（ipséité）」という軸が導入されている点のみを確認しておくに留めよう（ESP 105, 121, 175-176, 178／一六三、一九〇、二七二－二七三、二七六－二七七）。あるいはまた、「自己性」を参照することで、『無為の共同体』の争点があらためて浮き彫りになることにも注意しておいてよい。

---

*14　我々がそうであるという un autre は、本書で澤田直が取り組んだ複数形・複数態 un pluriel（ESP 52／八〇）のように聞き取っておくべきなのかもしれない。Cf. *Cruor, op. cit.*, p. 62.

*15　そこで他化は trans- という運動と混じり合っている。一時期に限って援用された「内‐越（transimmanence）」（SM 91, 94 ; M 36, 63／四〇、七二）を始めとする trans のモティーフもまたナンシーの営為を貫いていることについては以下の拙稿で展望した。「身振りの追憶—— *Transir, transition*」、『思想』岩波書店、二〇二一年一二月号。

君と私（我々の間で）は、～と〔*et*〕が並置の価値を持つのではなく、露呈の価値を持っている定式である。共出現の内に露呈されているのは、可能なあらゆる結合にしたがって、「君（と）（は）（全く別の）私（である）〔«toi (e(s)t) (tout autre que) moi»〕」ということを、あるいはもっと簡単に、君ガ私ヲ分有スル〔*toi partage moi*〕を読み取らねばならない、ということである。（CD 74／五四）

たしかに「私」や「君」は「特異存在」の端的な現れと考えうるが（CD 139, 192／一三一、一四九）、最後の定式で「君（toi）」が三人称単数となっているように、それは必ずしも眼前の対話相手、あるいはどこかにいる見知った誰かとは限らない。[*16] しかし「君一般」とでも呼びうる抽象的でもない存在を、例えば「自己」は指し示しうるのか。

一九九〇年、『無為の共同体』第二版に収められた論考「共同での存在」でのナンシーは、ハイデガーが「私／自我（le moi）」のもとに「自己（le soi）」を覆い隠してしまったとみなしているが（CD 205／一六一）、同時にヘーゲル、ハイデガー、レヴィナス、さらにはドゥルーズらの思考を辿りながら、同と他の媒介なき変容に他化の契機をみていたことはたしかである（CD 208／一六三）。『単数複数存在』に至ると、ハイデガーの『哲学への寄与』を参照しながら、主体ならざるエゴ、「自己性」の問題が明示的に取り上げられる（ESP 53／八一）。それは自己から自己への関係を断つような、他化を孕むエゴであり（初期の著作のタイトルにもなった「エゴ・スム」もここで再び問いとして浮上する）、「私」でも「君」でもなく、それこそが「特異なもの（le singulier）」として把握されることになる。*17

定位の場ではない自己、そしてそこで生じている他化。概念化の作用を潜り抜けながら、至る所で作動し続けていたその運動は、最晩年の著書『世界の脆弱なる皮膚』に収められた技術論ではより広い視野の下に跡づけられる。「オートメーション化」する世界に、個人の自由・自主管理・直接民主制など、「自己（l'auto）」一般の自己決定の「目眩を引き起こすような」論理の完成を看取するナンシーは、目的のない自動プログラムの進行に他ならない世界をいかに

---

*16 この点についてより詳しくは以下の拙論を参照されたい。「哲学の再描」、『思想』岩波書店、二〇一四年一二月号、三三八、三五二頁。

*17 後年、ナンシーは「特異で分有された自己性」を「差異そのもの（différence *même*）」の場として捉え、そこからやってくる「同じもの性（la mêmeté）一般のメタモルフォーズ」という要請に応えることを哲学への手引き・誘いとして先達から受け取り直している。ナンシー「パラレルな差異（ドゥルーズ&デリダ）」大池惣太郎・柿並良佑訳、『現代思想』青土社、二〇一五年二月臨時増刊号、一九九頁参照。実質的に最後の理論的著作となった遺著でも、晩年のナンシーがこだわり続けた欲動的生命論の文脈に他化する「自己」が位置づけられている。Cf. *Cruor, op. cit.*, p. 23, 28, 41, 50, 56, 74, 120 et 121.

変えるのかを問う。[*18] これが遺言的なテクスト「「哲学の終焉と思考の課題」」と同じ問題意識に裏打ちされていることは見紛いようがない。「自律（l'autonomie）」の論理が統べる西洋哲学の伝統に、しかしながら決定的な打撃を加えてきた思想家たちの名を挙げてみせたすぐ後に、そうした衝撃をナンシーは自己に先立つ「原 - 根源的な他化（une altération archi-originaire）」と呼んでみせるだろう。

歴史上に継起した数多くの思想家たちの遺産を受け止めつつ、しかしそれらとは別の何かであり続けようとした哲学者。自己、誕生、世界、共同性、芸術作品、歴史……それらをつねに他化の相のもとに思考し、体験し続けた哲学者が誘う、目眩のするような試みと営みに少しでも遅れないため、メマルテラシオン、と一息に発してみたかったのだ。

*18　J. -L. Nancy, *La peau fragile du monde*, Galilée, 2020, p. 53 *sq.* そこでナンシーが名を挙げてはいないが、彼の近傍にいたブランショやコフマンをめぐって、哲学を変質＝他化させる出来事や経験を考える必要もあるだろう。例えば以下を参照。Isabelle Ullern et Pierre Gisel (dir.), *Penser en commun ? Un « rapport sans rapport »*, Beauchesne, 2015, p. 236 et 244.

ナンシーにおける singulier pluriel について
——なぜ複数の……があるのか、ひとつではなく

澤田　直

二〇世紀後半以降のフランス哲学はそれまでの二項対立的思考、二元論的アプローチを批判するという共通点を持つが、ジャン＝リュック・ナンシーのさまざまな脱構築的所作の特徴のひとつとして、大上段に振りかぶって既存の二項対立を一刀両断にするのではなく、むしろ控えめな形で崩すことが挙げられるように思う。本書では、ナンシーが「一と多」、「自己と他者」などの二項対立を打ち崩す際に、singulier pluriel というタームを用いることによって、その背後にある問題構成に新たなアプローチした点について考察したい。

singulier pluriel という、ハイフンもなく、いかなる接続詞もなく、ぶっきらぼうに併置された、通常は対義語と見なされる二つの言葉によって、ナンシーが俎上に載せる問題とは何だ

ろうか。この奇妙かつ魅力的な言葉が縦横に用いられるのは、一九九六年刊行のその名も Être singulier pluriel と題された書であるが、être singulier という表現そのものはすでに『無為の共同体』（一九八六年）で、個人（individu）とは異なるものとして用いられていた。ただし、そこでは pluriel という語は用いられていない。

singulier pluriel という表現がきわめて重要な形で素描されたのは、一九九四年刊行の『ミューズたち（*Les Muses*）』の第一論文であるから、そこを糸口とすることにしたい。

Les Muses

ナンシーはいくつもの芸術論を発表しているが、『ミューズたち』は、「なぜ、ただ一つではなく、いくつもの芸術があるのだろうか？」という問いかけから始まる。Mousai が何人であるのかについては諸説あり、その数は確定できない。とはいえ、彼女らが複数であることだけは確かである。美の女神が一人ではなく、何人かいるということにどのような意味があるのか。この点を問うことからナンシーは始める。

ミューズが複数であるのは、まず芸術には多様なジャンルがあることだとされる。音楽、絵画、彫刻、舞踊、詩、演劇、文学、さらには写真、映画など近現代に現れたものも含めて、それぞれが art と見なされる一方で、その多様性を超えて、それら全体が Art（芸術）という名の下でひとつのものと見なされるのはなぜか。
　この美学も問うてきた問題において、じつは単数複数的なありかたに関する問いはしばしば回避されてきたとナンシーは考え、その理由を考察する。第一に、この問いは、複数性が諸芸術の所与だという事実の確認にとどまり、それらを分類、ときには階層化することで満足するという仕方で回避されてきた。その場合、複数性の統一に関する「存在論的」な問いを立てることが避けられてきたとナンシーは指摘する。

　しかし、こうした複数性の統一についての、言うなれば「存在論的」問いは提起されていない。この統一は「芸術」一般として、包摂による曖昧な統一として前提になっているか、さもなければ芸術に固有の体制、つまり芸術、諸芸術の単数複数が問われないまま、複数性が受け入れられているかである。（M 13／一二）

　その最良の例として、ナンシーはアドルノを挙げ、そのパッセージを引用しながら、「ジャンルの多様性に言及しながらも、ジャンルの多様性を諸作品の多様性で覆ったままにする」と批判する。なぜ、このようなことになってしまうのか、ナンシーの答えは、芸術が根源的にテクネーと結びついていることに関わる。

ミューズたちが複数的単数であるということに関する存在論的問題が回避されてしまうとすれば、それは、これがオントロジー（存在論）のレジスターではなく、テクノロジー（技術論）のレジスターにあるとアプリオリに思われてしまうためではないだろうか。（M 15／一三）

この問いを避ける第二の方法を、ナンシーはハイデガーを例に挙げつつ、提示する。それは「ひとつの芸術があり、ひとつの芸術の本質がある（il y a un art, une essence de l'art）」（M 15／一三）という主張に依拠することである。複数性として理解しているものは、じつは唯一の現実、理念、実体、主体の、諸々の表明ないしは、契機の総体ではないかというのである。

どちらの場合も、芸術の単数複数性は見えなくなっている。ナンシーは art や Kunst という言葉、さらには遡って techne という言葉が被ってきた変遷、とりわけ、技術と崇高という二つの概念のあいだの緊張や分離を確認したうえで、次のように宣言する。

単数形の芸術という近代的体制が、傾向として複数ではない単数という状態で（この言い方は「一つずつ」という singuli の第一義に背反すると言っておく必要がある）どのように打ち

立てられたのかだけを検証しよう。(M 21／二一)

ナンシーはこの制度がある意味で哲学的なものであると指摘しつつ[*1]、カント、シェリング、ヘーゲルに短く言及する。カントにおいては、美的諸技芸の多様性が所与であるとされ、崇高な何かが、それらのジャンルから脱出する。シェリングの場合は、芸術において「個別的なものにおける絶対的なものの提示」が問題となり、ヘーゲルの場合は、「個別的な諸芸術」の現実性であるべき「純粋に外的な現実性」が問題となる。

さらに、「芸術の統一が絶対的であるのと同じくらいに、諸芸術の複数性は本質的に還元不可能である」(M 24／二四)と述べ、この差異は、諸感覚の差異と通底していると指摘する。その後、ナンシーは第六感について語りながら、むしろ、フィジカルなままにとどまり、それゆえに感性的で、特異に(単数的に)複数である「フィジカルな」ものの「メタフィジカルな」感覚を考えるべきではないか、と提案する。

単数複数は、いくらかの「感覚」として、あるいは諸感覚のいくらかの感覚、諸感覚の感覚可能な差異を感じ取ったいくらかの感覚として、「芸術」の法則であり問題であるのだが、こ

*1 「芸術それ自体が、芸術と技術の直面や、疑惑をもたれ等閑視されている諸芸術の複数性という地位と同様に、哲学的な規定である。」(M 21／二一)

のことをさらに角度を変えて、受動であると同時に能動であるような感覚のうちに考察する。

働きかけることはロゴスの秩序に属しているが、ロゴスそれ自体は、単数複数を介して、「感じること」の「自ら感じること」となるロゴスでしかなく、あるいはそれ自体が特異性のうちにある「感じること」そのものについて「自ら述べること」となるロゴスでしかない。（M 31／三三）

かくして、singulier pluriel は sens des sens へと接続されるわけだが、この後のテクネーとポイエシスをめぐる議論は割愛して、結論の部分だけを見ることにする。

芸術において singulier pluriel が根幹にあるとすれば、それはわれわれの感受性そのものが、singulier pluriel だからではないのか。これが一つの解釈だとナンシーは述べる。「感受性はそれ自体があるひとつの複数単数に存する」（M 54／五九）という立場に立てば、創造とは芸術の複数単数を開くひとつのトポスにほかならないと言えるだろうし、そのことから芸術の複数単数も理解できるというのがナンシーの見解だ。かくして、芸術における singulier pluriel の問題は、sens というナンシーにおいてきわめて重要な言葉と関わることが示唆されて論は閉じられるのである。

ない。

Être singulier pluriel

このように、『ミューズたち』においては芸術における単数・複数が論じられたわけだが、その二年後に刊行された『複数にして単数の存在（*Être singulier pluriel*）』においては、単数・複数は共存の問題として前景化する。そこで、sens が再び提起されるのは、したがって、偶然ではない。

> 我々は自らを了解しつつ、了解すべきことは何もないことを了解する――しかしこれは正確には次のことを意味している。つまり、意味〔sens〕の我有化はない、なぜなら「意味」とは存在の分有だからである。我有化はない、それゆえ意味はない。このこと自体が、われわれの理解である。（ESP 122／一九三）

サンスが唯一であり、かつ複数であることが、ここでは明言されているわけだが、この点をきわめて図式的にまとめれば次のようになるだろう。特異性としての実存は singulier（特異＝単数）であると同時に共存在（複数、pluriel）である。これに呼応するように、特異性が生起する世界の sens（意味＝方向）もまた単数かつ複数的である。それは言い換えれば、唯一のあらかじめある真理はないが、ばらばらな複数の真理があるわけでもないということである。これがsens（意味＝方向）の地平である。『ミューズたち』で確認されたことは、感覚という点から言うと、私たちは五感を通して世界に接しているのだが、その際、各感覚はそれぞれ独立しながらも、ばらばらなわけではないということであり、だからこそ諸芸術は独立すると同時に相互に嵌入するとされ、複数の感覚をとおして唯一の感覚があるとされた。この両方の結節点にあるのが身体にほかならない。だからこそ、サンスの問題は、身体と切り離すことができないのである。ナンシーによれば、身体とは、そこを通って、それによって、意味＝感覚が逃れ出す場だからである。

だが、『複数にして単数の存在』の冒頭に立ち戻ろう。この本の目指すところは、「「第一哲学」そのものを、基礎付けとして存在のsingulier plurielを与えることによって作り直す」（ESP 13／一七）ことであるとされる。それは、共存在（être-avec）あるいは、共同‐存在（être-ensemble）について、さらに言えば、相互‐共‐存在（être-les-uns-avec-les-autres）を問題にすることだと言ってもよい。本論では、紙幅の都合上、この語が中心に現れる六節「複数にして単数の存在」の議論のみを見ることにする。

ナンシーはêtre singulier plurielというタームの多義性を強調することから始める。Êtreは動詞でも名詞でもありうるし、singulierとplurielも名詞でも形容詞でもありうる。「存在は、区別なく、かつ区別された仕方で、同時に単数かつ複数である」(ESP 48／七三)。あるものが同時に単数であり、複数であるということは矛盾であるが、ナンシーは singulier pluriel こそが存在の本質の構成をなす、と明言する。このことを単純化してパラフレーズすれば、実存は、共-実存であり、世界の分有であるがゆえに、実存は単数＝特異でありながら、複数であるということになる。このことをナンシーは、「être singulier pluriel が意味するのは、存在の本質が、共-本質(co-essence)としてであり、そしてただ共-本質としてのみあるということ」(ESP 50／七六)と言い換えている。このような考えはナンシーの共同体論に親しんでいるものにとっては目新しいものではない。

だが、ここで奇妙なことは、というより、日本語話者にとって奇妙に思われることは、それが単数・複数という文法用語に落とし込まれていることではあるまいか。

実存は複数で、単数的に複数のものとして実存する。したがって、基礎的な形式的要件は、少なくとも次のようになる。「存在」はその名が指し示しているように見えるような、単なる単数形としては、前提可能ですらない。その単数は、その存在自体において複数なのである。(ESP 78／一二〇)

以上のことから、ナンシーは相互‐共‐存在（être-les-uns-avec-les-autres）が一者‐存在（l'être-un）の前提から理解されてはならないだけでなく、むしろ一者存在こそが相互‐共‐存在からでなければ理解できない、という方向に進むのであるが、ここでは singulier pluriel の問題にとどまることにしたい。この表現はどのような新しい地平を開くものなのだろうか。

singulier とは何か

ここであらためて être singulier pluriel という表現に立ち戻って考えてみよう。これは「単数・複数存在」と訳されるのだが、この être が名詞なのか、動詞なのか、singulier が形容詞なのか、名詞なのかについてえては宙づりにされたままである。singulier という語は伝統的には、universel という言葉と対にして語られることが多い。それは一方で論理学においては、いわゆる三段論法における単称的判断（jugement singulier）と全称的判断（jugement universel）という用法に見て取れる。また、ヘーゲルにおいては個別性 singularité（Einzelheit）は「概念」の三契機の一つであり、普遍性 universalité（Allgemeinheit）と対立し、特殊性 particularité（Besonderheit）と関わるものである。ここで、晩年のサルトルが、universel singulier という概念をとおして、人間を考えようとしたことを思い起こしてもよいだろう。しかし、文法的な文脈を除き、singulier が pluriel と併置されることはまずない。カントの純粋悟性概念あるいはカテゴリー論の量に関するものであり、ここでは singularité, pluralité, totalité が問題になっている。

ただ、ナンシーがここで語っていないことで、コメントしたいことは singulier がカントの判断力批判では美と天才の議論と関係していることである。じっさい、美や天才については「普遍」ではなく、その singularité によってしか判断できないというのが、カントの議論の重要な点である。この点についてはなぜか『ミューズたち』のなかでナンシーは語っていない。知らないはずはないけれど触れていない。ヘーゲルの場合は、当然 universel に力点が置かれるわけだが、例外は『法の哲学』において、立法権を普遍性に、執行権を特殊性に対応させ、個別性は司法権にではなく君主権に充てられている。

もう一方で、ナンシーは singulier が individu とも particulier とも異なる点を強調する。[*2] Individu は文字通り分割不可能な一者を指し、particulier は part 部分と関わる。Individu は西洋近代社会の中核となった概念であるが、そのために安易に主体性と接続されることの多い言葉である点に、ナンシーがこの言葉を退ける理由があるからもしれない。ナンシーは「ひとつの

＊2 個体性と特異性の相違に関する考察としては、ドゥルーズがシモンドンの重要性を指摘しているほか、参照すべきことは多いが、ここでは措いておく。Gilles Deleuze, «Gilbert Simondon, L'individu et sa genèse physico-biologique», *L'île déserte et autres textes*, Minuit, 2002, p. 120-124. ドゥルーズ「ジルベール・シモンドン　個体とその物理——生物的な発生」、『ドゥルーズ・コレクションⅠ　哲学』宇野邦一監修、河出文庫、二〇一五年、二五七―二六四頁。

内在的で他者を欠いた全体性こそが完璧な個人」であり、particulier は ensemble の部分であり、他の particulier との違いは数的なものにすぎないとコメントする。

> singularité plurielle とは、各々の存在者の singularité が、それが複数のものと共にあることから分離不可能なことである。そして、というのも、じっさいに、一般的に、ある singularité は、なんらかの pluralité から分離不可能だからである。（ESP 52／八〇）

ナンシーはこの性格が付加的でないことを強調する。singulier の概念は、それが特異化すること、そして他の singularité とは区別することを含意するからである。

> Singuli はラテン語では複数形でしか言われない。というのは、この言葉は「一人ずつ」の「一者《ひとり》」を指し示すからである。singulier とはただちに各々の一者であり、それゆえすべての他者と共に、そしてそれらの間にある各自でもある。singulier とはひとつの pluriel である。（ESP 52／八〇）

この最後の «Le singulier est un pluriel» というフレーズはきわめて重要であるが、訳しづらいし、理解も難しい。ここでナンシーは、singulier という語が、語源的に見れば、ラテン語で一の分配の数詞 singulī に由来することに注目する。[3] そして、それが複数と関係しているのは、複数のものに関して、それぞれ「ひとつずつ」を示すときに用いる言葉だからだ。

分配の数詞と言っても我々日本人には馴染みがなく、実感ができないのだが、ラテン語は名詞や形容詞に面倒な格変化のみならず、数詞にも複雑な変化型がある。フランス語や英語にもある基数詞と序数詞 un と premier の区別ぐらいはわかるが、それ以外になると想像を超えているが、簡単に触れておくと、数詞にはほかにも絶対複数名詞の数詞、[4] 分配の数詞 singulī、頻度の数詞（副詞的用法）semel、倍数の数詞 simplex、比例の数詞 simplus などがあり、singulier の語源は、「〜ずつ」を表す分配の数詞 singulī に由来するとも、「分割の数詞」（partitives）singulārius「一つの部分から成る」「単一の」に由来するとも言われる。

つまり、singulier は単なる「一」ではなく、「一つずつ」ないしは「ひとつの部分からなる」という含意がある点が重要なのだ。一方、ナンシー自身が説明するように、pluralis は plures に

---

*3 ただし、singulier の語源は、「分割の数詞（形容詞）」（partitives）、singulārius「一つの部分から成る」に由来するともいう。numeralia distributiva（個別数詞）。

*4 ラテン語には、litterae（（一通の）手紙）、nūptiae（挙式）のように語形は複数だが意味は単数という「絶対複数名詞」（plurālia tantum）と呼ばれる名詞群があり、こうした名詞を数えるときには、通常の基数詞ではなく、特殊な形容詞（ūnī, bīnī, trīnī,）を用いる。ūnae litterae（一通の手紙）、trīnae litterae（三通の手紙）。

由来し、この語自体は plus に由来し、複数の部分からなる。「plus とはラテン語で multus の比較級である。それは「多数の」ではなく「より多く」なのである」(ESP 59／九二)

このように、singulier pluriel というオクシモロン的な表現によって、ナンシーは一と多、自と他の問題に新たな地平を開いたと言えよう。実際、『無為の共同体』においても、être singulier、singularité という言葉は頻出していたが、そこでは主体や個人、あるいはハイデガーの Dasein に代わる言葉としてであり、きわめて多義的に使用されていた。「文学的共産主義」では、次のように述べられている。

> 特異存在とは共同存在でも個人でもない。共同存在や個人には一つの概念があり、共同的なものや個人的なものには一つの一般性がある。特異存在にはそうしたものがない。特異存在というものはない。だがこれとは異なり、存在それ自体の本質的な特異性(ハイデガーの語彙を用いれば、存在の終末)がある。すなわち「特異存在」とは、諸々の存在のなかのひとつではないのである。あらゆる存在者はある意味で絶対的に特異だ。(CD 191／一四八)

このあとに、本書でジェローム・レーブルが論じるエコロジーの問いに通じるくだりがあり、ひとつの石も特異な存在であるという例が出てくるわけだが、『無為の共同体』における être singulier に関する考察は別の機会に譲りたい。

コーダ

最後に二つのコメントをして、本論を終えることにしよう。

一つ目は、singulier pluriel という刺激的な概念に魅了されながらも、日本人として感じる違和感である。ここまでの議論を知的なレベルでは理解することができるように思いながらも、ここで私は、それをうまく実感できていないという気持ちが湧くことを抑えることができない。それは、日本語で考えるかぎり、単数と複数というのがそれほど切迫感をもたないこととも関係している。

日本語の場合はいわゆる人称代名詞と呼びうるものはないし、のみならず、その単数・複数に関しても、すでに別の論文で指摘したように、[*5] nous は je の複数型では、少なくとも形態上はない。フランス語の je と nous の違いは、「私たち」が、「私」に「たち」という接尾辞がつけられたのとは異なる。これは些細な違いのようにも見えるが、個の問題を考えるときには重

*5 澤田直「「われわれ」とは誰か?——ジャン=リュック・ナンシーと私たち」、『思想』、一一七二号、二〇二一年一二月号、五五−六六頁。

要だと思われる。世界の多くの言語は単数形と複数形を区別する。この区別がないのは少数だそうだ。それは東アジアに集中しており、中国語、韓国語が、日本語と同様にこの区別を持たない。今日では英語などの影響でマスメディアやSNSで、無生物にも「〜たち」を用いる例が増えているとはいえ、もともとは日本語では複数の意識はきわめて希薄である。

日本語には数という文法範疇がないとされ、じっさい、可算名詞と不可算名詞を区別しない。そのような日本語を母語とする者からすると、このナンシーの議論は感覚的には、腑に落ちる、という感じがしない。たとえば、さきほど引用した文で言えば、《Le singulier est un pluriel》という文章は、《Le chat est un animal》と同じで、その、総称的な定冠詞単数、どのような単独者も、あるいは単独者というものは、ひとつの複数的な存在なのだ、ということになるだろう。そして、それが un pluriel だとすれば、他にも pluriel な存在はいるということになるのだろうが、このあたりがピンと来ない。フランス語のなかで、いつまでたっても冠詞が理解できないぼくだけの問題なのかもしれないが、ぜひ、みなさんの印象を伺いたい。

もうひとつは、「なぜ、ただひとつではなく、いくつもの芸術があるのだろうか？（世界の複数性についての対話）」の最後に近い部分、ポエジーが問題になったところで、ナンシーがフェルナンド・ペソアの詩を、数度引用することである（M 57-58, 64／六四、七四）。より正確に言えば、ペソアの編み出した異名者のひとり、アルベルト・カエイロの詩集『群れの番人』の第三九篇だ。*6

事物の唯一の隠れた意味は
隠れた意味などまったくないということだけなのだから
Car l'unique signification occulte des choses,
C'est qu'elles n'aient aucune signification occulte.
Porque o único sentido oculto das coisas
É elas não terem sentido oculto nenhum,

以上の二行から始まり一〇行ほど引いた後に、「それゆえ、意味＝感覚は多数的に唯一であり、唯一的に多数である（Alors, le sens est multiplement unique, et uniquement multiple）」（M 58／六四）とナンシーは断じる。

＊6　ナンシーの出典は Fernando Pessoa, *Le gardeur de troupeaux et les autres poèmes d'Alberto Caeiro avec Poésies d'Alvaro de Campos*, Gallimard, «Poésie»,1987, p. 91. ポルトガル原文は、以下の版による。Fernando Pessoa, *Edição crítica de Fernando Pessoa*, Lisboa, Imprensa Nacional/Casa da Moeda, volume IV, 2015, p. 59. 日本語訳は澤田直訳編『ペソア詩集』海外詩文庫16、思潮社、二〇〇八年、四六頁。

ここでナンシーがペソアを引用するには、おそらく二つの背景がある。それはペソアが文学史上稀に見る特異（singulier）な「複数詩人（poète pluriel）」であるということだ。一八八八年にリスボンで生まれたフェルナンド・ペソアは異名者という文学装置を発明した詩人として知られる。彼はアルベルト・カエイロ、リカルド・レイス、アルヴァロ・デ・カンポスという、自らとはまったく異なる人格を持つ詩人を創出し、自分の名前で詩作を続けながら、彼らの名前で詩を発表した。

つまり、ペソアはまさに単数複数詩人と言えるのだ。ナンシーはそのような形容を用いてペソアを引用してもよかったのではないか。

ペソアは自らの試みを「幕間劇の虚構（ficções do Interlúdio）」と呼んだ。異名者「三人のそれぞれが一種のドラマをなしており、それと同時に三人が全体としてさらに別のドラマをなす」と述べ、それは行為［筋書き］（acte）によるのではない、〈人物によるドラマ〉だと説明している。

もうひとつの引用もやはりカエイロの詩（「最後から二番目の詩（Pénultimo poema）」だが、フランス語訳では以下のようになっている。

[…] les dieux n'ont pas un corps et une âme,　　神々は　一つの身体と一つの魂をもたない

Mais un corps seulement, et sont parfaits.
C'est le corps qui leur tient lieu d'âme

一つの身体をもつのみ　それで完全なのだ
神々においては　魂の場所を　身体が占める[*7]

一方、ポルトガル原文のほうがもう少しストレートだ。

[…] os deuses não têm corpo e alma
Mas só corpo e são perfeitos.
O corpo é que lhes é alma

神々は　身体と魂をもたぬ
ただ身体だけ　それで彼らは完璧だ
身体は彼らにとって魂[*8]

ペソアの異名者たちのなかで、アルヴァロ・デ・カンポスは未来派詩人、リカルド・レイスは古代ローマに通じる古典詩人。それに対して、アルベルト・カエイロは自然詩人とされる。代表作『群れの番人』は長短四九の詩篇からなる牧歌詩集だ。「ものをあるがままに捉える〈感覚的客観主義〉」を実践し、キリスト教以前のネオ・パガニズモへの回帰を唱える。ドゥ

*7　Fernando Pessoa, *Le gardeur de troupeaux*, *op. cit.*, p. 150.
*8　Fernando Pessoa, *Edição crítica de Fernando Pessoa*, *op. cit.*, p. 103. フランス語訳には不定冠詞がつけられているが、原文のポルトガルは無冠詞である点は興味深い。

ルーズはまったくちがう文脈でペソアに触れたが、[*9] ナンシーにとっては、まさに神々の複数性、諸芸術の複数性のエンブレムとしてペソアがあったと思われる。そのあたりのことをご本人に尋ねたいと思いながら、果たせなかったのは残念でならない。

＊9　ジル・ドゥルーズ『記号と事件』宮林寛訳、河出文庫、二〇〇七年、二七〇頁。『襞――ライプニッツとバロック』宇野邦一訳、河出書房新社、一九九八年、一六二頁。

哲学の転生、または〈分有〉の未来

西谷　修

ジャン＝リュック・ナンシーは亡くなる数カ月前に、インドのディィヴヤ・ドヴェヴディらの開設した“Philosophy World Democracy”のサイトに、ハイデガーの最後の講演「哲学の終りと思考の務め」を引用してそのままタイトルとした論文を寄稿した。[*1]

簡単に言って、グローバル化し情報化した世界の中で、哲学がその意義を希薄化されながら（データ処理とマネージメントの猖獗）、なお西洋的な知の圏域に自足し停滞する状況に一石を投

＊1　J.-L. Nancy, «La fin de la philosophie et la tâche de la pensée», *Philosophy World Democracy*, edited by Divya Dwevedi. https://www.philosophy-world-democracy.org/　J・L・ナンシー「哲学の終焉と思考の課題」柿並良佑訳、『思想』一一七二号、二〇二一年一二月号、七頁以下。

じつつ、いま哲学的思考を非西洋の地域にとってこそ必要だと見なし、そこから発信し議論を喚起する場としてこのサイトを開設する、というのがドゥヴェヴディらの意図だった（と私は了解している）。

フィロゾフィーと言えば避けがたく西洋哲学である。それが哲学のアイデンティティ（身元？）でもある。だが西洋の世界化以来、それはいまでは多様な歴史社会文化的背景をもつ世界の各地に広がり、それぞれの偏流を生み出している。世界は必ずしも西洋化しきったわけではなく、各地で再生産される「哲学的」思考は必ずしも一様ではない。グローバル化したと言われる世界でも、それぞれの地域で喫緊の思考の課題は大枠を共通していてもズレて異なってもいる。とりわけ、ポストコロニアル状況を抱える社会では、技術的レベル以外では西洋的な論理・解釈をそのまま「普遍」として受け入れることはできない。西洋以外で展開されそこから発信される思考が、西洋の伝統から広がるものと「差異」を交えて議論を交わすことができる、そんな思考の行き交う場を開き、哲学を開かれ錯綜したものとして再起動する、このサイト名「哲学・世界・民主主義」に込められているのはそうした意図だろう。その熱い意図に応えて、ナンシーが寄せたのがこの一文だった。

ハイデガーの講演タイトルをそのまま引用した所作には、ハイデガーの提題への「諾と否」がこめられている。簡単にいえば、西洋への自閉から抜けられず自家中毒に陥った「哲学の終り」を承認しつつ、非西洋との〈分有〉で多元的な思考を開いてゆくのが、もはや哲学とは言いがたい〈思考〉の務めだ、ということになろうか。それを私なりに言いかえると、哲学的思考流通のいわゆるグローバル化を念頭において、哲学が哲学たろうとするかぎり逃れられない西洋の閉域を破り、非西洋の〈分有〉の試練を引き受ける「哲学の転生」が課題だということだ。また、ナンシーの貢献が、〈同〉と〈異〉とを共に考える〈分有〉(partage de l'être)の思考に道を開いたことにあるとすると、それに未来はあるのか、それはつねに「未だ来たらず」だ、という旨を表現したのが本稿のタイトルである。

ナンシーが「分有の思考」を前面に出し、『有限の思考』を書いた頃、世界を東西に分けていた冷戦の終結とともに、別の分断線が〈現在〉のうちに浮上した。それがいわゆるポスト・コロニアル状況であり、西洋化によって抑圧され排除されたものからの異議提起が、普遍的知の規範化に対して起こってきた。ナンシーはこの状況に敏感で、ラクー=ラバルトと共にEU議会の場所であるストラスブールに、クレオールの作家(グリッサン、シャモワゾー)やマグレブの知識人(ハティビ、ベンスラマ)たちを招いて「文学の交差点」の企画を行い、哲学をその議論の場として開こうとした。「地理-哲学(géo-philosophie)」とも呼ばれたその試みが、Philosophy World Democracy への共感にもつながっているだろう。

私自身について言えば、ナンシーの「無為の共同体」に衝撃を受け(それと知らずに待っていたものだった）、現代世界における「死の不可能性」をテーマにして以来――奇しくもその頃、ナンシーは死を潜って心臓移植を受けた――、ナンシーとは親しく交流したものの、その後の彼の著作に綿密に付き合ってきたわけではなく、その哲学的業績を論じ合うこのようなシンポジウムに座を占めるのは心苦しく、むしろその仕事を真摯に引き継ぐ若い人たちの聴衆であるにとどまりたいと思わないでもないでもなかった。

実際、私は、ナンシーによる「共の転位」[*2]とも呼ぶべきものに震撼されて以来、クレオール性やマグレブ（西方イスラーム）的思考の同時代的触発を受けながら――その点はナンシーの歩みと共振していた――、いわゆる「グローバル化」の時代に対応する哲学的思考の書き換えとも言える『複数にして単独の存在』や『世界の創造、あるいは世界化』以降の仕事に随伴するよりも、哲学とは別の領域からやってきて、ドグマ人類学を展開していたピエール・ルジャンドルの仕事に強い関心を寄せるようになったからである。

けれども、そのわたし自身の「哲学からの偏流」が、じつはナンシーの遺した「哲学の転生」への呼びかけに対するひとつの応答になっているのではと考え直し、哲学（というより正確にはバタイユの「非‐哲学」）からドグマ人類学への偏流が、現代の哲学的思考の展開（転回？）のなかでどのような意味をもつのかを概括的に述べてみたいと思う。[*3]

哲学の自問自答

哲学が「哲学とは何か」という問いに囚われるのは、自己が奇妙な飛躍によって定位されたデカルト以来といってもよいが、とりわけ問いを同一性へと収斂させたヘーゲル以降だろう。ヘーゲルは知の自己実現という形で、その問いを円環的に完結させた。問い（否定性）そのものが、世界という謎を知に転化し、言説として定立し、その全体的把握がもはや問う必要のない完了を導く。それが絶対知、つまり大文字の問いでありかつ答えである。そしてそれが「これが哲学だ」という自己呈示になる（知の絶対的同一性の確立）。

この種の問いは必ず歴史（ないしは出来事の時間）を引き合いに出すことになる。自己同一性とは由来の呈示でもあるのだから。ヘーゲルはギリシアを明示していないが、明示せずとも「精神の現象」そのものを絶対的発端から論理化する。「馬上の世界精神」（ナポレオン）とい

*2　ナンシーがその共同体論・共存在論で果したことを「共の転位」と呼びたい。〈分有（partage）〉の観点が持ち込んだものもそれである。Mitsein を être-avec と「翻訳」することで、共存在の〈共〉を Sein に統合されるものではなく各々の（複数の）être の生起の必須要素とした。Partage は何より partage d'être である。レヴィナスはそこに「存在論に先立つ倫理」を見るが、ナンシーは「(複数で）存在すること」を倫理化はしない。

*3　ハイデガーが「哲学の終り」を語るとき、その初めとしてギリシアが当然のように想定されている。そして哲学はいかんともしがたく西洋的なものだとされる。あるいは哲学は「西洋的なもの」の本質を体現すると見なされる。そして西洋は世界化＝普遍化したとみなされ、中側からは輪郭の見えない閉域となる。ナンシーが執着する existence, extase, exposé... の ex- はその閉域の「接面」に向けられている。

う「現在」から、無規定そのものである「否定性」を発端として喚起し、闇の他者の否定つまり征服と統合の（弁証法的）歩みの結果として、現在の世界のありようが「世界＝文明」の完成として語り出される。

それは「世界精神の自覚」であり、「西洋《オクシデント》」の「全的世界」としての完成の物語でもある（ヨーロッパと言うと、それではアメリカが除外される）。そしてこの知としての「世界実現」には、理性と合致した現実が統合して含まれており、同時にまた西洋の外部への歴史的展開もまた原理的に含まれることになる。[*4]

ひとことで言えば、絶対知において「歴史は完了した」のである。そしてヘーゲルの後の百年の間に、「自然（ないしは野生）の征服と同化」のプロセスは地理空間的にも実現した。ただ、その頃、完結した知に安らがない「もの」が合理的言説の殻にひび割れを生じさせる。ひとつは充足したはずの内面の同一性を破る無意識を扱う精神分析であり、もうひとつは西洋の外部で同化に抗うものを取り扱う人類学である。精神分析は意識とその無との間に切れ目を穿った（「／」を刻み込んだ）。人類学は人間一般《フマニタス》と個々の人間種との「差異」をベースとして成立した。人類学は、人類一般をフマニタスとするなら、個々のアンスロポスを語ること、あるいは人間と動物（自然）の連続性と不連続を問うことを避けがたくした（それが「禁止」の問いである）。[*5]

この知の変動状況に、哲学の問い直しで対応したのがハイデガーだった。ハイデガーが「日常性」というのは、他でもない「歴史の終り」のもはや事件の起こらないルーティンの日常である。だが、ハイデガーはそれがまさしく「存在の忘却」だとし、改めて「存在を問う」ことを通して、「無に直面して覚醒する現存在」という存在論的ドラマを描き出したのだった（『存在と時間』）。日常性のなかに萌す「不安」、その不安に呑まれて「無-根拠」に晒され、現存在は「固有の死」の虚妄を悟ることになる。そして「存在の本来性」に目覚めるのだが、その「本来性」とは、単独ではないこと、「共-存在」であること、その現成態が「歴史的形成物としての民族」であることだとして、ハイデガーは当時の「民族の勃興」に「忘れられた存在の回帰」を見てしまうのである。

その切り口は「存在論的差異」だった。ハイデガーは存在論のαでありωである「在るものは在る」（パルメニデス）のトートロジーに亀裂を入れ、「なぜ、むしろ無が在るのではないの

＊4　いうまでもなくこのヘーゲル解釈は、それを「死の哲学」とみなしたアレクサンドル・コジェーヴの把握に基づくものであり、バタイユが引き受けたものであるとともに、デリダが「ヘーゲル主義」とみなしたものである。また、これは本文全体に関わるが、「西洋《オクシデント》」「ヨーロッパ」には書き分ける明確な理由がある。それに関しては拙著『世界史の臨界』（岩波書店、二〇〇〇年）の特に第五章を参照されたい。

＊5　アンスロポスとフマニタスについては以下を参照。Osamu Nishitani, «Deux notions occidentals de l'homme: Anthropos et Humanitas» in *Tisser le lien social*, dirigé par Alain Supiot, Éditions de la Maisno des sciences de l'homme, Paris, 2004.　元は「ヨーロッパ的人間と人類、アンスロポスとフマニタス」（『20世紀の定義（4）越境と難民の世紀』岩波書店、二〇〇一年）、また「禁止」とは、人類学のテーマである性と死にまつわる禁止である。

か」と問うた（『形而上学入門』）。その問いは、ギリシアに発してヨーロッパに引き継がれるが、実証的思考の優位の下で「隠蔽され忘却」されてきた。その「忘却」はギリシアと特権的な脈絡を含みもつドイツに現成するはずだ、という彼一流の歴史的パースペクティヴの下でである。だから「無の存在化」はドイツ民族の勃興に重ねられたのだが、現実の歴史的帰結から言えば、存在の「覚醒」はアメリカという「更新された西洋」によって完膚なきまでに潰されてしまった。どういうことなのか？「技術」という契機が世界を主客の相克と世界の開発・改造の構造へと「急き立て《ゲシュテル》」、計算的理性の制覇をもたらして、ついに「問う」ことが不要なサイバネティクスで組織される世界を生み出し、「存在の問い」を解消させてしまったのだと。

　ハイデガーは、存在の現成の契機として、これもギリシア以来の「技術」を導入することでサイバネティクス批判をしようとするが、ついに「ゲシュテル（急き立て）」によって「存在の問い」は駆逐され、技術的思考の制覇そのものを「存在の歴史的現成」として認めざるを得ず、「哲学の終り」（お役御免）を、ドイツの無条件降伏後の「復興」のうちで受け容れざるを得なかったのである。それでもなお、その「無思考」は「不気味（unheimlich）」だとつぶやきつつ――それが最後の講演の境地だった。

〈分有〉としての〈共〉

ナンシーはその共同体論を、いわばコミュニズムという二〇世紀の経験の廃墟から燧火のように拾いあげた。だがそれは、むしろハイデガーの存在論の錯誤の脇に置くと、意義はより明確になる。ナンシーはMitseinをêtre-avecと「翻訳」したが、そのことによって〈共(mit/avec/co-)〉を、個を結びつけ融合させる紐帯としてではなく、個と個を超えたものとの分離・境界だと読み直したのである。あらゆる存在は共-存在(être-avec)であり、〈共〉なしに存在者はありえない(〈非-存在〉でさえそうである)。主体を先に立てれば、あらゆる客体は主体の権能のうちに置かれるが、〈共〉によって主体も立つとするなら、他者は単なる対象ではなく〈共-存在〉である。あえて言うなら、この〈分割・分有〉は、ブランショなら〈外〉と呼んだ〈非-存在〉との境界でもある。(本書でボヤン・マンチェフが示唆しているように、être-avecはもう大文字の「存在」、存在一般を立てさせない。単なる存在者でもなく実存(existence)の様態である)。

だからこの考えは、もはや存在一般をではなく「複数かつ単独の存在」を語らせることになる。そして「分・有」の「分かち合い」を複数の存在者の到来(共-出頭)として語らせる。「共同性への要請」で揺れ、それに応える試みがことごとく潰えるか錯誤のなかで成就するかにみえた二〇世紀の終りに、この読みかえのインパクトは大きかった。共産主義《コミュニズム》の最終的挫折と、グローバルな市場一元化とメディア情報の均一化、その反面として民族主義の台頭、闘争的自立への固執、そのなかで「分有-共存在」の思考はすべての問題を洗い直すきっかけになったのである。

ハンナ・アレントが指摘したように、神も人間も単数定冠詞で語られるが、定冠詞の一般性に括れない存在の複数性を扱うのが「ポリティクス」である。元々「ポリス」とは共同体、家族を超えたある集団のまとまりのことだからだ。だとすると「共‐存在」の問いは避けがたく「政治性」を帯びることになる。だからハイデガーの共存在論も、ナンシーのそれも、政治的インプリケーションをもつのは避けがたいことでもある。

ところがそれだけではない。これはナンシーという哲学者をひときわシンギュラーにしている要素だが、彼が〈分有〉の思考に踏み込み始めた頃、「医療技術の現段階と個人的事情の符合のなかで」彼は心臓移植出術を受けることになった。これによってナンシーは不特定の他者との〈死〉と〈生〉の〈分有〉を文字どおりに生きる「思考者」になる。

彼はこの「試練」を、「現代医学の成果を享受して困難な病を克服する経験」として生きたのではない（だとしたらあまりに近代的‐人間的な……、と言わざるを得なかっただろう）。そうではなく、生きる身体と科学技術、心理と生理機能、個と複数性、侵入と受容、そして臓器を介しての死と生の交換といった、それまで問われることのなかったあらゆる関係を、横断的に生きることになった――それも幾度もの死地を超えて。そして、その試練を通して〈分有〉の思考を織り成すという稀有の軌跡を遺すことになった。〈分有〉とはここでは、生と死の、自己と他者との、主体意識と身体器官との、反省と科学技術との、それも交錯した〈分有〉である――それが『侵入者』のテクストに具体的に刻まれている。

そしてそのことが、グローバル化と言われる時代、この現代世界がいくつもの「生体移植」の複合からできており、ただ単なる西洋文明の世界化によってでもなく、西洋発の普遍的真理の浸透によってでもなく、言葉や知・制度・風習・文化等の組織化・統合によってではなく、幾重もの「移植」のような〈分有〉を超えてひとつの生きた世界になっているという、「ポスト・グレフ」の世界なのだということを考えさせる。そのとき、〈意味＝感覚〉は客観的・実証的に厳密化すればよい共通観念などではなく、言葉と肉とが〈分有〉され、そのつど語らぬ肉を帯びたものであり、世界とは、その具体相を「触知」することで練り上げられる「創造物」なのだという捉え方が生じてくる。(『世界の創造』)

だからもはやこれは存在論ではない。存在論がいずれ〈西洋〉という限界なき閉域のなかで行き詰まったとしても、その閉域を破って、しかもなおこれまで哲学的営為を導いてきた思考への要請を引き受けつつ、その〈外〉に出ることを、異なる思考の伝統との〈分有〉を呼びかけるのがこの最後のテクストの意図だったのではないだろうか。

〈分有〉と翻訳

〈分有〉の考え方は存在の論理に何をもたらしたのか？　大胆に言えば、それは「排除された第三項」を埋め戻すということになるだろう。

言語的（この場合は記号的と言ってもよい）論理を成り立たせる三つの原則がある。まず「AはAである」の自同律、また「Aは非Aではない」という無矛盾律がある。そして「Aでありかつ非Aであることはありえない」という排中律がある。この排中律は「第三項（中間）排除の原則」とも言われ、そしてこれはサクリファイスの原理として、社会秩序構成のメカニズムであるともみなされてきた（ジラール：誰か一人を排除して「外部化」することで「内的秩序」が作られる）。

しかし、中間項（どっちつかず？）が許されないとして排除される第三項、あるいは外部化されれ「超越」ともなる第三項とは、じつはAか非Aかの分離・対立を印すスラッシュそのものなのではないか。あるいはAと非Aとの対立を支える場そのものがじつは第三項なのかもしれない（M・セールはその観点からエコロジー論を展開した）。パルタージュの論理とは、第三項は排除されて外部化されるのではなく、Aと非Aとの分離そのもの、両者を分かつスラッシュそのものが第三項なのだとする論理である。生と死との、私と他者との……、精神と肉体との分離は、いかなる超越を正当化するものでもなく、他でもないこの〈分有〉によって両項は成り立っている、と。だからこそそこでは、Aがポジティヴであり、非Aは原則に外れている（そこに排除の力学がある）のではなく、「あらゆる存在には、存在するに足る十分な理由がある」という充足理由律が呼び込まれる（「／」はAの全体化の前線なのではなく、非Aとともに存在するその〈分有〉関係を刻んでいる）。ここでは、ハイデガーが『形而上学入門』の講義の後でライプニッツの「充足理由律（根拠律）」を論じたことを想起しておこう。

　私はこの〈分有〉の衝撃をバタイユ研究者として受けとめた。『無為の共同体』だけによってと言うより、ブランショの『明かしえぬ共同体』の助けによって。具体的には「死の不可能性」――私は主体としては死ぬことができない――に刻まれた出来事のリレーとして。これは、バタイユの抱えていた恍惚《エクスターズ》の両義性をある方向にはっきりと開いてゆくものだった。外にエクスポーズするという「不可能」の限界体験として。

　また私は、哲学的テクストの翻訳の経験を通して、この〈分有〉を理解した。フランス語と日本語の間の翻訳とは、共通の意味をベースにした意味論的な引越しなどではなく、意味と分節が共有されない言語間で、さらにアルファベットと表意文字基盤の表記とを、転換してつなげる作業である。そこには意味の共通性があるのではなく、理解の共通性とは、二つの違ったものの〈分有〉としてしか成り立たない。いわば「否定的なものは滞留して」（ジジェク）いるが、それが〈分有〉という働きの中に畳み込まれる。〈無〉が〈分有〉され、そのことが異言語間のコミュニケーションを成立させることになる。だから〈分有〉は従来のいかなる翻訳論（基本的には西洋キリスト教世界あるいは一神教世界のアルファベット記号を前提にした翻訳論だが）とも違った〈分有〉の翻訳論を考えさせたのである。

そのような理解のもとにナンシー自身と語り合うと、ナンシーはこちらの抱える「差異」（違和）を受けとめながら、それでも共有される言語で応じてくれる、という不思議な体験があった。その違和というのは、単純にいえば、私が普段は日本語で考えており、それを翻訳するのはある機能的な制約に従ってであるということ、存在論的な言語使いは私にとって習得したものでしかないということである。たとえば la vie という語・観念がある。それを訳すために明治以来「生命」という訳語が作られた。だが私たちは「ある女の生命」とか、「生命を大事にする」とかは言わない。ふつう「いのち」と言うし、人の「一生」と言う。逆にまた金銭換算の領域では「いのち保険」とは言わない。それではおかしいからだ。その違和を〈分有〉しながら、la vie はそれぞれの言葉で訳されるわけだ。

翻訳するとき我々はたいてい「普遍的」な意味があると考える。だから翻訳が可能なのだし、意味はどの言語でも近似的にではあれ共通に表現できると。だがそうではない。それぞれのユニットの「同一性＝自同性保護機能（免疫）」の抑制によって、両者は「共に在る」ことが可能になる。だから翻訳とは、オルガニックな「移植」にも似ている。

〈西洋〉という規範システム

従来、哲学的思考の共通性・普遍性というものが前提になりえたのは、それがひとつの規範性だったからだが、その規範性には〈西洋〉という登録商標があったのである。そしてそれが西洋の世界化によって普遍化していたということだ（つまりどこでも取り換え設置が可能な、固有のマークを消した技術的ファクター）。そのことを、はっきりと示してくれたのがピエール・ルジャンドルの法的・人類学的思考だった。

私がルジャンドルの仕事を知るようになったのは、九〇年代の初め、出会ったのはチュニジアの古都モナスティールで開かれた国際コロックだった。私は「死の不可能性」や「世界戦争」そして「生命テクノロジー」の問題に関心を向けていると言うと、彼は親の性転換とそれが引き起こす子供の錯乱、それと西洋規範システムとの関係について、さらに、コロックのテーマだった「近代化と宗教」あるいは「産業システムという宗教」について語り出した。彼は哲学者ではなく、法制史家で精神分析家だという。

そこでピンとくるものがあった。当人は視野に入れていなかったようだが、何のことはない、「禁止と違反」の研究をしているのではないか、それもバタイユのようにあからさまに性をエロティシズムとして取り扱うのではなく、違った観点から「法と生命」の、あるいは「規範性と生」のダイナミズムを法的観点から扱っている、と。

彼は、人間を規範的動物（話す生き物）とみなすことから、西洋的規範システムの形成とその展開、そしてその世界化の効果について研究してきたのである。そのためか彼は、規範性を問わない哲学者たちを、「西洋のナルシスティックな自閉の檻の中で、日没のペシミスティックな歌を奏でる」といった表現で辛辣に批判していた。

これはまた衝撃だった。西洋の自己批判は新しいものではない。第一次世界大戦以来悲観論には事欠かないし、近代批判はいくらでもあるが、それはファシズムを生み出しもした（ナンシーの問いだ）。そしてそれに勝利した「自由」のアメリカが、やがてヨーロッパからの西洋中心主義の批判を尻目に、「新しい西洋」として「歴史の終り」をあらためて告知するようになる。しかしその中で格闘する哲学者たちを野蛮人のように（ミショーよろしくルジャンドルは自分を野蛮だという）罵倒する、精神分析を踏まえた法制史学者……。

事実、ルジャンドルは中世ラテン・キリスト教圏におけるローマ・カノン法の成立をもって、〈西洋〉なるものの法的・制度的な形成を描き出す。そこで初めて教皇《パパ》は、この日本語訳が示すように信仰共同体においてローマの皇帝のような地位を占めるようになった。それが「東《オリエント》」に対する「西洋《オクシデント》」の自立を画し、この西洋キリスト教圏は「世界を根底から作り変える」（フライジッヒのオットー）こと、つまりは全世界の「救済」（罪から解放する）を自らの使命として掲げる。そこから西洋による「世界宣教」の運動が始まる。そして、そこに仕組まれていた教権と俗権の分離を抱えながら、西洋は「真への信」を武器とする「世界の書き換え」に向かうというのである。これは哲学の語るヨーロッパや「西洋」とは違った、しかしきわめて説得的な規定である。そこでは法と規範システム、権力とその演出（儀礼）等が注目され、それが〈信〉や〈真〉のステイタスを絡めて論じられる。通常の、哲学と宗教と政治といった分節とは違う規範性の編制が、「法のなぜ？」（もうひとつの根拠律）を軸に問われるのだ。*6

アンスロポス、言葉と生を〈分有〉するもの

ルジャンドルはその研究を人類学だとみなす。なぜなら、存在や認識のあり方を問うのではなく、「話す生き物」としてアンスロポスの生を問うからだ。その「話す生き物」の生がどのようにして持続し、再生産されるのか、つまり人類はいかにして存在しているのか、彼はそこに「制度性」の契機をみる。というより、正確には「生を制定する」というのが、「禁止」ともみなされる規範システムの役割だとする。

その端緒が「話す」ことである。言葉を身につけることで人は「私」と言う主体になる。しかし言葉は端緒の規範体系で、その言葉が言説の網目として文化を組み立てている。そこで

*6　このあたりのことについてはさしあたり『西洋をエンジンテストする、キリスト教的制度空間とその分裂』（森元庸介訳・解説、以文社、二〇一二年）を参照されたい。

〈私〉は言葉に造形されると同時に、潜在的な言葉を現実化しているが、その言葉が集積しそこからわれわれに意味を通告して話すことを可能にするのが〈社会〉なのだという。

また、彼は主客の認識枠から世界を考えるのではなく、人間を、主観的なものと、社会的なもの、そして生物学的なもののモンタージュとして捉える。その三次元は、人間的なものそれぞれの局面だというのではなく、逆にそれが人間なるものを造っている構造だと考えるのである。そこでは人間の総体性《インテグリティ》は、実体化されてではなく、モンタージュのうちに留保されて考えられることになる。「無意識」も無のままで構造のうちに抱え込まれている。

そのモンタージュの構成的基盤が「ドグマ的なもの」である。「ドグマ」とは何か？　それは見かけ・見せかけ・そう見えるもの、そして無根拠に反復されることでそのつど寿がれ、真理の座を占めるようなものだという（これはハイデガーの手つきのようにギリシア語の語義から引き出される）。その典型的な形態は、いわゆるキリスト教の「ドグマ」だ。たとえば三位一体、これは証明すべき事象ではなく、それを呑みこんで、それをベースに世界の解釈が成り立つような、そんな「信仰」の核である。テルトゥリアヌスが言うように、「不合理ゆえにわれ信ず」というわけだ。ただ、あらゆる真理というものは、このような成立ちをもっている。概念はあらかじめ定義づけられているが、その定義づけには究極的には根拠はないからだ。（「直線」はどう定義され、それに関する真理はどう立てられるか？）だから信仰と同じように、知も〈信〉に支えられている。その〈信〉が、結局は通貨が流通するように人びと（ある共同体）のコミュニケーションを可能にしているということだ。

端緒は言葉である。言語記号と言われるが、ソシュールはそれを音と意味とのユニットとして表現した。それを示す有名な図式がある（ジャック・ラカンはSé / Saと表記し直した）。そして音と意味の結びつきは恣意的なものだとした。じつはこの「恣意性」こそが「ドグマ的結びつき」である。犬はイヌと言わないと通じない。音も口の動きもイヌという発音にならなければ、あの動物を指すことにはならない。その結合にはしかし根拠がない。だがそれを呑みこまなければ意味は共有されず話は通じないのである。このスラッシュは、分離であると同時に結合であり、それなしにユニットが成り立たない繋ぎである。この関係は「パルタージュ」に似ていないだろうか。ソシュールは話し言葉を「差異の体系」だと言った。その差異の体系はこのスラッシュの複合化、言いかえればドグマ性によって支えられている。語られることも、命題も、言説体系も幾層ものレベルでドグマ性によって組み上げられている。ついでに言えば、このスラッシュは「鏡面」でもある。それが人とそのイメージとを不可分に結びつけているのだ。[*7]

＊7　鏡の捉え方がルジャンドルの思考のなかでは根源的である（フロイト－ラカンのように成長段階論の要素ではない）。鏡の表面（水面）は言語を貫きまたその外部を分離する「／」に対応しており、その「ドグマ性」が表象世界全体を支えていることになる。だからドグマ的研究はいわゆる表象文化の基底研究でもある。

ドグマ的なものが、それぞれの社会で、主体と社会とを相互的に形成する規範的構造をなしている。「話す動物」とはそのような規範性に貫かれ「制定される」ことで生きているというのである。そして、ルジャンドル自身が研究するのは、そのような「話す動物」を再生産する「西洋」と自称する「規範空間」だというのである（『西洋的人間の製造』）。それはみずからが作り上げた「真」の体制を武器として、他の規範空間を壊し作り変えてゆく。しかし、それは全体化することで全能幻想に陥り、自己崩壊のサイクルに入る。だから西洋起源の普遍化した規範空間は、違う規範空間との代謝（これを〈分有〉と言い換えたい）を通してしか救われる道がない、というのがルジャンドルの基本認識である。

これは確かにまったく哲学的ではない。もともとは法学的研究である。ただし、実務的な法学ではなく、「法のなぜ?」を問う、その意味ではオイディプスのように「人間の謎」に問いかけている。だが、西洋的伝統に内属しない我々にとっては、謎への問いかけに、法学的思考と哲学的思考の区別はアプリオリにはない。だから哲学的思考を〈分有〉するように、このドグマ的思考を〈分有〉することもできるはずだろう。そしてこれは、哲学が見誤り、あるいはやり過ごしてゆく、精神分析と人類学のもたらした「差異・剥離」を、やり過ごさずに引き受けて「未踏の道」を進む思考だとみなすこともできるのである。

おそらく最も重要なのは、このルジャンドルの思考が、近代以降の哲学を（現象学にいたるまで）迷わせもがかせもしたカントの「物自体は不可知」という命題を、アポリアとしてではなく人間の言語的思考のもつ構造として組み込み、精神分析のもたらした亀裂を亀裂としてモンタージュのうちに留保したという点だろう。

またドグマ人類学は、ハイデガーが内側からなぞって閉域を作った〈西洋〉なるものの輪郭を明らかにする。〈西洋〉は中世末期のキリスト教西洋の確立によって定礎され、「世界を根底から作り変える」という救済と解放の衝迫をバネに世界化運動へと転化した………（それは「戦争論」、「世界史論」によって私が開こうとした思考の道筋を踏み固めてくれるものだった）。

ハイデガーが言う意味で「哲学は終わった」としても、「無思考」のサイバネティクスの制覇に、まったく別の経路からやってきてその「無思考」と戦うのをやめないのがドグマ人類学である。それをわれわれは〈分有〉しているのだと言ったらナンシーに背くことになるだろうか？　私たちの「愛知」を介した「友愛」（それこそが「分有」に他ならない）はそんなことはないと言うことだろう。

非人間的なものたちとの共存？

——ジャン＝リュック・ナンシーにおけるエコロジーについて

ジェローム・レーブル（黒木秀房訳）

エコロジーの問い

ジャン＝リュック・ナンシーは『対向的共同体』において「世界情勢」を検討し、さまざまな断絶線をひくことで、共同体を共同体自身に向き合わせた。ナショナリズムは共同体を分裂させるが、国民や自国文化を優先する考え方と衝突する、世界市場における資産が有する一般的等価性も同様である。まったく同じように、これはもう一つの断絶であると同時に活路の兆しでもあるが、人間共同体が直面するのは自らの条件、すなわち、存在を分有しあい、それゆえただひたすら世界をも分有する諸存在の単純な共存である。

したがって、この第三の戦線が張られるのは、共存するという避け難い要請と、その要請を根拠づけようとしながらその要請を超えるすべてのものとの間である。それは、その根拠が本質に関わるもの（人間の本質、文明の本質、国家の本質のように、人間性、西洋、ヨーロッパ、フランスといった限定された共同体を正当化するであろうすべてのもの）であれ、交換に関わるもの（資産や金銭の流通）であれ、変わりない。だからナンシーは「共同体に関するいかなる仮定《アソンプション》＝引き受けにも用心せよ」[*1]と述べたのだ。共同体は、過剰本質あるいは過剰交換において矛盾したやり方で自らを超え、そうすることで自身の破壊に荷担する傾向がある。共同体は無為である、と述べることは、依然として自己破壊を強調するだけであり、それに抵抗してはいない。むしろこの抵抗は、ことあるごとに根拠なき基底へと回帰することではない、共通のもの＝民衆〔commun〕のあらゆるバージョンの諸存在における存在の分有、「ドライでニュートラルな」ものと共に〔l'avec〕に関して行わなければならない。そして争点はまさに共同体が「死の営み＝作品〔l'œuvre de mort〕」を継続することを避けることにあるが、その営みは文明の一形態の歴史だけでなく、文明一般の歴史のうちにも見られ、文明の歴史の彼方にある「人間の歴史、そしておそらく自然の歴史」[*2]をも巻き込んでいる。

ここには、ナンシー哲学のきわめて強い主張が示されている。それは彼の資料体《コルプス》すべてに関わると同時にわれわれにも関わる、それも緊急かつ直接的な仕方で。すなわち、あらゆる共同体が破壊的であり、自己破壊的であるのは、共同体がつねに存在の条件、つまり、すべての存在によって存在が分有されているという事態に開かれていない場合である。言い換えれば、共同体は同時に（政治的、倫理的、哲学的に）、他の人間のみならず、生物であれ、無生物であれ、他なる存在に開かれていなければならない。したがって、ナンシーの思考は深くエコロジー的であり、同時に世界を破壊するものと、世界を保護することを可能にするようなものについて説明するのだ。しかし奇妙なことに、この肯定はつねに「おそらく」という留保の形を伴う。たとえば、おそらく人間の歴史は自然の歴史でもある、といったように。人間の彼方へ共同体を拡張することは、自明であり、急務であるが、ほとんど不確かなままに留まってもいるのだ。

ここで示したいのは、この不確かさは欠陥や脆弱さとは無縁であるということだ。つまり、共通のもの＝民衆〔commun〕が非人間的なものにまで拡張されるこの空間において、ナンシーは自らの思考に直面することで、人間の彼方で共存について思考するという要請と、この要請の「扱いにくい＝譲らない〔intraitable〕」側面（これらは『対向的共同体』にある言葉である[*3]）を、

＊1　J.-L. Nancy, *La communauté affrontée*, Galilée, 2001, p. 44.

＊2　*Ibid.*, p. 15.〔強調はレーブル。またナンシーの原文では「おそらく人間の歴史、それと共におそらく自然の歴史」とある。〕

＊3　〔訳註〕たとえば、「権力と利益という、これ以上ないほど巨大な利害のために衝突する思想（あるいはイデオロギー）の怪物に直面したとき、あえて「共にある」という思考不可能なもの、割り当て不可能なもの、扱いにくいものをいかなる実詞化に従わせることなく考えるという課題がある」。*Ibid.*, p. 50.〔強調は訳者〕

きわめて現実的＝実在論的な仕方でさらし出す。非人間的なものとの共同体がもつ意味を人間的に展開しようとすることは、じつはナンシーにとって危険なことであり、人間性という交渉の余地がない使命の手前に後退することであって、分有しかない場を諸存在間の絆[*4]で結ぶ危険性があるのだ。要するに、本稿では、ナンシーにおけるエコロジーとは、あらゆる意味で扱いにくい＝譲らないものであることを示したい。

共通のもの＝民衆と人間の対立

われわれが共同体について話すとき、一般的には、人間を、つまり人間共同体を暗黙のうちに念頭においている。われわれが単純に「われわれ」と言う時と同様である。それゆえ、この暗黙の前提もまた明らかにある過剰を示している。というのも、われわれは、共通のもの＝民衆〔le commun〕に関するそれぞれの解釈に、共同生活すること、共同体の本質そのものを実現すること、正義について語ることが人間の本質である、といった誤った認識を付け加えているからである。ところが、ナンシーは逆である。彼がたいてい暗黙のうちに念頭においているのは、共通のもの＝民衆の非人間的なものへの拡張である。この暗黙の前提は、諸存在が共通してもつもの、諸存在が分有するものについて問われるたびに明らかになる。ナンシーにおいて、存在の分有がつねに正義に代置されるのは偶然ではない。人間だけが正義について語るのだから人間は優れていると主張できるかもしれない。しかし、人間は、分有についてのみ語るとき、自身を超え、自らの優越性そのものを超えるのである。

たしかに、ナンシーにおいて共同体は何よりも人間的なものにとどまる、と時系列を追って考えることはできるだろう。というのも、このテーマに関する最初の重要な論考においてナンシーが関心をもったのはまさに共同体であり、それが主要著作である『無為の共同体』となったからである。この著書の中でナンシーが示したことは、共同体は共同の営み＝作品〔œuvre commun〕として提示されるかぎり死にいたるものである、ということである。実際、それはつねに生者が継続するとみなされている死者たちの営みであるから、根本的に死の営みである。ところで、自分が死を免れないことを知ることは、死の地平によっていかなる営みも解体されること、また同様に各人がつねに自分自身の死に直面していることから、死がわれわれを特異な存在にしていることを知ることでもある。したがってそれは、特異で有限な存在として実存していること、そのことを共有していること、この実存に意味を与えようと決断するかぎり、同時に特異であり一般〔commun〕であるこの実存においてのみ意味が見出されることを知ることでもある。これは、神話なきコミュニズム、つまり、共同体の仮定＝引き受け《アソンプション》なしにあ

＊4　〔訳注〕絆〔lien〕については以下を参照。*Ibid.*, p.33 ; CD 74／五三。

ろうとするコミュニズムの道である。このようなパースペクティヴは、つねに来るべき状態にある、共同での存在〔l'être en commun〕の意味を精緻化する代わりに、あらかじめ定義された人間の本質の実現を使命とする、あらゆるヒューマニズムを超えるものであることは明らかである。その場合、人間が人間を乗り超えるだけの問題、言い換えれば、人間のみに関わる運動になってしまうだろう。だが、ナンシーの一文、たった一文によってこのことが明らかではなくなる。「特異性の共同体が「人間」に限定され、たとえば「動物」を排除しているということは確かではない」(CD 71／五一－五二)。

ここで括弧にくくられる「動物」は、デリダの読者ならば、たとえば次のように回顧的に説明しがちである。動物という一般概念は、それが取りまとめようとしている際限なく多様な生命形態について適切に語るには、あまりにも人間的である。だが、これらの形態の中には、死について何らかの知をもつものがあることも大いにありえ、動物によっては特異性さえもっているかもしれず、その場合、まさにこれらの動物へと共同体は広がっていくのだ、と。しかし、ナンシーが用いる「たとえば」という言葉は、正反対の役割を担っている。つまり、共同体に含まれるかもしれない特異な動物以外の存在も場合によっては存在するのではないか、ということである。しかし、この共同体が死にいたることを自覚している存在たちの共同体だとすれば、それはどのような存在なのか。実際、いくつかの動物以外にありえそうな例は見当たらない。したがって、ナンシーの「たとえば」は別の意義を持つのだ。それは、共同体を非人間的なものに開き、非人間的なものを規定され了解可能な領域に置く、ということである。共同体は、アニミズムにおいてそうであるように、家畜であれ、トーテムであれ、人間化されたものであれ、特定の動物を含めることに集中すれば、人間共同体と非人間的なものに対して開かれた共同体という二重の意味を失ってしまうだろう。動物の包摂は避けがたく動物の人間化をまねき、人間と動物の共同体が神話的に重層決定されることになるだろう。そのため、動物について語ることなく、同時に動物について語ることが不可欠となる。言い換えれば、共同体は、その例示が扱いにくいものであればあるほど、より大きく拡張される。そのとき、その拡張は肯定しうるものでさえなく、疑念を抱かせておくだけであり、二重の否定によって強化される。「特異性の共同体が、（…）たとえば「動物」を排除しているということは確かではない」。

これでは理論的な動物であるわれわれにとって物足りないことは言うまでもない。しかし、ナンシーの仕事はすべて、ここでコメントした文章を正当化し、展開するものである。すでに『無為の共同体』からして、人間的なものについて語られたことは、暗黙のうちに、潜在的に人間的なもののはるか彼方に広がっていた。「いかなる瞬間にも、特異な＝単数のものたちは自分たちの境界を分有し、相互に分有し合う」とナンシーは書いている（CD 102／七五）。これは、限定や有限性は人間のいかなる固有性もいかなる本質も引き出さないということ、共同体は自らの有限性や死についての思考や知識のはるか彼方に広がっているということを意味している。共同体とは、ある存在と別の存在、ある身体と別の身体の境界の共同体でしかない。それゆえ、あらゆる人間存在と非人間的存在は、空間的にその境界を分有し、互いに触れると同時に離れ、境界そのものが単なる接触を超えた共同体の完全なる融合を阻んでいる。そのとき、共同体の拡張は、暗黙の前提からこの上なく明示的なものへと立場を移行させることができるだろう。共通のもの＝民衆を定義するものは、存在の分有であり、人間性の分有ではない。それは、人間性の唯一の特権は、人間性の分有からはみ出るこの存在の分有について語ることにあるからだ。

『複数にして単数の存在』の冒頭で、すべてが語られている、あるいは書かれている。「われわれは意味である」が、「意味が分有されていなければ意味というものはない」（ESP 20／二七）。意味は諸存在の間で分有される。そしてそのことが意味するのは、けっして人間の間でのみ分有されるのではない、ということである。そうだとすると、人間的なものが使命とするのは、単に意味を相互に分有すること、要するにコミュニケーションをとることではなく、非人間的な諸存在と意味を分有すること、言い換えれば、諸存在の間に、諸存在の際限のない多様性から生まれる意味を言語《ランガージュ》行為で表すこと、したがって、この観点において諸存在とコミュニケーションをとることである。コミュニケーションが関わるのは、「すべての事物、すべての存在者、すべての実存者、過ぎ去った者たちと来たる-べき者たち、生けるものと死せるもの、無生物、石、植物、釘、神々——そして「人間たち」、つまり、「われわれ」と言い、この〔*en se disant nous* という〕表現のすべての可能な意味において自らを〔自らに、互いを、互いに〕われわれと言い、存在者の全体性に対して〔*pour*〕自らをわれわれと言いながら、分有と循環をあるがままに露呈する者たち」（ESP 21／二八）である。言語行為は人間について語るだけでなく、「すべてのものに対して、すべてについて語り、世界がいかにあるかを言い」、「そのうちに自らを失う」。こうした存在について語るときには、言葉を持たない者たちの沈黙さえも語られる。こうして、われわれはあらゆる存在がそうであるように、存在の中に露-呈されている。ただし、われわれもまた、話す存在として、露呈されていると同時に露呈する存在でもあるという違いがある。

他の存在について語り、「石、植物、釘」と口にする可能性だけを見るかぎり、以上のことは非常に簡単なことのように思われる。しかし、非人間的な特異性にまで拡張することを条件とすることでしか共通のもの＝民衆を拡張することができない、ということを思い出せば、困難も賭け金もより大きいものとなる。ところで、ニーチェが言ったように、そしてライナー・シュールマンが繰り返したように、単純な普通名詞〔*nom commun*〕は、すでに現象に幻想的な一般性を加えている。すなわち、あらゆる言語行為は、すべての存在の特異性にまで広げるにはあまりにも一般的で、あまりにも人間的である。また石や植物はもちろん、ナンシーが難易度を上げるために選んだ釘の例も、釘は規格化された工業製品であるため、誰もその特異性について語ることはできない。さて、ナンシーはこの難局をどう切り抜けるのだろうか。それは、言語行為はつねに現れるものの異質さを目立たせることができる、ということを強調することによってである。このことは何よりもまず人々について言われる。「人々は奇妙なものだ」〔ESP 23／三三以下〕と言うが、これがいちばん都合がよい。というのも、それが意味するのは、人々は一般的ではなく、他者であり、誰もが私と同じようなどうしようもなく特異な存在である他者である、ということだからである。人々は互いに異なるものであり、それゆえ、いかなる種類とも異なる。したがって、特異化は人間的なものに限定されるものではない。この奇妙さはあらゆる存在の奇妙さであるという暗黙の前提なしに、つまり、その奇妙さを「存在者の全体性」に伝えることなしに、それと同時に「「自然」もまた「奇妙」」であると言うことなしに、「人々は奇妙なものだ」とは言えないのである〔ESP 28／三九〕。「自然」もまた括弧でくくられるのは、実存者の複数性の周りに漂う統一性幻想を回避するためである。奇妙なのは、ナンシーによれば、「種の意表をつく過剰さや技術を通じたその変形」であり、かくして石、植物、釘も含まれる。しかし、種の彼方に行かなければならない。われわれがこの石、あの植物とコミュニケーションをとるのは、われわれの言語が、奇妙さとして、つまり、扱いづらく、同化しえず、還元不可能な特異性として、その特異性のために言葉を失いながらも、何とか言おうとしていることに正面から直面するときである。

そうすると、特異性とその奇妙さによって、いつもは人間を特権化する他の規定が、あらゆる存在のうちに捉えられるようになる。それは何よりもまず、その本質的な規定、つまり自由である。もちろん、人間といくつかの「高等な」動物種だけが選択したり決定することができ、人間だけが行動する理由を自らに与えることができる。しかし、自由の根拠は別のところにある。それは、理由＝理性の不在、すなわち、決定原因の不在にあり、あらゆる決定＝決断の引き金となり、それゆえすべての存在、各存在の出現の条件となる。つまり、自由は人間において自らを解放するのだが、「人間性を与えるのは自由なのであって、その逆ではない」。「自由は、「神性《デイタス》」や「動物性《アニマリタス》」と同様、「人間性《フマニタス》」やさらには「物性《レイタス》」をもつ実存者のための可能性として自らを与えるのである」（EL 99／一二九）。

したがって、存在と存在者のこの自由な現出は、存在者の間で分有されるのは本質だけでなく実存でもあることをも意味する。ただ人間だけが、その都度自らを「自己」として考え、そのとき、この自己は何ものにも基づかないこと、つねに存在するべきものとしてあり、意味を与えられなければならないことを発見する。しかし、「即自存在の根拠をなしているのは、まさにこの非‐本質であり、自己による非‐実体」（ESP 27／三八）でもある。このように、存在者はすべて自己がなくとも自己の外側に自己として実在し、すべての存在者は実存者であり、またこのようにしてすべての存在の共‐存と共同体があるのである。そのとき、人間特有の使命は、人間の仕方でこの共同体について語り、解放し、実行することである。ただし、それは、共同体を自分自身の内に閉じ、自己破壊するようないかなる超過もなく、したがって、つねに他なるものたちとの共同体を対象としてのことである。ある他者、「ここでは、他の人間、動物、植物、星」、「新生児の顔、偶然歩道にいる誰か他の人の顔、昆虫、ホウライエソ、小石……――これらの好奇心をそそる現前を等価にすべきではないことをよく理解するつもりがあれば」（ESP 39／五八）（種間、あるいは個体間の等価）。

実存形態と生の形態の間の共同体、そして動物の奇妙さ

実存形態間の不等価性が意味するのは、われわれがコミュニケーションをとるとみなされているのはどの特権的な形態か、実存する権利を最も持つのはどの形態か、最も特異であるのはどの形態か問うことは、もはや不可能である、ということである。この不等価性はむしろ、鉱物界、植物界、動物界、無生物界、生物界、技術界の間の差異を浮き彫りにする。このことを理解するために、ナンシーが民主主義について語ったことを参照してもよいだろう。たとえ『民主主義の実相』のようなテクストで、民主主義は「人間の息づかい」以外のものでありう

るとは少しも考えられていないように思えたとしても。そこでナンシーが説明したように、民主主義とは政治体制ではなく、まさに不等価性の肯定であって、有限な存在の間にある無限で計り知れない差異の肯定なのである。人間がみな同じ価値を持つとすると、やはり人間を識別するために比較することになってしまうということだけでなく、各人は自らの有限性そのものによって、他者の無限の価値とは異なる無限の価値、「特異で、比較不可能で、置き換えることのできない」(VD 46/一五〇)価値を持っていると言うことができる。「すべて等しく価値があるということではなく、何ものも互いに等価ではない」(VD 47/一五一)。そうであれば、この民主主義の民衆《プープル》は人間だけではないと十分考えられる。牛や石が人間と同じだけの価値があるのではなく、牛や石が、それらの実存の価値であるのと同時に実存一般の価値である、共約不可能な=計り知れない価値を単独に持っているという意味で、単に比較不可能なのである。すなわち、牛や石がわれわれと世界を分有し、その世界はその分有の中でこそ価値を持つ。人間だけの世界ならばそれは楽園であろうし、あるいは三位一体や天使を加えれば、それこそ楽園だが、他者がいない分、即地獄でもあるとも言える。また、人間だけを表現する芸術、風景のない肖像画、ろうそくのない肖像画、鳥のいない肖像画、白毛や赤毛の子犬のいない肖像画、蠅のいない肖像画などを想像してもらいたい。

そして、ナンシーはライプニッツや一八世紀の思想家(啓蒙主義や民主主義の思想家)のように世界を分裂させ、無生物と生物の差異を分裂させる。このように、自由と実存は人間だけのものではないばかりか、生はわれわれが生物と呼ぶものだけに認められるのでもない。別の言い方をすれば、あらゆる実存＝実在は生でもある。それは、ハイデガーのように、デフォルトで生が実存からのみ理解されるのではなく、それとは反対に、生は実在としてのみ、かつ実在は生としてのみ捉えられるということである。また果てしなく多数の不等価な存在たち、生と実在はすべての存在に対して等価である、あるいは不等価な存在たちの果てしない複数性の間で分有される存在である、ということである。

このことは、生に関するナンシーの最も美しいと思われる文章（「マルシア万歳」、『マルシアに』所収）において、確かに明示的に現れている。それは、世界やジャンルを分裂させるようなテクストである。というのも、このテクストは哲学的であるのと同じくらい詩的だとも言えるからだ。「存在すること、それは生まれることである」〔*ibid.*, p. 22〕とナンシーは書いている。というのも、出生とは「世界への到来」にほかならないからだ。存在するとは、あらゆる原理の解体に他ならない原生命から生まれることであり、ひとつの生とは、「この世界で始まるのではなく、世界がそこから生まれる」ことであって、「無に、そして無から不意に生じるものだが、無のど真ん中で不意に生じるもの」でもあり、「無の外への追放」〔*ibid.*, p. 23〕である。実際、生が自身を生み出し、拡張、伝播、過剰、増殖として明確に現れるためには、全宇宙において自己自身とは異質なものとしてすでに現前していなければならず、ロマン主義者たちが原生命[*6]〔*Urleben*〕と呼んだ「生の上流の生」〔*ibid.*, p. 26〕が必要である。こうして「生の形態にしたがって生きるのはその度毎の生であり」、そこにはいわゆる無生物という特異な形態も含まれる。言い換えれば、すべては生物化されるのであり、ナンシーはライプニッツの言葉を引用して、「物質の最も小さな部分にも、被造物、生物、動物、エンテレケイア、魂の入っている世界がある」〔『モナドロジー』、第六六節[*7]〕と述べている。

　ハンナ・アーレントが行ったように、特異性の根拠を出生に求めることは、「動物」あるいは特定の動物しか「おそらく」含めることができなかった共同体を死にいたる運命によって定義するよりも、共同体の拡張を無限に引き起こすことになる。またそのことから、魂はもはや、ライプニッツのように永遠の実体としてではなく、束の間のものとして不意に到来するのだと理解される。魂とは各存在をいかなる把握からも逃れさせる自己の外への運動であり、それは

*5 〔訳注〕J.-L. Nancy, «Viva Marcia», Hans Ruin & Jonna Bornemark (eds.), *Ad Marciam*, Södertöens högskola, 2017. スウェーデンのセーデルテルン大学教授であるMarcia Sá Cavalcante Schuback に捧げられた論集。

*6 〔訳注〕ナンシーはシェリングの「根源的な生〔das Urlebendige〕」も参照している（*ibid.*, p. 17）。シェリング「諸世界時代　第一巻　過去」山口和子訳、『〈新装版〉シェリング著作集　4b　歴史の哲学』藤田正勝・山口和子編、文屋秋栄、二〇一八年、四頁。

*7 〔訳注〕ライプニッツ『モナドロジー他二篇』谷川多佳子・岡部英男訳、岩波文庫、二〇一九年、五九頁。

つねにそうした存在の奇妙さである。ナンシーとの対談から引用すると、「身体は、その外面性にしたがった、「魂」あるいは内面性の実質的な実在であり、その外面性は魂をまさに内面性として、より正確には、内面性の想定として露呈させる。私は一人の人間を見て、その人間に関わるのだが、それはその人の身体――風采、外見、声、身振りなど、その実存そのものにほかならないすべてのもの――を通して私が接近する「主体」に関わるように、である［…］。しかし、「彼」（あるいは「彼女」）はつねにどこまでも想定されたままであり、私が接近するよりつねに遠くに去って行くだろう。また、動物や植物そのものを見るときのように生物へ別様に接近すると、私は想定された主体との「意味」の交換をしないため、一転して異なった想定へと立ち返ることになる。とはいえやはり、それは無限に収斂していく想定でもある。というのも、「彼」は同じように逃れ去るだろうからだ」[*8]。

このことから、すべての存在は、世界内に存在しているだけではなく、世界に存在しているのであり、死すべきものであろうとなかろうと、諸存在はまさにこの意味において実在していることになる。ナンシーは、デリダや他の多くの人々と同様、「石には世界がない」、トカゲはわれわれのように石に触れない、したがって動物は世界が貧しく、最後に人間だけが本来的に世界に対して存在すると断言し、存在の様々な界を実存論的に意味づけようとするハイデガーの有名なテクストに挑戦する（SM 99 *sq.*）。ナンシーによれば、間‐存在、合間‐存在、対‐存在はそれだけで世界に対して存在することができ、だからこそ「石とトカゲも意味の回路にある」。したがって、石は地面に重みをかけ、石独自の特異な仕方で触れている。たとえ石が手で触れるわけではないとしても、とりわけ地面そのものに「接触している」のだ。地面とは隔たりがあるということは、地面に接してあるということであり、すでに世界があるということである。それは、意味の単純な可能性以上のものである意味の受容可能性に開かれることによってである。「意味が石に触れ、意味が石にぶつかる、それがここでわれわれが行っていることである」(SM 99 *sq.*)[*9]。そして、このことはすべて、たとえそのように語る人間がいなかったとしても真実であるだろう。非人間的な存在に広がる世界なしに人間は存在しないが、その逆は成立しない。人間なき世界はまったくもって実在しうるだろうし、そのように示すことは、すでに政治的エコロジーの中核をなしている、不測の事態の存在論的可能性を明かすことなのである。

しかし、そこからその政治的エコロジーに移る前に、トカゲが必要もないのにデモンストレーションの犠牲となったことについて指摘しておこう。実際、ナンシーの作品には動物がほとんど登場せず、動物の特異性にもほとんど注意が払われていないが、それはなぜだろうか。

＊8 〔訳注〕Bernard Andrieu, «Entretien avec Jean-Luc Nancy», *Corps*, n° 9, janvier 2011, p. 52.
＊9 〔訳注〕PF 202-205／二三七；OP 106／一二五頁。

デリダは、二〇〇二年のナンシーとの対談で、この問いを自らに課した。[*10]「君の言う世界だけど、そこには動物はいるのかな?」。ナンシーは次のように答えた。「いやいや、まったくいないね。私は動物にほとんど重要性を認めていないけれど、生あるものには認めているよ」。そしてナンシーはきっぱり言い返し、批判を向ける。

最初に言っておこうとしたんだけれど、君が動物について話しているとき、私は二つのことを思い浮かべている。私はちょっと疑い深いのでまずこう思った。「彼はどうしたんだろう、いったい何が……、ちょっとそれはやりすぎじゃないか?」……。それから、「もっと差し迫ったことがある」と思った、そう、とくに何度もこのことが思い浮かんだ。続いて、それとは別に思ったのだけど……。[…]君が私に対して残酷になるけど、自分が飼っている猫にはそうではない、そんな法を制定するのではないかと心配したよ。

議論は険悪になる。

デリダ——そう、それが、リュック・フェリーみたいな連中が、動物のために動物に関心をもとうとする人々みんなに対して差し向ける疑いや告発だ。結局、彼らは人間よりも動物の方が好きなのだ、ナチスもそうだった、という具合にね。それはこの手のヒューマニズムのいつもの議論だ。それについては別のところで応えておいた。

ナンシー〔分業の提案によって駆け引きを沈静化させながら〕——その点についてはまったくもって経験的な次元の話だけど、こう思う、「何もかも行うことはできない、ジャックが動物のことに専念しているなら、素晴らしい、「餅は餅屋」で、牛なら牛屋、というところだ！」……それなら人間のことは私に任せてほしい……。

デリダ——何とかうまくやってほしいものだね……。

ジャン＝リュック・ナンシーは、二年後のストラスブールで、この議論を自ら再び取りあげた。[*11]「何度も君は「世界なき動物」ではなく、動物たちについて強調しました。喪の作業をしたりする動物がいる等々です。[…] ただ、そうしつつも君はある秩序を再‐定義しているよう

*10 «Responsabilité – du sens à venir», *Sens en tous sens. Autour de travaux de Jean-Luc Nancy*, Francis Guibal et Jean-Clet Martin (dir.), Galilée, 2004, p. 198.〔ジャック・デリダ、ジャン＝リュック・ナンシー「責任——来るべき意味について（下）」西山雄二・柿並良佑訳、『水声通信』、水声社、第一一号、二〇〇六年九月号、二〇頁〕

*11 «Dialogue entre Jacques Derrida, Philippe Lacoue-Labarthe et Jean-Luc Nancy», *Rue Descartes* nº 52, 2006, p. 98.〔「ジャック・デリダ、フィリップ・ラクー＝ラバルト、ジャン＝リュック・ナンシーの対話」渡名喜庸哲訳、『思想』、一〇八八号、岩波書店、二〇一四年一二月号、三七二頁。

に思われるのです——たとえば、蟻はチンパンジーと同じではない等々とまさに言っていましたが……」。デリダは予想通りの答えを返した。「それは序列ではなく、差異です」。ナンシーはそれに対し、次のように述べた。「差異ですか。けれど、君に聞きたいのは、結局、君は人間とその他の生き物のあいだの差異をぼかしつつ、やはりそれをもう一度導入しているのではないか、ということなのです」。デリダは次のように答えた。「私が試みたのは、人間と動物とのあいだの直線的で対立的な境界線を問いに付すことで、逆に、もっと大きな差異化の働きを導入することなのです」。

ナンシーのためらいには驚かされる。というのも、先に引用した文章はすべて、これらの対談よりも前に書かれたものであるからだ。ナンシーが共同体を動物、石、釘にまで広げることは見てきたが、ここでは動物に関する言説が階層秩序を再導入するという事実について心配している。そしてこの恐れを正当化するというよりはむしろ、彼は動物に関する問いをデリダに委ね、自分は人間にこだわりたいと明確に表明している。しかしながら、このことは矛盾ではなく、むしろ共同体を非常に慎重に「動物」にまで広げている『無為の共同体』の文章以来、ナンシーの思考が非常に安定している証拠だと思われる。ナンシーがつねに懸念しているリスクは、人間と動物の絆、ひいては特定の動物を優遇し、すべての不等価な存在間の水平な隔たりを犠牲にするような階層秩序のリスクである（ここでは、ドゥルーズはデリダとナンシーの間に位置づけられるだろう。それは、彼がシラミのような愛らしくはない下等な動物を好むからである）。動物はあまりに人間に近く、彼らはつねに共同体の延長の運動を止めるリスクがある。この解釈は、一九八九年の対談でナンシーがデリダに投げかけた質問に裏付けられているが、そこでナンシーはデリダに対して質問を投げかけるにとどめている。「ありうる「主体性」を人間に限定したくないというなら、どうして君は話を動物に限定するのだろう？」[*12] したがって、ナンシーのためらいは、エコロジー思想が対峙しなければならない、きわめて重要な実存的対峙であるように思われる。エコロジー思想は、特定の生物に対するあらゆる選好、あらゆるトーテミズムを捨てるべきなのだが、それは世界のあらゆる存在の生存《エグジスタンス》権を真に基礎づける無限の不等価性、つまり、世界をその無限の多元性、その無限の民主主義のうちに存在させるという要求を聞き入れるためなのだ。まったく同じ理由で、ナンシーが技術を非難することを拒み、技術をラディカルエコロジーの要件の一部としたことについて見ていこう。

*12 J. Derrida «"Il faut bien manger" ou le calcul du sujet», *Cahiers Confrontation*, nº 20, «Après le sujet qui vient ?», dir. J.-L. Nancy, Aubier, 1989, p. 101.〔ジャック・デリダ「「正しく食べなくてはならない」あるいは主体の計算――ジャン゠リュック・ナンシーとの対話」鵜飼哲訳、ジャン゠リュック・ナンシー編『主体の後に誰が来るのか？』港道隆ほか訳、現代企画室、一九九六年、一六二頁〕

政治的エコロジー――共同体と技術

本稿の冒頭でナンシーを引用して語ったように、共同体は自分自身と直面するのだが、その断絶線のひとつである、共同体の技術との関係についてはまだ考察していないように思われる。しかし、実のところ、ここで問われているのは技術「一般」ではない。技術は、自然の働き＝作品〔œuvre〕を完遂すること、つまり、自然を補って完成させるために模倣することを目的とし、有限の人間たちのために完成品を形づくる使命をもつものだと自らをみなすかぎり、何も打ち破ることはなかった。どちらかと言えば、近代技術、むしろ技術の転回点としての近代こそが、自身以外の目的を持たないだけによりいっそう無制限で制御不可能な力を技術に与えたのだと言うべきだろう。つまり、技術は自然ではなく自身を完成し、西洋思想がつねにそうであったように、その自己開発は人間による人間の実現という重荷を背負う一方で、この自己目的性を非人間的なものにしてしまい、技術を人間から遠ざける。「まさしく世界の息の根を止めつつある、自己実現というこの猛り狂う欲望から西洋を切り離すことはできない」とナンシーは最後の文章の一つに書いている。*13

したがって、現代技術が破壊的なことを実行するのは、すべての存在、世界そのものに対してであり、非人間的なことを実行するのは、ヒューマニズムそのもの、自己肯定する過剰本質としての、あるいは自律性を肯定するものとしての人間についてである。「この自律性は、哲学の、つまり西洋の、つまり自己実現の目的――ねらい――達成をたしかに実現する（それは同時に、すべての人の不幸にくわえ、生態系の破壊は言うまでもなく、誰が彼らを人間とみなすのか不思議なほど、無数の人々の不幸、不運、破壊を通り抜ける）[*14]」。この文章の細部からわかるように、ナンシーが何よりも懸念しているのは、技術の非人間的効果、人間による人間の搾取、そして「言うまでもなく」生態系の破壊的災厄についてである。エコロジーはつねに難題であり、暗示的看過法で取りかかるものなのである。

このことが意味するのは、ナンシーが生態系の災厄についてまったく何も言わないのではなく、ただ、生態系の災厄を人間的であり非人間的でもある災厄、人間に関係しすべての存在に及ぶ破局から切り離さないだけである、ということである。これはまさに、『破局の等価性』という別のテクストで展開されている。「もはや自然的な破局はない。あるのは、どのような機会でも波及していく文明的な破局のみである」[*15]。生態系の災厄は、自然的な原因と人為的な原因を錯綜した形であわせもち、人間と人間でないものにもやはり錯綜した形で関わるかぎ

*13　J.-L. Nancy, « "La fin de la philosophie et la tâche de la pensée" », sur le site *Philosophy, World, Democracy*.〔「「哲学の終焉と思考の課題」」柿並良佑訳、『思想』、一一七二号、二〇二一年一二月号、一三頁〕
*14　〔訳注〕同前、一四頁。
*15　J.-L. Nancy, *L'équivalence des catastrophes*, Galilée, 2012, p. 57.〔「破局の等価性」、『フクシマの後で』渡名喜庸哲訳、以文社、二〇一二年、五九頁〕

り、災厄である。これはいわゆる「人新世」のナンシー版と言えるかもしれないが、それは間違いである。人間の時代など存在しないのだから。なぜなら、結局錯綜しているものは、つねにその根底に、人間と他の存在との間の存在の不定な分有があるからであり、言い換えれば、世界は人間的なものではないという事実を有するからである。したがって、人新世は世界の卑劣《イモンド》＝非世界的な側面に過ぎず、世界を超えるものであり、存在者間の非等価性を根絶し、破局をすべての存在にとって平等かつ有効なものにする等価性を優先させる。この等価性こそが、破滅的なのだ。したがって、ナンシーが共同体を分裂させる戦線を強調したときに、技術についてこだわらなかったことを理解することができる。それは、技術が不在なのではなく、技術は新しい戦線ではなく、過剰本質（人間が世界を支配することを目指すようにするもの）と過剰交換（差異を等価性のうちに消失させるもの）による、共同体の二つの仮定《アソンプション》＝引き受けが収斂するものなのだ。技術とは、〈人間〉という過剰本質を、諸存在がすべて搾取可能で市場化可能である限りにおいて、すべての存在に関する過剰交換に変容させるものでさえある。

　しかしながら、そこに現代の「技術一般」に対する単なる告発を見るべきではない。実際、この普通名詞は「漠たる考え」（PF 44／四四）のままであり、多数の不等価な技術のうちで現実的な分有がなされ、それらの間で多数の接続様態へと入っていくことを説明しない。それは人為的なものを自律的で内在的な自然と誤って対立させているのだ。一方、自然からの脱出は、各存在が自らの外へ出ることにすでに含意されており、存在の本質的な技術性について語ることができる。この意味で、「「技術」に対する糾弾は、「技術」時代における最も凡庸で最も空しい身振り」（PF 46／四七）であり、それは、技術が実在について明らかにするもの、また実在が技術について明らかにするものを隠すものでもある。それゆえ、技術もまた、世界を窒息させ破壊すると同時に、世界を多重化し、分解し、方向転換させ、あらゆる共同体の仮定に抵抗し、どの国にも属さず、もはや人間のものでさえないのだ。「正しく理解されたエコロジー思想が新しい技術的前進を規定していることは今日ではよく知られている」（PF 47／四八）とナンシーは書いているが、われわれの使命は「技術に住まうこと」であるという点についてもっと深く理解しなければならない。「技術に「住まうこと」もしくはそれを「迎接すること」、それは意味の有限性に住まい、それを迎接すること以外の何ものでもないだろう」（PF 46／四八）。したがって、ナンシーが共同体が及ぶ存在のひとつとして釘をあげたことは理解できる。存在の分有は、その特異な性格を含めて技術的道具を含むすべての存在に関わる。花や動物の特異性とは不等価な釘の特異性を考慮することなしにエコロジーはありえない。

したがって、ナンシーにはいかなる自然主義もない、人間以外の存在とのより真正な関係にある他の存在論と対立するような自然主義であればなおさらである。しかし、「おそらく」自然を自然としてではなく、他のものとして含む人間的なものの歴史によって、変容され、着手され＝揺さぶられた存在の分有だけがある。「実際、われわれは自然を変形させたのであり、もはや自然について語ることはできないのだ。われわれは、もはや自然と技術との区別が有効性を持たず、同時に、「この世界」となんらかの「他の世界」との関係もまたもはや有効性を持たないような、そうした全体性について思考することができるようにならねばならないのである」[*16]。

この文脈においては、技術を捨て自然の最も近くに帰るという個人の選択には意味がない。実際にはそうではないのにエコロジストの振りをする主権者が導く何らかのエコロジーのための移行も期待していない。主権は人間による人間の自己実現の名残にすぎないが、自己実現はすでに技術化され、自動化されているからだ。このように、有名な「エコロジーのための移行[*17]」は、移行がないに等しく、石炭や石油への投資と同等かつ量的に劣る資本投資のための一分野を提供するに過ぎないのである。移行を期待したり、達成したりする必要はなく、むしろわれわれは突然変異の中にすでにいるのであって、その主な意味は、技術的なものを含む制御から解放されることにある。これは最悪の事態を招きかねない。人類の滅亡、人間なき生、あるいは生なき世界の継続。「なぜそれを容認できないのだろうか、という問いが投げかけられかねない」[*18]。しかし、同じ突然変異で、われわれ自身を変異させることもできる。それを積極的に行うことは、それゆえすべての過剰本質と過剰交換に抵抗することであり、「自然な存在とされる他のすべての種と同じように、技術的な事物＝客体、さらには技術的な主体さえ伴う存在」を含む民主主義を支持し、われわれの生き方や実存の仕方を変異させることである。ここには、自動化《オートメーション》、すなわちあらゆる「自動《オート》」に対する潜在的な停止措置〔*arrêt*〕があり[19]、それはあらゆるヘテロよりも他なるアロ〔*allo*〕、すべてが無限に他なる存在同士の共同体の「アロノミー〔*allonomie*〕」[20]に役立つ。このような、原理や制度的共同体のうちにさえいかなる階層秩序も、いかなる仮定《アソンプション》＝引き受けももたないエコロジー的政治は、アロノミーと同時にアナーキーなエコロジーと呼ぶことができる。

＊16 *Ibid.*, p. 57.〔同前、五九頁〕
＊17 〔訳注〕環境問題に対して、包括的、持続的な解決を目指し、新しい経済モデルや社会モデルへと移行すること。
＊18 J. -L. Nancy, *La peau fragile du monde*, Galilée, 2019, p. 38.
＊19 *Ibid.*, p. 58.
＊20 *Ibid.*, p. 62.〔前掲、「「哲学の終焉と思考の課題」」一四頁も参照。〕

共同体の不可能な可能性

ジャコブ・ロゴザンスキー（松葉類訳）

共同体のアポリア

死によって中断された対話を、沈黙と不在にもかかわらず続けることはできるか。それはおそらく別の、より亡霊的な形式をとりうる。書かれたもの《エクリチュール》を通して、まずは故人がわれわれに与えてくれたことになるものの読み直しを通して。しかし、このような対話が不可能になったと思われるまさにその時、最も本質的な可能性に連れ戻される。つまり、分有するものがあるとすれば、その可能性の問いそのものだけであるような共同体、生者と死者の思考する共同体の可能性である。それはすなわち、ジャン＝リュック・ナンシーによれば、すぐれて哲学的な問いである。なぜなら、彼は「哲学と共同体は不可分であり」、「共同体は哲学のあらゆる主題の中の主題である」と宣言するに至ったからだ。[*1] 様々な名のもとで――共出現、共存在《ミットザイン》、あるいはむしろ共現存在《ミットダーザイン》、複数にして単数の存在、共同-での-存在、共存、われわれ、一緒に、共に、等――彼の歩みの全体にわたって問題になるのは、やはりつねに共同体である。そしてそれのおそらく不可能な可能性、そしてこの不可能性を認めるパラドクスである。

　このパラドクス――あるいはこのアポリア――は次の点にある。共同体の働きは、その自己破壊と、あるいは絶対的内在における「合一《コミュニオン》的融合」の幻想と歴史的に一致してきたということである。つまり、この融合の障害となるように思われるものすべてを無化することで自らを生み出す集団的〈主体〉の融合である。それは無慈悲で苦痛を伴う論理であり、「この融合にならう共同体の自死」を導く（CD 36／二四）。だが共同体の可能性の問いを開くのはまさしく、自己破壊的なこの自己実現なのだ。「死の働きが［…］共同体――一方では自ら構成された民族または人種の共同体、他方では自ら仕上げられた人類の共同体――の名において為されてきたということがまさに、なんであれ共同存在の具体的な所与を拠り所とする可能性を一切終わらせたのである［…］。同一性、状態、主体として思考された存在を超える共同-での-存在、存在論的組成の最深にある存在そのものを形作る共同-での-存在、明らかとなった課題とはこのようなものだった」（PD 115-116）。

　ナンシーが「死の働き」またはときに「死の共同体」と呼ぶものとは、第一にナチの民族共同体《フォルクスゲマインシャフト》である。彼は共産主義をファシズムと同一視することを拒むが、二〇世紀に生じたこちらの災厄にも同じ分析が当てはまる。「共産主義とともに、自らの諸限界、歴史的閉域に触れたのは、共同体の存在神論的な発想の全体である」[*2]。われわれは、この二つの厄災から彼が引き出した帰結がいかなるものか知っている――いまこそ、ふたたび基礎づけられるべき失われた共同体というノスタルジーを拒む時なのだ。共同体は自分自身を否定し、破壊しなければ生まれることがないのだから、「これまで共同体は生じなかった」ということを認めなければならない。共同体は（近代、個人主義、資本、グローバリゼーション等によって）われわれから奪われたものではなく、反対に「われわれに到来する」ものである。「あらゆる集団の只中につねに、絶え間なく来るという意味で」（CD 177／一三七）、言い換えればつねに可能であるという意味で、いまだ来るべき共同体である。ナンシーにおいて終末論、メシアなきメシアニスムにあたるものがあるとすればおそらく、そこにこそ徴づけることができるだろう。

しかし、ナンシーが共同体と名付けるものはこれ以降、融合的合一において作動することを

＊1　J.-L. Nancy, «Le sens en commun» (1988), cité par M. Gaillot, *Jean-Luc Nancy, la communauté, le sens*, Galilée, 2021, p. 12.〔引用されている論考は『無為の共同体』第二版以降に再録されている。CD 210／一六参照〕

＊2　J.-C. Bailly et J.-L. Nancy, *La comparution*, Christian Bourgois, 2007, p. 34.〔ナンシー、バイイ『共出現』大西雅一郎・松下彩子訳、松籟社、二〇〇二年、四三－四四頁〕

拒むものである。「共同体が残余なくただたんに消えてしまうことは不幸だ［…］――存在論的災厄である」[*3]。そして彼がそこから結論づけるのは、この拒む共同体が「拒否そのもの」であるがゆえに消滅しえないということだ。それは、「内在性における間隙」、離接、脱自的開口、言い換えれば共存の可能性または共同 - での - 存在を書き込むものである。ここから導かれるのが、命令および約束として共同体がなければならないこと、そして、厄災にすでに抵抗するものの共同体、痕跡あるいは素描が存在するということだ。こうして「共同体」なる語は同時に、死の働きにおけるその自己破壊と、最もラディカルにそれを免れるものとを指し示す。そしてこの語は同時に、けっして生じなかったもの、絶え間なく到来するもの、つねにすでに存在するものを名指している……。そこに彼の思想のためらいや、曖昧さをみるのは誤りであろう。この両義性は、彼が脱構築するために思考しようとする共同体という事象そのものに、この逆説的でアポリアを含む現象に、起源をもつのである。

共同体／脱構築――ナンシーとデリダ

共同体の脱構築。思い違いでなければこの表現は、彼の書いたものにそのままの形では見出されない。しかし、「伝統全体が［…］共同体と呼ぶもの（同一性を有する体、強度をもった固有性、自然な親密さ）」（PD 116-117）、すなわち、「血、実体、親子関係、本質、起源、自然、奉献、選別、有機的あるいは神秘的同一性」(PD 115) といった既存の所与のうえに拠って立つ共同の存在を画定しようとする際、彼が専心したのはこうした共同体の脱構築である。共同体の「西洋的」で「近代的」なこの概念がキリスト教的来歴をもつがゆえに、そしてまた、キリストによる合一という欲望またはノスタルジーによって取り憑かれているがゆえに、その脱構築はキリスト教の脱構築の企図と不可分である。それを理解できない愚か者たちには気の毒だが、脱構築は伝統の「虚無主義的な」破壊や清算ではない。脱構築は、伝統の閉域を徴すことを務めとし、そのことで伝統的な諸モチーフを別様に辿り直し、それらのモチーフが秘めていた諸々の可能性あるいは約束を解き放とうとする。彼は次のように了解していた。「脱構築が意味するのは、論証すること、解体すること、組み合わせに遊《ジュ》びを作ることで、組み合わせの部品のあいだに、それが由来する可能性を働《ジュエ》かせることである」(D 215／二九三―二九四)。共同‐体の解体や、その構成要素の分離が明らかにするこの可能性とは何か。共同体の概念を脱構築することで、一方で共同体という語が西洋的伝統の刻印を有しており、他方でこの語が現代において生じた諸々の恐怖に巻き込まれているという理由で、語そのものを断念するよう強いられるのではないか。彼は徐々に共同‐での‐存在、一緒に存在することあるいは〈共にあるこ

＊3 *Ibid.*, p. 146.〔同前、一一二頁〕

と〉のような「より野暮」[*4]だと思われる諸用語を好むようになるにせよ、この語の放棄を決意することはけっしてない。

　この争点についてナンシーは、この語も「事象そのもの」をも「あまり好きではない」と述べるデリダとは一致しない。[*5]この友愛に満ちた論争は、彼らが顔を合わせる最後の機会の一つまで続けられた。二〇〇四年六月、彼の死の数ヶ月前、わたしたちがデリダを称えるためにストラスブールへ招待したときのことだ。ナンシーは次のように指摘する。「きみの考えには、民族《フォルク》は存在せず（…）、民族／人民〔peuple〕という語を用いようとしない。わたしが用いる語の一つであるが、きみはわたしに一度ならず、この語をやはり用いたくないとはっきり述べた。共同体という語と同じように」[*6]。ナンシーはある語を用いることへのデリダのためらいに驚いているようにみえる。たしかに、デリダは古名《パレオニミー》の戦略の必要性をかなり早くに理論化していた。つまり脱構築が、伝統によって伝えられてきた諸概念を再び取り上げ、堆積してきた意味作用を抜き去って新たな機会を与える必要性である。原則として、この立て直しに供されるのは言語におけるあらゆる語である。しかしこの立て直しにおいてエクリチュール、正義、友愛、出来事、贈与、デモクラシー、メシアニスムや他の多くの語にあてはまることは共同体には与えられず、この除外については説明がなされなかった。

　ナンシーは同じ古名の戦略を実践するが、デリダにおいては見出せない諸概念をためらいなく用いることで、この戦略をいっそう拡張している。それらは、共同体と人民のみならず、存在、世界、意味＝方向、身体といった概念である。この違いは何の徴標なのか。言語の可能性《リソース》に対して多少は確保された信頼の徴標だろうか。「部族の言語に、より純粋な意味を与えること」[*7]に対して、すなわちそれらが古くから根を下ろしてきたものから引き離すことで、自分自身に背を向けさせることに対して、多少は肯定された欲望の徴標だろうか。おそらく、このことは存在、世界、意味＝方向、そしてときに民族《フォルク》という語を大いに用いた哲学者に対する異なった関係を証してもいる。両者はどちらもハイデガー思想に対する「不忠実な忠実さ」[*8]を

＊4 〔訳註〕Cf. *La communauté affrontée*, Galilée, 2001, p. 42.

＊5 Cf. J. Derrida, *Points de suspension*, Galilée, 1992, p. 366. デリダはこの語を「(自分の) 責任で」ふたたび用いて「書きしるすことがどうしてもできなかった」と断言している (*Politiques de l'amitié*, Galilée, 1994, p. 338.〔デリダ『友愛のポリティックス 2』鵜飼哲・大西雅一郎・松葉祥一訳、みすず書房、二〇〇三年、一七〇頁〕)。動物性のあるべき位置づけについてなど、彼らのあいだにはほかにも一致しない諸々の点があったが、彼らの友情が途切れることはけっしてなかった。

＊6 «Dialogue entre Jacques Derrida, Philippe Lacoue-Labarthe et Jean-Luc Nancy», *Rue Descartes* n° 52, 2006, p. 87.〔「ジャック・デリダ、フィリップ・ラクー＝ラバルト、ジャン＝リュック・ナンシーの対話」渡名喜庸哲訳、『思想』、一〇八八号、二〇一四年一二月号、三六二頁〕

＊7 〔訳註〕マラルメ「エドガー・ポーの墓」、『マラルメ詩集』渡邊守章訳、岩波文庫、二〇一四年、一三二頁。

＊8 〔訳註〕ロゴザンスキーは別の論文で、この「ダブルバインド」的命法について以下の箇所を参照している。Cf. Derrida, *Points de suspension*, *op. cit.*, p. 161 et 331, およびデリダ『メモワール——ポール・ド・マンのために』宮

有していながらも、ナンシーはデリダよりも決然と忠実さを選ぶように思われる。

共同体の問いをめぐる抗争

共同体という主題に対するこの不一致によって、しかしながら、両者の脱構築のスタイルが、よりラディカルに分岐していることが証立てられるのではないかと問うことができる。脱構築とは「これである」とか「これでない」と主張するあらゆる命題は、それ自身が脱構築可能であることを、わたしたちは知っている。にもかかわらず、デリダはときに脱構築を定義する危険を冒す。たとえば「不可能事のアポリア的経験」[*9]としてそれを特徴づける際である。こうして、古名の戦略による伝統的な諸概念の立て直しは、それらをアポリアに変容させる挙措、あるいはむしろ、それらが覆っていた隠されたアポリアを明らかにする挙措と一致する。このことは、それらの不可能性を肯定することに帰着する。じじつ彼は「不可能事としてしか可能ではないすべてもの、すなわち愛、友愛、贈与、他者、証言、歓待等」[*10]をアポリアとして指し示す。これらのアポリアは、各概念が自らを無効にすることによってのみ言表される、行為遂行的な一連の矛盾において表現される。「わが友よ、友などいない」――「赦しえないものしか赦すことができない」――「贈与の真理は贈与を差し止めるのに十分である」……。誤解しないように用心しよう。たとえデリダが、ハイデガーが死だけにとどめた不可能事の可能性を別のモチーフへと拡張したとしても、それを可能事の不可能性と混同してはならない。というのも、前者は開口、戯れ、好機を保持しているのに対し、後者はそれらを排除しているからだ。したがって、アポリアは限界や袋小路に還元されはしない——それは思考に対して脅威と同時に可能性《リソース》をも表象する。しかしながらやはり、乗り越えようとせずに耐えるべき、本質的な不可能性を証立てている。そうであることの理由は、アポリアを明らかにすることが概念をラディカル化し、無条件のものとする、誇張された挙措を含意する点にある。したがって、その無条件性は自らの不可能性と混同される。それはたとえば次のものにも当てはまる。「生起しないことを条件にしてのみ生起しうることになる」ほどにラディカルな「純粋贈与」、「到来しないことに至り着く」「他者の出来事」、あるいは必然的に敵意に反転する「敵意の歓待[*11]〔hostipitalité〕」としてのみ生じる「無限の歓待」。共同体もまた、それが不可能である限りにおいて可能である。じじつ、デリダは共同体の自己破壊的な自己肯定に関する、ナンシーの診断を分有していた。しかしながら、彼のようにナチ主義と

﨑裕助・小原拓磨・吉松覚訳、二〇二二年、六四頁以下。
*9 J. Derrida, *Apories*, Galilée, 1997, p. 36.〔デリダ『アポリア』港道隆訳、人文書院、二〇〇〇年、三八頁〕
*10 *Ibid.*, p. 137.〔同前、一五二頁〕
*11 〔訳註〕デリダ『歓待について』廣瀬浩司訳、産業図書、一九九九年、七七頁。

「共産主義」（あるいはむしろスターリン主義）の極限的経験に限定することなく、共同体のいずれもが曝されている危険性をそこに見る。つまり、保護の概念装置が、保護するはずのものに対する脅威となる、致死的な自己免疫の危険である。共同-体〔com-munauté〕という名そのものが免疫〔im-munité〕を巻き込んでいることから分かるように、共同体は「自己免疫化の一般的論理」、「あらゆる共同体、あらゆる自己-共-免疫に黙って手を加え、本当にそうしたものとして［…］、自己犠牲的な自己破壊の原理として構成する、この死の欲動」から逃れることができないことになる。[12]

デリダがほとんど一度も共同体なる語を用いないのは（わたしがいま引いたテクストはほとんど一回限りの表現である）、彼が実効的な可能性にいかなる機会も残さないためである。この点での彼とナンシーの対立は、不一致というより抗争である。というのも、ナンシーは逆に、共同体の可能性を否認する者たちに抗して、それを保持するよう努めるからだ。それは、彼がかつてブランショと対峙した議論にふたたび立ち戻る著書、『否認された共同体』の意義深いタイトルが証していることである。注意深く忍耐強い読解を経て、彼が非難するのは「共同体の否認に帰着する」アプローチであり、これによると「あらゆる統治――さらにはあらゆる堅牢さからも――共同体を引き離す」ようなことになり、結果として「自らを解体する共同体以外にはいかなる共同体も認められない」のだ。[13] 彼がブランショに向けたこの批判はおそらく、デリダにも妥当する。そして——バタイユが「恋人たちの共同体」と呼んだ——共同体の約束を開いたままにしておこうとする同様の欲望は、「性関係は存在しない」と述べるラカン的な警句を撥ねつけるよう導く。[*14] したがって、「共同体」の語を諦めるのではなく、伝統的な用法とは一線を画した意味を付与することが問題なのだ。それはしかし、脱構築の痕跡を有する共同体の再確認である。というのも、共同体はいまや、あらゆる規定から引き離す〈なき〉〔*sans*〕の連なりによって特徴づけられる、消極的な準概念として現れるからである。「共同性なき共同体」、合一も共産主義もなき共同性、「無為の」共同体、つまり、自己破壊を作動させることなき、本質なき、固有の同一性なき、そしておそらく、名前なき共同体。

共同体の形象化

こうした共同体は形象化できない〈*infigurable*〉と言っておこうか。「無為は、エクリチュールが形象を成就しないところで」、つまり、いかなる英雄的神話も共同体に対して「その基礎づ

*12　J. Derrida, «Foi et savoir», dans J. Derrida et G. Vattimo, *La religion*, Seuil, 1996, p. 69.〔デリダ『信と知——たんなる理性の限界における「宗教」の二源泉』湯浅博雄・大西雅一郎訳、未來社、二〇一六年、一二九‐一三〇頁〕
*13　J.-L. Nancy, *La communauté désavouée*, Galilée, 2014, p. 128 et 131.
*14　Cf. J.-L. Nancy, *L'"il y a" du rapport sexuel*, Galilée, 2001.

けとなる原初的な形象も、余すところなき同一化の場所や潜勢力をも」課すことがないところで「もたらされる」（CD 194／一五〇－一五一）と、彼がじつに何度も主張するところである。神話の中断、すなわちなによりもまず、ナチを典型とする「国家唯美的」神話化の中断は、それゆえ形象の中断と一致する。しかしながら彼は、世界を形象と特徴づけるのをためらうのと同じく、この点についてためらうことになる。[*15] じじつ彼は、「形象化または共形象化＝配置〔configuration〕なくして意味＝方向はありうるか」、すなわち形象とは「縁取りそのものへ、そしてその輪郭の境界へ開くようにして、「共に」へと開くことができるもの」であるのに、「共存在が形象なしに、つまり同一化なしにすませることはできるか」と問う[*16]（SM 142, ESP 67-69／一〇四－一〇六）。そうだとすると、自らを囲む縁を欠いていれば、（諸）形象なき共同体はその構成員たちの共存を整えることができないことになる。それはもはや共同体でも、社会でさえもなく、形なき、アトム化された集団となってしまう。

ブランショとの論争はこの問いに下支えされている。なぜなら、ナンシーは――彼がブランショの責めに帰す「貴族的アナキズム」と、共同体の否認とに抗して――「その形象と言わないまでも、形態を素描せず、「共通のもの」を思考することは非常に困難だ」とふたたび主張するからである。[*17] 彼がデモクラシーを思考するよう努める際にも、ふたたび同じ困難に出会う。本当にデモクラシーが「形象化できない」としても、それは「無限がとりうる諸形態の増殖を丸ごと可能なままに開くことができるように、共通の空間を共形象化＝配置すること」を含意する[*18]（VD 50／一五四）。しかし、いかにデモクラシーの働く空間を、それを形象化せずに共形象化＝配置するか。いかに、堆積した歴史的諸形象から距離をとることを達成するような政治的なものからの退引を実行し、政治的なものを別様に描き直し、多数の新たな諸形態を開花させればよいのか。この困難——またはアポリア——が乗り越えられない限り、デモクラシーは通俗的な意味での（「非政治化」された官僚的な管理の帰結としての、市民たちの無関心と消極性という意味での）政治的なものからの「退引＝後退」の脅威へと、あるいは、英雄または指導者の神話化された形象を軸とする魅惑的な再形象化へとさらされ続けることになろう。フロイトとともに述べるならば、首長への愛と敵への憎悪によって束ねられた「一次的集団」から、首長が「理念に置き換えられた」「首長なき集団」への移行の問いを提起する[*19]。言い換えると、

---

*15 ここにまた、今度はラクー＝ラバルトと友好的にではあるが対立する場がある。この問いについては次に掲げる私の論考を参照していただきたい。«Face à l'im-monde», *Lignes*, n° 68, 2022, p. 19-25.

*16 J. Stavo-Debauge による次の明快な議論を見よ。Cf. «Dé-figurer la communauté ? – hantises et impasses de la pensée (politique) de Jean-Luc Nancy», dans L. Kaufmann et D. Trom, *Qu'est-ce qu'un collectif ?*, Éd. de l'EHESS, 2010, p. 137-171.

*17 J.-L. Nancy, *La communauté désavouée*, p. 128.〔参照されているSM 142については以下。「政治」守中高明訳、『批評空間』第二期第六号、一九九五年、七〇頁〕

*18 また、すでに『ナチ神話』の序文に述べられている（MN 12／一六）。

*19 ナンシーとラクー＝ラバルトによる『集団心理学』の分析において、「首長なき集団」についてのフロイトの

マックス・ヴェーバーの観点においては、デモクラシーにおけるカリスマの可能性を思考すること、民主的であると同時にカリスマ的な正当性、近代政治的な合理性に特徴的な脱‐人称化の過程に抗することができる正当性の可能性を思考することが問題である。

これらの恐るべき問いに、ナンシーはそれほど接近しなかった。彼がときおり共同体を形象化または共形象化＝配置する必要性を主張したとしても、一般に彼は、あらゆる（共）形象化を、神話の方へ、言い換えればわたしたちの近代の状況における、全体主義的国家の「同定装置」の方へと締め出した。彼は共同体概念を放棄することを拒むのだから、彼に残されたのは、この概念を極限まで純化し、同一化または形象化の端緒となりうるすべてのものを根絶しながら、この概念を脱神話化、脱形象化することのみである。この苦難の末に、「共同体概念はもはや、実体と紐帯を失い、内面性、主体性そして人格を欠いた接頭辞cum、共にのみを内容とするように思われる」（ESP 56／八六‐八七）。したがってcum——共に——は、共同体の脱構築に抗するもの、つまりデリダが正義と同一視した脱構築できないものと同等のものである。共同性なき共同体が名を持ちうるとすれば、それはcumと呼ばれることになる。この省略語法による接頭辞は、原‐出来事、あらゆる共同体よりも原初的な原共同体の名義または痕跡であろう。「これ以上ないほどに太古の出来事につねに先立ち、また結果としてそうした出来事をなしてもいるものとは、共通のものでないとすれば、少なくともcumであり［…］」、それは共同体、さらには性的な交接《コピュラシオン》、接合《コンジョンクシオン》または会話《コンヴェルサシオン》といった関心事にさえも遠く先立っている」[*20]。

munus（義務）なき cum（共同）――接合と離接

それゆえ、共同体の脱構築は、語基となる名詞部分と接頭辞を離接させ、munus なき cum を考えることに立ち戻る。この語に結び付く任務や負債、義務なくして、そうするのである。ラテン語で munus はじじつ、先んじて受け取った別の贈与への返礼としてなさなければならない贈与を指し示す。「所有者たる主体を包囲し脱中心化する脱‐我有化」、そしてそのことから、いかなる共同体をも不安定化する「眩暈、失神、痙攣」をそこに見たくなる――あるいはこの任務は「わたしたちの共にの任務、すなわちわたしたちの任務である」と主張したくなり、このことは munus を cum に吸収することに帰す[*21]。しかし、これらの脱構築的解釈は十分

仮説が現れないのは偶然であろうか。Cf. *La panique politique* (1979), Christian Bourgois, 2013.〔フィリップ・ラクー＝ラバルト、ジャン＝リュック・ナンシー「政治的パニック」柿並良佑訳、『思想』岩波書店、二〇一三年一月号、三九頁〕

*20 J.-L. Nancy, *La communauté désavouée*, *op. cit.*, p. 159-160.

*21 第一の解釈は、エスポジトによる。R. Esposito, *Communitas*, PUF, 2000, p. 18-21、第二の解釈は、同書への序文にみられるナンシーによるもの。Cf. PD 118-119.

にmunusの第一義を考慮しているのか。それは、人類学者が対抗贈与と呼ぶもの、まさしく共通のものと共同体を、〈贈与に反する贈与〉、相互交換のエコノミーに位置づけるものと関わっている。哲学者がよくそう思い込むように、それは利害にもとづく、あるいは商業的な交易に限られることはない。というのも、この交易は無償の贈与、感謝、相互承認を働かせることができるからだ。[*22] このように見てくると、共同体からmunusを取り除くことでcumに還元することは、あらゆる相互性、あらゆる義務、あらゆる負債を免責し免除することにある——つまり、免疫化〔im-muniser〕することにある。というのも免疫〔immunitas〕とは第一に、（共-）同体〔(com-) munitas〕の否定だからだ。そこで、この無為の共同体、自己に対して免疫をもち、共同体を存立させるすべてを欠いた共同体は、働くこと＝完成体となることを目指す諸々の全体主義的な試みと同じくらい確実に自己破壊の危険をもつのではないかと問うことができる。別の言い方をすれば、cumだけで共同体をなすのに十分だろうか。共同体をこの接頭辞のみに還元することで、共同体の思考は解決しがたいアポリアへと追い立てられているのではないか。

　これらの問いに応えようとするには、cumの意味について、ナンシーがわたしたちに提案する〈共に〉の共-存在論について自問するべきだ。たいてい、彼は〈共に〉を、「分割すると同時に接合する」——「連結符／分離符」として特徴づける。「接合と離接、離接合〔disconjonction〕、分割と共に再結合、遠さと共に近さがつねに存在する」（Cf. ESP 84／一二八-

一三〇, PD 118)。こうして彼は、共同体を待ち構える、対称的な二重の脅威の裏をかくことを期待する。「合一でもアトム化でもなく、場の分有、せいぜいが接触というところだ――集合することなく一緒にいること」[*23]。それは、連結と解結のあいだにバランスを保つことについて問うことである。しかし彼は、離接、「近さの只中での隔たり」、つまり各共同体を分断する、cum の還元不可能な隔たりの方をより強調することになる。たとえば彼が co- は dis- と解されねばならず、「共同-での-存在は共同体の離散-措定〔dis-position〕（分散と不均衡）として」解されねばならないと強調するときだ（ESP 42, 66／六四、一〇二）。

この点について、ナンシーは明らかにハイデガーとは一線を画している。なぜならハイデガーを、共存在《ミットザイン》の共《ミット》、共存在の共《アヴェック》を過小評価していると非難することで、彼は同時に、〈～への存在《ツーザイン》〉、つまり近づく《アクセス》こととして、他なるものや他の身体への接近とその我有化として理解された〈～への存在〉を特権化していると非難する。「なぜ〈～への近づき〉を、〈世界-を為すこと〉と世界内存在の必然的な様態としてアプリオリに規定しなければならないのか。な

*22　この問いについて、もう一人の喪われた友であるマルセル・エナフが、次の著作においてレヴィナス、デリダ、マリオンに差し向けた諸批判を参照してもらいたい。Marcel Hénaff, *Le don des philosophes*, Seuil, 2012.

*23　J.-L. Nancy, *La communauté affrontée*, *op. cit.*, p. 43. 彼のさらなる著述によれば、重要なのは、「紐帯と同時に合一を欠き、再結合のモチーフ、つまり外在的なものによる接合のモチーフからも、共通の、融合的な内在性のモチーフからも等しく距離をとる」交流を考えることである（CD 74／五四）。

ぜ世界がアプリオリに、〈〜のなかにあること〉、〈〜のあいだにあること〉、〈〜に対抗してあること〉のうちにもありえたりはしないのか。また遠ざかることのうちに、そして「近づく」ことなき接点のうちに。〔…〕非接近、浸透不可能性が生じるからこそ、近づき、浸透も同様に生じる、というのでなければならないのではないか」（SM 100）。たしかにそうだが、非接近と無関係をかくも強く主張すれば、世界と他者へのあらゆる開口が不可能になる危険を冒すことになる。万事あたかも最悪の危険――神話的形象の支配下での融合的合一――を避けるために、共同体の思考が別の方向性、つまり各個体が一人きりであり続ける、形象も境界もなき集団の分散、アトム化という方向性へ向かっているかのようだ。時折、ナンシーはこの危険を認めようとしているかに見える。それは彼が「共存在の論理」を、「偶然的で、気ままで、まったく外在的な仕方で、ただ他者たちの隣にいる人々である」電車の乗客のような「組織化されない人々の集合」（CD 122／一七四）の論理と同一視する際である。

かくして共同体は、サルトルが「集列性」と呼ぶもの、すなわち自らの「実践‐惰性的」[*24]な環境に服従する受動的な集まり〔rassemblement〕に解体される。『弁証法的理性批判』の著者によれば、人間は共通の実践へと参与し、ふたたび集列性へ堕してしまわないようにすることで、この集列的な受動性から解放されうる。この「融合した集団」は「同胞性‐恐怖」〔fraternité-terreur〕[*25]へと導かれうるのである。ナンシーは、共同体のこの自己構成に向き合うことを自らに禁じる。それは彼が、集団的行為――それが含む〈恐怖《テロル》〉の危険を伴う――の条件について問わなかったからだけでなく、〈共に〉の最も外側の次元、つまり隣同士、〈他者の隣の一者〉の次元をあまりにたびたび特権化するからでもある。「真なる〈共に〉」を「隣り合うこと、あらゆる眼差しと対面より以前の隣同士」によって定義する際に、彼がサルトルと同じくレヴィナスに対立する理由もこれと同様である。[*26] このことは、彼が諸々の共同体とその衝突、対立点に影響する内的分裂について問うことを妨げもする。分裂することができるために、そしてそのことで融合的合一から逃れるためには、まず第一に「組織化されない集合」を特徴づける外在的な隣同士の関係を乗り越えて、共同体が成立し、集まり、一つとなることが必要である。

身体と肉の接触と共同

彼が解離、分解に与える優位性はどこに由来するのか。「共存在の存在論が諸身体の存在

*24 〔訳註〕「集列性」については『弁証法的理性批判』竹内芳郎・矢内原伊作訳、『サルトル全集』第二六巻、人文書院、一九六二年、三〇三頁以下、「実践的‐惰性態」については同書、四四、七〇、三七八、三九五頁以下などを参照。
*25 〔訳註〕『弁証法的理性批判2』平井啓之・森本和夫訳、『サルトル全集』第二七巻、人文書院、一九六五年、一一六、一五〇頁以下参照。
*26 «Entretien avec Philippe Choulet», dans *L'Animal*, n°19-20, 2003, p. 111.

論である」（ESP 107／一六七）以上、cum の主要な様態は身体接触であるので、接触の可能性または不可能性は、共同体の可否に関わっている。だが、「触覚の法とは、分離である」（ESP 23／三二）から、接触はけっして起きることがない。彼はこのことを、彼の最も美しい本の一つ『コルプス』で繰り返し主張する。「隔たりのない接触はない」し、拡張する互いに外在的な部分《パルテス・エクストラ・パルテス》なき身体の〈共にあること〉はない。この互いに外在的な部分において決定的なのは「〈外在的な《エクストラ》〉の遠ざかり」であり、あらゆる接近に対してそれが示す執拗な抵抗である（cf. C 27, 51, 73, 85 etc.／二四、四三、六〇、六九等）。そうである理由は、「身体が〈自己の外にあること〉の統一性である」ことにある（C 125）[*27]。それは、身体をそれ自身から引き抜くこの脱自《エクスターズ》に対応して、身体が外から、外としてしか与えられないからである。身体に関することは、存在、意味＝方向、世界、そして共同体にも同様に当てはまる。この共同体の脱自的開口は自らが融合的内在に陥ることを妨げるからだ。仮にナンシーが、〈自己の外にあるもの〉がいかにして共存在としても与えられうるかと問われていたら、おそらく、ハイデガーとバタイユに続いて、他の諸々の脱自と共に存在しうるのはまさしく自らの脱自によってであると答えたであろう。というのも、その脱自は、他の諸々の脱自を自分自身の外へと投げ出す脱自的超越をそれらと共に分有するからである。

そのことは喜んで認められるだろう。しかしそれでもなお、その同じ超越が問題となるのではないか、各々の単数＝特異な実存者が、そのつどつねにひとりきりに留まる脱自において、自分たちの世界、これまた単数の世界に投‐企されるのでないかと問うことができる。そうであれば、それらの〈自己の外にあること〉が共同体を為すに至るための十分条件であるということは、確かではないことになる。自己自身との隔たりを開きながら、超越は、さらに乗り越えがたい隔たりを、自己と他者たちとのあいだに跡づける。他者との接点をもつために、あるいはたんに自己の外に投げ出されるためには、まずは自己自身となるはずではないか。この自己という前提――言い換えると結局は「エゴ・スム」――は、あらゆる共同体のアプリオリな条件なのではないか。こうした内在的部分をこそあらゆる超越は要請するのではないか。諸身体、あらゆる種類の身体、すなわち人間と人間でないもの、生きものとそれ以外が、自らの還元不可能な外在性によって特徴づけられるならば、共同体の可能性を維持するために、反転可能性――「自己の外へ出ることは自己に帰ることであり、逆もまた然りである」ような二重の運動――を導入することで身体概念を複雑化しなければならない。[*28] そしてたとえこの回帰が、自らの〈外で／にあること〉によって定義される身体とは適合しないと考えるとしても、身体《ケルパー》

*27 〔訳註〕日本語訳は原書一九九二年版が底本なので当該箇所は未訳。
*28 M. Merleau-Ponty, *Le visible et l'invisible*, Gallimard, 1964, p. 252.〔メルロ＝ポンティ『見えるものと見えざるもの』中島盛夫監訳、伊藤泰雄・岩見徳夫・重野豊隆訳、法政大学出版局、新装版、二〇一四年、三二四頁〕

と肉《ライプ》との、身体の世界的超越と肉の内在性との区別に立ち戻るべきではないか。それは自らの反転可能性によって定義される肉の内在性である。というのも、それは「感覚されるものと感覚するものという二重の意味で可感的なものである」[*29]、つまり、触れるものでありながら触れうるものでもある、見るものでありながら見られうるものでもあるからである。

他者たちと、おそらく諸事物と世界の肉と私の肉の交差配列《キアスム》を拡張することで、形象化または同一化を経由することなく、別の基礎のうえにわたしたちの世界内存在と共存在を立てることができるようになる。「間身体性」、諸モナドによる肉の共同体という様態のうえにである。このことはナンシーがあまり評価しない、ほとんど言及もせず、ただ距離をとる哲学者、すなわちフッサールとメルロ゠ポンティに立ち返るのを前提とすることになろう[*30]。それは、彼らが共同体のアポリアに「解決策」を見出したことを意味するわけではない。メルロ゠ポンティが肉の両端、または「二つの唇」が合流する重なりの可能性を考えようとする際、彼がむしろ直面した難点、ためらい、袋小路はこのことを示している。というのも、それらの出会いは融合を妨げている――ナンシーの言及する「隔たること」とそう変わらない――「裂開」「隔たり」を前提とするからである。だからこそ、「つねに差し迫っているが、けっして実際には現実化しない可逆性が問題になる[*31]」。

交差配列《キアスム》よりもナンシーが好むのは、傾向《クリナメン》である。真空における諸原子の平行軌道に、逸脱、微小のずれを導き入れることによって、エピクロスがデモクリトスのアポリアを解くことを可能にした概念的発明のラテン名である。こうした逸脱やずれは接触の可能性でもあり、諸原子が集まって世界を構成することを可能にするものだ。おそらくこの発見は、アトム化し、自分自身の真空に脅かされる社会における出会いの、つねに予測不能で偶然な性格を扱う場合にも妥当する。この語は『無為の共同体』の冒頭に現れるが、そこで彼は「共同体は少なくとも個人の傾向《クリナメン》である」（CD 17／九）と書いている。この語は『世界の意味』、『否認された共同体』の最終頁にも見られる。彼はそこで「それがなければ諸原子がみなそれぞれ孤立したまま底なしの虚空へと落ちていくであろう、斜めに作用する傾向《クリナメン》の推進力」を喚起している。*32 三〇年以上にわたって彼の思考の道程に控えめに寄り添ってきたこのモチーフは、あたかも彼の秘かな署名の一つであるかのようだ。わたしとしては、そこに、目配せを、向こう岸から送

＊29 *Ibid.*, p. 313.〔同前、四二九－四三〇頁〕
＊30 この分析を深めるためには、デリダを、『触覚、ジャン＝リュック・ナンシーに触れる』（*Le toucher, Jean-Luc Nancy*, Galilée, 2000）を思い起こさねばならない。そこでデリダは、触覚的なものと触れうるものについてのナンシーによる発想とともに、さらにまたフッサールとメルロ＝ポンティと対決している。しかし、これは本論の枠組みを超えている。
＊31 M. Merleau-Ponty, *Le visible et l'invisible*, p. 194.〔メルロ＝ポンティ『見えるものと見えざるもの』、二三八頁〕
＊32 Cf. J.-L. Nancy, *La communauté désavouée*, *op. cit.*, p. 17, 159 ; SM 95.

られた共謀のしるしを見たいと思う。それが、繰り延べられた出会いは最後には時宜を得るだろうとわたしたちに告げているかのように。

II　同時代への参与

三〇年後の「政治的なもの」

松葉 祥一

死はどこまでも有限であり特異である。しかし、ナンシーは、死によって私が共同存在であることが示されると言う。なぜなら、私が一人で生まれることができないのと同様に、私の死は他者に受け取られることによってはじめて「死」となるからである。「共同体は私に、わたしの誕生と死とを提示することによって、自我の外にある私の実存を開示する」（CD 68／四九）のである。だとすれば、われわれはどのようにナンシーの死を受け取ることができるのか。どのような共同体であれば彼の死を分有できるのか。それは、個人の生の意味をたとえば国葬によって取りこむような政治的な共同体ではないだろう。個人の死を分有できるのは、むしろ人間が他者と「共にある」という意味での存在論的な共同体であろう。しかし、ナンシーはこの共同体は政治的でもあるという。なぜなら「われわれは共にあることを（……）決定しなくてはならない」（CD 278／二二〇）からである。さらにナンシーは、それは、「政治的なものについての決定」（CD 278／二二〇）でもあるという。したがってナンシーの言う共同体は、存在論的であると同時に政治的でもあり、さらには「政治的なもの」でもあることになる。

では、この「政治的なもの」とは何か。ナンシーとラクー＝ラバルトが主宰して一九八〇年一一月から八四年まで活動した「政治的なものの哲学的研究センター」（以下「センター」と呼ぶ）は、政策や政治活動を意味する「政治《ラ・ポリティーク》」ではなく、政治の本質を意味する「政治的《ル・ポリティーク》なもの」という概念を戦略的に使った。またその後もナンシーは、この「政治的なもの」をさまざまに変奏していく。

ところが二〇〇〇年の対談では、「政治的なもの」が自己批判されることになる。

> 私自身、自己批判をしなければなりません。「共同体」、「共出現」、次いで「共存在」について書くことによって、「共同のもの」というモチーフの重要性を認めて、それを新たに検討する必要性を指摘したことは正しかったと思いますが、そのことを「政治的なもの」の旗印のもとで考えたとき、私は間違っていました。*1

実際これ以後ナンシーは「政治的なもの」という語をあまり使わなくなっていく。では、「政治」の本質の探究という方向性そのものに変更があったのだろうか。

ナンシーの場合、政治についての考察が主旋律となった時期が少なくとも三回あったように思える。*2 第一の時期は一九八〇年代前半のセンターの時期で、政治的なものの退引についての議論が中心だった。第二は一九九〇年代初期の『共出現』（一九九一年）や『世界の意味』（一九九三年）の時期で、共同体と政治についての議論が展開された。そして第三は二〇一〇年前後の『政治とその彼方』（二〇一一年）や『民主主義の実相』（二〇〇八年）の時期で、政治の本質やデモクラシーについての議論が中心である。もちろんこれは暫定的な区分であり、これ以外の時期にも政治の問題は執拗低音として響いている。

以下では、この第一期における「政治的なもの」についての問いが、第二期にはどのように展開され、三〇年後の第三期にどのようにとらえ直されているか、その議論はわれわれの〈今、ここ〉にどのような意味をもつのかを考えたい。

＊1 «Rien que le monde : entretien avec Jean-Luc Nancy», realisé par S. Grenet et M. Potte-Bonneville, *Vacarme*, no 11, printemps 2000, p. 7.

＊2 Cf. Marie-Yves Morin, *Jean-Luc Nancy (Key Contemporary Thinkers)*, Polity, 2012, p. 96.

「政治的なもの」の退引

「政治的なもの」とは何か。それは「ギリシア語のタ・ポリティカの翻訳であり、政治に関する事柄の本質の方をさし示す[*3]」と定義される。二〇〇六年の日本講演では、「政治」についての問いが「いかなる政治を行うか」であるのに対して、「政治的なもの」についての問いは「人々が政治と呼んでいるものがそもそも何であるか[*4]」だと定式化されている。そしてセンターは、カール・シュミットを起源とし、クロード・ルフォールによって一般化したこの概念を、戦略的に使った。第一論集『政治的なものを賭けなおす』（一九八一年）の「開講の辞」では、センターの課題が次のように定式化されている。「火急の問題だと思われるのは、哲学的なものと政治的なものとの本質的な相互-帰属性と呼ばれるものを厳密に考察することである[*5]」。

そのために「政治的なものの退引」という問いが立てられた。ナンシーたちは、この退引の意味を、止揚でも、二次的な地位への格下げでもなく、ハイデガーの言う意味での退引だと規定している[*6]。さらに、この語の多義性を極限にまで拡張したデリダの議論を背景にしている[*7]。すなわち、哲学と政治の伝統的関係から一歩退くことによって、「哲学の権威を否定する」と同時に、「政治的なものの囲いこみを認識する」ことである。すなわち「すべては政治的である」とか「すべては存在論を基盤にしている」といった主張を批判して、哲学が政治的なものを前提にしていることと同時に、政治的なものが哲学的前提を有していることを明らかにすることである。したがって、それは「政治的なものの退引」とは言っても、「非政治主義」への退却を意味するものでも、「政治の外へ出る」ことでもない。それは、「政治的なものから身を隠すためや、政治的なものを放棄するためではなく、むしろもう一度新たに政治的なものを問題にし、政治にかかわる[*8]」ために必要な距離をとることである。

言いかえれば、この退引自体、既存の政治を批判的に検証することなのだから、一つの政治的実践である。ラクー＝ラバルトは二〇〇〇年の来日時のインタビューで次のように述べている。「哲学的思考は、ハンナ・アレントの表現を使えば、人類の共存在を可能にしているも

---

*3 Ph・ラクー＝ラバルト『政治という虚構――ハイデガー、芸術そして政治』浅利誠・大谷尚文訳、藤原書店、一九九二年、三四頁。
*4 J-L・ナンシー「世界化の時代における政治」西山達也訳、『文學界』、六〇巻七号、二〇〇六年七月、一五六頁。
*5 J-L・ナンシー、Ph・ラクー＝ラバルト「〈政治的なるもの〉と〈哲学的なるもの〉」立川健二・長野督訳、『現代思想』、一九八六年八月、五二頁。
*6 J-L・ナンシー、Ph・ラクー＝ラバルト「政治的なものの「退引」」柿並良佑訳、『思想』、一一〇九号、二〇一六年九月、二六頁。
*7 J・デリダ「隠喩の退-引」庄田常勝訳、『現代思想』、一九八七年五月および一二月号。
*8 J-L・ナンシー、Ph・ラクー＝ラバルト「〈政治的なるもの〉と〈哲学的なるもの〉」五五頁。

のについての問いとして生まれたのです。いいかえれば、政治的実践なしに哲学はないのです」[*9]。そしてセンターの活動そのものが、当時の政治状況の告発だったと述べている。「われわれがこのセンターを作ったのは、いわゆる共産主義世界の全体的崩壊とほぼ時期を同じくしています。私たちはその効果を告発したのです」[*10]。一九八〇年代は、ポーランドの連帯結成（一九八〇年）からベルリンの壁崩壊（一九八九年）へと向かう時期である一方で、サッチャー首相（一九七九年）やレーガン大統領（一九八一年）の就任によって新自由主義政策が拡大して格差が拡がり、インティファーダ（八〇年代後半）等の抵抗運動が広がった時期だった。

こうした「政治的なものの退引」という方針の下、センターでは発表者ごとにさまざまな論点から問題が掘り下げられていった。ナンシー自身が見出したのは、存在論的であると同時に政治的でもある「共にあること」としての共同体であった。これはC・シュミットにおける「政治的なもの」の探究が「友－敵」理論に行きついたことと、鮮やかな対照性を見せている。そして、以後この問いが深められていくことになる。

共同体と主体

ここでは、一九九一年に出版された『共出現』と『ナチ神話』で、共同体が存在論的であると同時に政治的でもあることを確かめたい。

ナンシーが目指すのは、けっして共同体の復権ではない。なぜなら共同体は、それが目的となるとき排除の閉域と化すからである。この過程を明らかにしたのが『ナチ神話』である。『ナチ神話』のテーマは、いかにしてナチ神話が形成されたかを理解すること、そしてなぜそれが人種主義につながるのかを理解することである。そこで問題になるのが「神話的同一化」(MN 32/四二)の過程である。歴史的・地政学的状況のなかでアイデンティティの欠如に苦しんでいたドイツ的思考が、古代神話モデルを「発明」することによって固有性を確立しようとした。そしてこの象徴的同一化を国家規模で、しかも政治的に実現したのがナチズムにほかならない。ローゼンベルクの『二〇世紀の神話』やヒットラーの『わが闘争』の分析を通じて明らかにされるのは、こうした神話的同一化が「政治的なもの」における何らかの形象、たとえばヴォーダンやアーリア神話における太陽神に結びついていることである。こうした神話的同一化と形象化作用が結びつくとき、形象をもたないものを排除する人種主義が可能となる。

しかし、本書でナチ神話が審問に付されるのは、歴史の問題としてではない。それが問題になるのは、現在、「東京からワシントン、テヘランからモスクワにいたるあらゆる種類の「原

*9 Ph・ラクー=ラバルト「哲学と政治をめぐって」、松葉祥一によるインタビューと翻訳、『週刊読書人』、二三一九号、二〇〇〇年一月二一日、一頁。強調引用者。
*10 同所。

理主義」やナショナリズムや純粋主義」（MN 9／一三）、極右勢力の勃興、歴史修正主義の復活などがたどりつつある神話的同一化の過程を明らかにするためだと本書は強調する。これらが、新たな神話、あるいは神話的意識の必要性、古い神話の再活性化に訴えていることは容易に見て取れる。そして本書は、こうした動きの中に共同体の形象化の傾向性を見る。すなわち、こうした時代の空気のなかには、「何か共同体の存在ないし運命の表象のようなもの、形象化、それどころか血肉化のようなものへの密かな要求あるいは期待」が存在しており、さらには「この共同体という名そのものが、それだけで、すでにそのような欲望を目覚めさせるように思われる」（MN 11／一四）と指摘するのである。

そして、このような共同体概念は、主体概念と相補的関係にある。ナンシーは、「ナチ・イデオロギーがその真の保証人を見出すのは、近代哲学ないし完成された〈主体〉の形而上学においてだ」（MN 24／三三）であり、「主体というイデオロギー、それこそがファシズム」（MN 25／三三―三四）であると述べると同時に、共同体とは、実際のところ、想像上の同一の個人ないし主体の肥大化だと述べるのである。

この主体と共同体の相補的関係は、近代を「共同体解体」の過程と見る視点に起源をもつ。一つの淵源をルソーにもつこの観点によれば、近代の共同体の解体は、二つの帰結を生んだ。一方は、主権をもつ自由な市民が誕生したことであり、他方は共同体への郷愁が生まれたことである。第一の帰結を重視する立場は、主体概念と結びついて自由主義へと発展し、第二の帰結を重視する立場は共同体主義へと引き継がれることになる。そして、近代はこの二つの立場の相克の歴史、つまり相補的な歴史だったとされる。

ナンシーによれば、近代を「共同体解体」の過程であるとする視点は、共同体をとらえ損なっているだけでなく、主体と共同体を切り離して、いずれをより根源的とするかとする点で誤っている。すなわち、ナンシーは、アリストテレスの「ポリス的動物」という定義に象徴される共同体が主体に先立つとする立場も、社会契約説に代表される主体が共同体に先立つとする立場も、同時に否定するのである。両者とも、主体と共同体を切り離す点で変わりがない。共同体を分解することによって主体を導き出すか、主体を融合したり弁証法的に綜合したりすることによって共同体を導き出すかという点で異なるだけである。

したがってナンシーは、あらゆる共同体−主体主義、あらゆるルソー主義を拒絶する。それは目的としての共同体の拒否であると同時に、近代は共同体の抑圧から主体を解放する過程であり、共同体主義の残滓であるコミュニズムを克服することによって、主体の自由がすべてに優先するリベラリズムが決定的に勝利を収めることになったという物語の拒否でもある。

それにもかかわらず、ナンシーが「おそらく、私たちは共同体なるものそれ自体を喪失したわけではない」と述べるのは、何よりも「絶対的な不正義という硬質な破片が残る」からである。

餓死寸前の身体、拷問を受けた身体、砕かれた意志、虚ろな眼差し、戦争による死体の山、蹂躙され踏みにじられた生活状況、そして郊外での孤独、出稼ぎ労働者の当て所のない状態、また若者や老人の不安、狡猾に剥奪される存在、殺人、愚劣な文句のなぐり書き、これらは現に存在する。[*11]

そして、排他的共同体に支えられたリベラリズムがこうした不正義を生み出すとき、ナンシーは「様々な特異なるものの複数性と共同的実存に正義を与え返すこと」が何よりも必要だと主張するのである。

ではナンシーの言う共同体とはどのようなものか。それは、「共にあること」そのものであり、それをナンシーは共出現＝出頭と呼ぶ。それは、「世界という法廷の前に出頭する」ことと同時に、われわれが共に世界に到来する＝誕生することを意味する。それは、複数の実体的存在が同時に産出されるということではない。むしろ、根源的に共同でないような存在はない以上、世界へ到来＝誕生することと「共にあること」は等しいということである。したがって共同体は、創設したり復興したりすることが問題になるような目的ではない。なぜなら、それは、「われわれの一切の企てや意志や企図のはるか手前に」あるからである。ナンシーは、このような共同体の可能性を分有《パルタージュ》の働きのうちに求める。それは、存在者を分割する根源的な差異化の働きであると同時に、世界への出頭‐共出現を可能にする働きである。そして「共同的実存に正義を与え返す」ために必要なのは、共同体の亡霊と主体の形而上学をともに拒否しつつ、「政治的なもの」を探究することによって、共にあることとしての共同体の可能性を探ることだということにある。

したがって、この時期でも「政治的なもの」が政治の本質の批判的探究を示す指標として用いられている。ナンシーは、一〇年前のセンターの活動中断の理由について言及しながら（CP 一三〇‐一三一、注二七）、「政治的なもの」を再び描くこと、「共にの布置を、もう一度、未聞の仕方で新たに描く」（CP 一三〇）ことを求めている。つまりナンシーにとっての「政治的なもの」は、所与でも目的でもなく、実践（政治）でも本質（共にあること）でもない。「政治的なもの」が、政治の本質ではないというのは、本質としての「共にあること」はそれ自体としては退引したままであり、それを探究することとつまり政治的なものを探究することによっててはじめて分有できるからである。つまり「政治的なもの」とは、「この本質についての「問い」」

＊11　J‐L・ナンシー、J‐C・バイイ『共出現』大西雅一郎・松下彩子訳、松籟社、二〇〇二年、一四一頁。以下、CPと略記。

（CP 一三二）そのものなのである。

『政治とその彼方』

先に見たようにナンシーは、二〇〇〇年の対談のなかで「政治的なもの」を自己批判する前後から、「政治的なもの」への言及は減少することになる。それは、「政治的なもの」が「共に」の一側面でしかないにもかかわらず、両者を同一視することになり、それによって自らが批判してきた「すべては政治的である」という立場につながるおそれがあるからである。また二〇〇八年のコロック『外の形象』では、「政治的なもの」という語には、大文字の〈政治〉と小文字の政治という、ひとが陥りがちな対立を強化するおそれがあり、本来考えるべき共同存在の政治空間の創設という問題を取り逃がす可能性があるからだと述べられる。[*12]

しかし、政治の本質についての批判的考察を断念したわけではない。二〇一二年のインタビューでナンシーは、センターの活動をふりかえりつつ次のように述べている。「あえて言えば、それはおそらく三〇年以上前に、まさにその本質や基本的要素を更新し、再考し、捉え直す方向へと歩み出すことができたと思えていたことのなかに、結局のところ、ある種の中止、中断があったからです」[*13]。ここでナンシーは、「政治的なもの」の本質の探究というセンターの活動方針が、中途半端なままに終わってしまったことを認めている。しかし、政治の本質を批判的に探究するという方向性に問題があったわけではない。実際、ナンシーはバディウにしてもランシエールにしても政治の本質ではなく実践としての「政治」についてしか語らないことを批判している。そしてその結果、「政治の本質や要素が共同の実存全体の本質と混同されがち」[*14]になってしまっていると述べている。

このインタビューの前提になっているのが、二〇一一年の『政治とその彼方』[*15]である。以下では同書にしたがって、ナンシーの言う「政治の本質」とは何かをみていきたい。同書は、Ph・アームストロングとJ・スミスによるインタビューである。ナンシーは、ルソーの社会契約論についての質問に対して、ここではルソーを全面的に退けるのではなく、ある程度評価しつつ批判している。ナンシーによれば、ルソーの社会契約論の問いは、一般意志の問題に帰着する。言いかえれば「個的なもの」と「共同のもの」の関係の問題である。ナンシーの定式によれば、「どのように共同のものが個的なものに先行しているか、どのように個的なものが共同のものに先行しているか、この「二重の先行性」」(PA 11)の問題である。ここには、先

---

*12　G. Berkman et D. Cohen-Levinas (dir.), *Figures du dehors : autour de Jean-Luc Nancy*, Cécile Defaut, 2012, p. 13 note.
*13　J.-L. Nancy, «Politique tout court et très au-delà», entretien avec G. Michaud, *Spirale*, no 239, hiver 2012, p. 33.
*14　*Ibid.*
*15　J.-L. Nancy, *Politique et au-delà*, entretiens avec Ph. Armstrong et J. E. Smith, Galilée, 2011. 以下、PA と略記。

に見た主体と共同体の関係のとらえ直しが見られるだろう。ナンシーによれば、ルソーはこの関係を基盤にして政治の本質を考えようとした点で評価できるが、個的なものを先行させた点で不十分だった。では、この二重先行性をどのように記述すべきなのか。続けてナンシーは、「意味」、「デモクラシー」、「コミュニズム」といったこれまでの鍵概念を使いながら、自らの政治の本質についての探究を総括しているようにみえる。

まず問題になるのが意味《サンス》とその循環である。「この循環において「共同のもの」と「個的なもの」が絡み合う。両者は互いに循環から、その結び目として、その節合点として、そのヴァリエーションとして形づくられる」（PA 16-17）。ここでの意味《サンス》とは、神やトーテム、祖先、神話など、人間が集団化する際の原理であり、そこにはそれが「意味をなす」可能性（言語、芸術など）も含まれる。意味は、家族や地域などの「自然」の反映ではない。集団自体が意味であり、逆に意味から出発してはじめて家族や地域といった概念が形づくられうるのである（PA 32）。そしてこの集団のなかに「権力」が生まれると、それが集団の意味の統一性を示すことになる。集団は自らの「真理」を示すことによって、意味の循環を断ち切るのである。その場合、この真理自体は空虚であり、それ以外の何ものにも還元されない。こうして、集団が形成してきた意味の循環全体が、神、トーテム、世界の秩序に還元されることになる。

こうした意味の循環のシステムを破壊する原理がデモクラシーである。デモクラシーは、国家や元首といった権力に固有のすべての機関を破壊する思考を生み出した（PA 34）。しかし、それは、さらに暴力的な我有化への欲求、意味という集団アイデンティティへの欲求、つまり全体主義への欲求を生み出すことにもなった。

このようなデモクラシー概念は、ランシエールと共通部分が多いのではないかというインタビュアーの問いに対して、ナンシーは、とくに「分有」について類似点があることを認めつつ、次の点で分岐すると述べている。

私の場合、ランシエールよりも、この語の二重の意味の本質的性格、お望みなら存在論的性格、人類学的性格について強調することになるでしょう。まず「声の分有」について語りながらそうしたように。すなわち、文学の諸ジャンルの分割や、表現方法、言語体系だけでなく、それらの特異な転調（「声」）について語りながら。（PA 37）

また両者の差異は、次のようにも説明される。「私が申しあげたいのは、「分有」は実存一般の原理的条件だということです。それは存在者のあいだで共同であり分割されているのです」（PA 38）。この指摘は、ナンシーとランシエールのデモクラシー概念の共通性と差異をよく表している。

ランシエールの場合もまた、声の分有にその政治概念の基盤を置いている。ランシエールによれば、本来人間は平等に「声」をもっているにもかかわらず、奴隷、女性、子ども、外国人など資格をもたないものの声は、「鳴き声」としてあらかじめ除外されてきた。こうした声の分割と共有のコンセンサス（感性的なものの分有）から成り立つ統治制度が「ポリス」と呼ばれる。しかし、声をもたないとされた人々が、命令する声は理解できているのだから、本来声は共有されているはずだとして、声をあげ、要求し始めることを、ランシエールは「政治」と呼ぶ。たとえば、女性には参政権のなかったフランス革命政府の選挙に立候補したオランプ・ド・グージュがそうである。したがって、コンセンサスではなくディセンサス、合意形成ではなく不合意の声を上げることこそがデモクラシーの原理だということになる。[*16]

ナンシーは、このようなランシエールのディセンサス概念に完全に同意すると述べている。「結びつけると同時に分離するこの分有への注意が、ランシエールが政治の独自の原動力としているディセンサスの背後にあります。したがって私は、ディセンサスの原動力をたえず再活性化しようとするランシエールの主張に完全に同意します」（PA 38）。「しかし」とナンシーは続ける、「私は、まさにコンセンサスとディセンサスとの共通の場であるような「共通のもの」については、どのように考えればよいのかと疑問に思うのです」（PA 39）。言いかえれば、たしかにランシエールの言う「政治」の概念は、政治の運動性や係争性をよく表している。

しかし、それによって、私であれば「本質」――ランシエールが距離をとっている領域である形而上学の用語をわざと使えば――の問題と名づけるものに近づくことはできないように思えるのです。「本質」ということで私が言いたいのは、「永遠不変の根本的性質」ということではなく「共同存在のあり方」のことです。(PA 40)

つまりランシエールは「「共同の」ものについてはどうかという問いにはまだ手をつけていないのです。この問いは政治的なものではなく、繰り返すと、形而上学的なものです」(PA 41-42)。ランシエールは、政治の本質をディセンサスに求めた。しかしナンシーは、それにはさらに「共同存在のあり方」という本質的な次元があるというのである。

ここで政治の本質についての問いが、形而上学と呼ばれていることに驚かれるかもしれない。別の所では「民主主義とはまずもって形而上学であり、その次にのみ政治なのである」(VD 62／一六七)とも述べられている。しかし、ナンシーはセンターの時期から、「哲学的なもの」は形而上学だと述べていた。[*17] その意味で、ナンシーは初期から一貫して、政治と哲学の本質に

*16 ジャック・ランシエール『不和あるいは了解なき了解――政治の哲学は可能か』松葉祥一・大森秀臣・藤江成夫訳、インスクリプト、二〇〇五年。
*17 Ph・ラクー＝ラバルト、J-L・ナンシー「政治的なものの「退引」」一一二頁。

ある「共にあること」の次元を、政治の本質への問いかけによって、あるいは哲学の本質への問いかけによって明らかにすることを自らに課してきたと言えるだろう。「共にあること」としての共同体が、存在論的であると同時に政治的でもあるというのはこうした意味である。

またこのような共同体は、コミュニズムと結びつけられることになる。『民主主義の実相』におけるバディウ批判に見られるように、ナンシーは、コミュニズムを「要求」や「仮説」ではなく、人類学的あるいは存在論的な「事実」（PA 42）であり「状態」（PA 45）として考えるべきだという。それは、ナンシーが、コミュニズムを政治制度ではなく、「われわれの実存とすべてのものの実存にかかわる」問題だと考えるからである。

こうして政治の本質の探究を重視するナンシーは、実践としての政治を等閑視しているわけではない。ただ、そこでの「政治は、共同体の原理や目的ではなく役務《セルヴィス》」（PA 47）でしかない。そして彼は、この意味で「政治」を再定義しなければならないと言い、それが「共にあることの要石」（PA 46）だとも言う。それは、政治の革命とも呼ばれる。しかしそれは、「政治的革命ではなく、政治の革命、つまり政治についての革命」（PA 36）であり、政治の「意味」の革命である。ナンシーは、そのための三つの条件をあげている。第一に、そこでの意味は、共通の意味《サンス・コマン》ではなく、共同の意味《サンス・アン・コマン》だということ。第二に、こうした共同の意味は無限であること。第三に、意味は価値の差異化を前提にしていること（PA 36）である。つまり共にあることとしての共同体にとっての「意味」は、神や王やトーテムといった唯一の「共通の意味」ではなく、無限にある「共同の意味」であり、デモクラシーのみがこうした「共通の意味」を遠ざけて「共同の意味」あるいはむしろ「多数の共同の意味」(PA 45)の可能性を開きうるのである。

†

たしかにナンシーはある時期から「政治的なもの」という概念を積極的に使うことはなくなったが、それが意味する「政治の本質の批判的探究」という方向性は、センターの三〇年後も一貫して保持していると言うことができる。そして、その探究の極に見出されるのが、「共にあること」としての共同体である。したがってこの共同体は、存在論的なものなのだが、政治的なものの探究の結果明らかになるという意味で政治的でもある。

またこのように、政治の本質を探究すること自体が一つの政治的実践だという視点も初期から一貫している。ナンシーは、『政治とその彼方』の最後に、このような共同体を求める政治的実践として、執筆当時の「アラブの春」の民衆決起をあげている。

ジブラルタル海峡からペルシア湾までの相当数の国で、富と決定の独占への反乱がうなりを上げています。自分自身の国によって排除された民衆のこの見事な決起は（……）一つの政治的な決起であるだけでなく、政治が詐取されたり禁止されたりしている場所での政治の決起です。（……）要求されているのは、貧困や蔑視に追いやられることのない生活＝実存《エグジスタンス》という共同の条件へのアクセスなのです。（PA 53. 強調引用者）

出口のない戦争とパンデミックによって拡大し続ける国内外の不正義のなかで、われわれがナンシーの死を分有できるとすれば、このような存在論的であると同時に政治的でもある「共にあること」を問い続けることによってでしかないだろう。

闇のなかの遠くへの眼差し

――ジャン＝リュック・ナンシーによるヨーロッパ論

西山雄二

ジャン＝リュック・ナンシーはおもに一九九一－九五年にヨーロッパに関する論考を発表した。[*1] この時期、研究省の支援を受けて、ナンシーはラクー＝ラバルトとともに、ストラスブー

*1　この時期に執筆されたナンシーのヨーロッパ論は次の通り。
— «À la frontière, figures et couleurs», «Le piège tendu à la régression», «La naissance continuée d'Europe», Carrefour des Littératures Européennes, *Le désir d'Europe*, la Différence, 1992.
— «Présentation» (avec Denis Guénoun), « (D') où vient l'Europe ?», Carrefour des Littératures Européennes, *Penser l'Europe à ses frontières: géophilosophie de l'Europe*, Aube, 1993.
— «L'Europe au-delà de sa culture», *La France et l'Europe d'ici 2010 - Facteurs et acteurs décisifs* (*Commissariat général du Plan*), La Documentation française, 1993.
— «Euryopa : le regard au loin», «Sur Europya. Questions à J.-L. Nancy », *Cahiers d'Europe*, nº 2, printemps-été 1997.

ル大学で共同研究「ヨーロッパの地理哲学」をおこなった。それに関連して、彼も参加する国際会議「ヨーロッパ文学の十字路」は一九九一年一一月、「ヨーロッパの欲望」と題する会合を開いた。[*2] ボスニア・ヘルツェゴビナ紛争の最中で、ナショナリズム的な憎悪から野蛮な民族浄化が起こり、ヨーロッパの普遍的な良心が試練にかけられていた。会議の目的は、ヨーロッパの文化的アイデンティティ、境界線や分裂を問うことで、差異や異例性、混淆性の概念のための場を設けるというヨーロッパの使命を規定し直すことだった。翌九二年一一月、「ヨーロッパ文学の十字路」はシンポジウム「極欧」を開催し、連日午前中にジャック・デリダやアラン・バディウらが参加して討論会「ヨーロッパをその境界で考える」[*3]がおこなわれた。これらの会議では次のような問いをめぐって議論がなされた――ヨーロッパはどこからやって来て、どこに向かうのか。ヨーロッパとは単一のアイデンティティなのか、それとも雑多で複合的なアイデンティティなのか。ヨーロッパなるものとは過去への郷愁なのか、未来への計画なのか。ヨーロッパの形象とは何か、つまりその境界や色彩はいかなるものか。

世界情勢の変化にともなう歴史的節目において、ヨーロッパの国際的な立場と役割は何度も問われてきた。ナンシーがヨーロッパ論を著した時期、一九九〇年に東西ドイツが再統一を果たし、九一年には湾岸戦争とソビエト連邦解体が起こった。同じ九一年、ユーゴスラビア社会主義連邦共和国が解体すると、民族紛争が激化し、バルカン半島は長期間にわたり内戦に陥った。冷戦終結後に東西を分離する障壁がなくなると、既存の欧州経済共同体を発展させるかたちで、九三年発効のマーストリヒト条約の発効により一二の主権国家の複合である「欧州連合」が誕生した。

この時期、数々の思想家がヨーロッパ論を発表したことは時代の要請だったのだろう。エドガー・モランは『ヨーロッパを考える』[*4]において、多種多様な民族と文化、国家の相互作用によって、ヨーロッパが多様性の活力、つまり、異質な要素がぶつかり合う「ディアロジックの渦」をヨーロッパの本質として期待した。ジャック・デリダは、トリノでのシンポジウム「ヨーロッパの文化的同一性」で「他の岬　記憶、応答、責任」という講演をおこなった。[*5]ポール・

*2 「ヨーロッパ文学の十字路」は、作家クリスチャン・サルモンの主導によって一九九一―九三年にストラスブールで継続された文化活動。この活動が発展して、九三年、「国際作家議会」が創設され、世界中で深刻化しつつある作家・知識人への迫害に抗議し、文学の自由な活動を確保するべく、国を越えて三〇〇名以上の作家たちが連帯した。「悪魔の詩」の出版でイラン政府から死刑宣告を受けたサルマン・ラシュディ、ボスニア内戦下で『ゴドーを待ちながら』を上演したスーザン・ソンタグ、カリブ海地域を中心とした「クレオール文学」の代表的作家エドゥアール・グリッサン、そしてサイード、デリダ、ブルデューらが参加し、国際的な知識人運動が展開された。

*3 その記録集は Carrefour des Littératures Européennes, *Penser l'Europe à ses frontières, op. cit.*

*4 Edgar Morin, *Penser l'Europe*, Gallimard, 1987. エドガー・モラン『ヨーロッパを考える』林勝一訳、法政大学出版局、一九八九年。

*5 Jacques Derrida, *L'autre cap*, Minuit, 1991.『他の岬――ヨーロッパと民主主義』高橋哲哉・鵜飼哲訳、みすず書房、

ヴァレリーはヨーロッパを「旧大陸の一種の岬（＝先端、頭）」と表現したが、デリダによれば、それは世界を牽引する精神的先端＝頭部であり、みずからを蓄積することで資本化＝先端化するヨーロッパ的理念の形象である。デリダは、ヨーロッパの伝統と記憶に責任を負いつつ、ヨーロッパとは異なる「他の岬」へといかに開かれるのか、という義務と約束を説いた。アレクシス・フィロネンコは『ヨーロッパ意識群島』*6において、ヨーロッパを形而上学的な思考空間と定義づけ、その意識が非ヨーロッパ人との関わりにおいて映し出される群島としてイメージした。

一九九二年九月、マーストリヒト条約に関するフランスでの国民投票がおこなわれたが、ナンシーは棄権したという。ヨーロッパ共同体を支えるのは市場経済の論理であり、ブリュッセルの欧州委員会による技術官僚的な権力であり、北大西洋条約機構による安全保障体制であると考え、イエスを投じることができなかったからだ。また、ノーに投票することで、反動的なナショナリストにも、左派共和主義的な主権論者にも与したくはなかったからだ。国民投票は五一％の僅差で支持派が勝利した。「エリートの統合」と指摘されるマーストリヒト条約に対しては、都市富裕層が賛同する一方で、農民・労働者は反対した。賛成した人々のなかでも、ヨーロッパの統合の原則には賛成だが、マーストリヒト条約の官僚主義的な手続きには反対する人が多数だった。急速に進展する政治経済的な現実に対して、はたしてヨーロッパの理念は残っているのか。ナンシーは、啓蒙主義、人間主義、共和主義といったヨーロッパの理念がすでに失効していると診断する。だがそれでも、「ヨーロッパという名がかつて表象し、いまも表象し続けているもの、つまりこの「アイデンティティの非完結性」を堅持し続けなければならない」[*7]。ナンシーがヨーロッパの名が表象するものとその未来をいかに考察したのかをみていこう。

「ヨーロッパ」の二つの語源

ナンシーは「ヨーロッパ――遠くへの眼差し」（一九九五年）において、ヨーロッパの二つの語源から議論の口火を切る。

まず第一に　古代ギリシア語 Εὐρώπη (Eurōpē) には εὐρύς (eurus)「広い、広大な」の含意と ὤψ (ōps)「目、顔、表情」の要素が含まれる。はるか遠くへと向けられる広い視線の含意である。また、別の仮説として、ギリシア以前のアッカド語 erebu（日没）がフェニキア語の ereb（日没、西方）へと変化した経緯が「ヨーロッパ」の語源のひとつとされる。この地理的特徴は、

一九九三年。

＊6　Alexis Philonenko, *L'archipel de la conscience européenne*, Grasset, 1990.『ヨーロッパ意識群島』川那部保明ほか訳、法政大学出版局、一九九七年。

＊7　J-L・ナンシー「ヨーロッパ計画の法廷」西谷修訳、『文藝』、河出書房新社、第三二巻一号、一九九三年、二八四頁。

ラテン語で「日が没する方向」を意味するoccident（西洋）にも共通する。「ヨーロッパ」とはある特定の地域を指し示すというよりも、太陽が西方へと向かっていくという方向性を意味する。選択されたこれらの二つの語源から、ナンシーにとって、ヨーロッパは「闇のなかで遠くを見る者（さらには、その声が遠くへと響き渡る者）」としてイメージされる。

こう考えたくもなる、この語源が、正しいかどうかはともかくとして、私たちに責務を負わせる、と。この語源が指し示すこと、提起することに対して、私たちは応答しなければならない、と。私たちは応答しなければならない、ヨーロッパとは遠くを見る者、自分よりも遠くを見る者である、ということに。しかも、おそらく、二つの語源に対して同時に応答しなければならず、Euryopa が闇のなかで、それ自身の闇のなかで、遠くを見るということを考えなければならない。*8

闇のなかで自己を超えて遠くを眼差すとは奇妙な状態だ。光の下でこそ視野が開け、事物が認識できるのだから、この眼差しは端的に不可能である。暗闇のなかで見る能力は保持されつつも、具体的な認識に到達することができない。何も見えないことを見るという視座が開かれたままである。この語源イメージから、ヨーロッパが遠くを眼差す二つの方法が示される。

第一の方法は、その視野の果てまで自己同一的で、しかも視野を統御する、確固たる眼差しで、鋭い光を遠くへと投げかけること、別の方法は遠方そのものを見ること、眼差しを魅了し引きつける遠方のなかへと、そして、闇のなかへと眼差しによって運び去られることである。(82)

遠くを眼差す欲望は果てしなく、自分がどこまででも到達できる気になる。視野が広がることで自己は拡張し、大胆な行動も可能となる。だが他方で、視野にはつねに限界がある。見えない領域に突き当たり、自己が有限であることに気づかされる。見えない状態に好奇心が後押しされて、さらに先を見たいという欲望に駆られる。

そもそも、遠方を見据えて拡大し続ける運動はヨーロッパの歴史をなしてきた。ローマ帝国の拡大、キリスト教の普及、ゲルマン民族の移動による政治的地図の刷新、大航海時代における新大陸への展開、産業革命以後の技術革新と工業化の伝播、啓蒙主義時代における普遍的理性への確信の拡散、資本主義の運動に伴う市場の拡大――ナンシーは遠くを眼差すヨーロッパの拡大のことを、端的に「世界市場」と呼ぶ。それは、資本主義的な商品だけでなく、ヨーロッパ由来の価値や意味が世界中に拡散し流通する事態である。二〇世紀に入り、第一次世界

＊8　J.-L. Nancy, «Euryopa : le regard au loin», *op. cit.*, p. 82. 以下、丸括弧内に頁数を記す。

大戦はそうしたヨーロッパの拡大に致命的な歯止めをかけた出来事であり、このことが「西洋の没落」とも表現された。日が没する西方に向かって拡大していた西洋自体が没していったのだ。

自己分離の運動としてのヨーロッパ

ヨーロッパの地理的境界はそもそも曖昧であった。アリストテレス『政治学』第七巻第七章「市民の自然的性質」では、ギリシア民族はヨーロッパ（日が沈む西方）とアジア（日の出る東方）の中間に位置づけられている。ヨーロッパ地方に住む諸民族が気概に富んでいるが思考と技術に欠けているのに対して、アジア地方の諸民族は逆に、思考と技術の精神があるが、気概に乏しい。「しかし、ギリシア民族は、地理上両者の中間を占めているように、気質の上でも、両者の要素——気概と思考——を分けもっている。それゆえ、彼らは自由であり続け、もっとも優れた国家組織のもとにある」（『政治学』1327b29-31）。ここでは、地理的条件だけでなく、精神性についても、ギリシア民族はヨーロッパとアジアの中間において規定され、その中間的性質が評価されている。しばしば、古代ギリシアにヨーロッパの文化的起源が求められる。しかし、その古代ギリシアがこうした中間的存在であったとすれば、ヨーロッパの起源はこうした運動性によって規定されることになる。

ヨーロッパの語源には諸説あるが、そのもっとも有名な由来は、ギリシャ神話に登場するフェニキアの王女エウロペーである。ゼウスは花を摘んでいる美しいエウロペーに一目惚れし、白い雄牛に変身して彼女に接近する。雄牛の背中にエウロペーがまたがると、雄牛は疾走して彼女をクレタ島へ連れ去ってしまう。彼の地で二人は子供をもうけて反映するが、エウロペーがやって来た地域が「ヨーロッパ」と呼ばれるようになった。とりわけホメロス以来、エーゲ海西岸の呼称としてこの女性的形象 **Europa** が使用され始める。「広い」「目」という語源は、美しい特徴的な目をしていた王女エウロペーの名と無関係ではないとされる。

フェニキアの古代都市テュロスからクレタ島へと連れ去られたエウロペーは、いわゆる大陸ヨーロッパに足を踏み入れたことのないアジアの女性である。生まれ故郷を捨て去ることを余儀なくされ、見知らぬ地へと向かった女性である。ルドルフ・ガッシェの明瞭な指摘によれば、それゆえ、「ヨーロッパという名が指示参照するのは、そもそもある土地の固有名ではなく、分離や（自己）分裂の運動の名であり、あらゆる固有なものがつねにすでに後方へと置き去りにされている」[*9]。デリダはヨーロッパを「中心地なき植民化のプロセス」と表現し、エウロペーの神話に言及する。「ヨーロッパとはまず、水と雄牛の歴史のなかで、誘拐、誘惑、強制移送を課せられた者の名です。彼女がどこから来たのか、どこに行くのか、彼女自身に帰属

＊9　Rodolphe Gasché, *Europe, or the Infinite Task: A Study of a Philosophical. Concept*, Stanford University Press, 2009, p. 11.

しているとしても、何に帰属しているのかを知ることは困難です」[*10]。

ヨーロッパという名をめぐってナンシーが着目するのは視覚の運動性である。距離をおいて遠方を眼差すことで、地平線を見据え、世界を見据え、さらにはその向こう側をも見ようとする。出発点にある自分自身を置き去りにしたまま、眼差しは遠くへと向かい続ける。

理念とヴィジョン

ヨーロッパの遠方への眼差しは限界を超えて世界全体を狙う。際限のないその個別の眼差しはたえず普遍的なものを目指すべく定められている。ヨーロッパの視線は世界のなかにある事象を眼差すだけでなく、世界の普遍的な見方、つまり、世界観を形成する。ヨーロッパの個別の視線と普遍的なヴィジョンとの弁証法はいかなるものだろうか。ナンシーはヨーロッパの眼差しをヨーロッパの理念（idée）と関連づける。idée はギリシア語 idein（見る）に由来しており、その同語源には eidos（外観、形、姿）があるからだ。視覚を通じて把握された形式が理念に通じている。

ヨーロッパとは必然的に、視野〔vision〕の理念、見方の理念、遠くに見るべき何かの理念である。ヨーロッパとは理念の理念〔l'Idée d'une Idée〕――プラトンの言語における、形

式とヴィジョンである。(86)

ヨーロッパの眼差しは世界を目に見えるものにし、理解しうるものにするだけでなく、そのように世界を眼差しているみずからの姿を見る。ヨーロッパの理念とは遠くに普遍的なものを眼差すことであるだけでなく、見ることの形式そのものでもある。ヨーロッパ自身の見方、ヴィジョンを見る眼差しである。「理念とは、視野や狙いという「みずからが見ていることを見ること」である」(87)。世界全体を視野に入れようとするヨーロッパの眼差しによって、世界は目指すべき目的であり、完成させるべき終焉である。東洋(Orient)において陽光が立ち上り、世界の誕生を告げるのに対して、ヨーロッパの眼差しのもとで世界は終焉に達する。「西洋――あるいは闇――とは本質的かつ構造的に、自己解体的で自己疎外的な観念である。みずからが終わっていくのを見る日の光である。それは眼差しの自己超克、自己止揚である」(88)。普遍的なものを見据えるヨーロッパの視線は、ヨーロッパ自身を置き去りにする。だが、この眼差しの自己疎外はヨーロッパのたんなる自己喪失ではなく、ヨーロッパが世界を全体化する形象と化す運動にほかならない。遠くへの眼差しは世界全体を見据える視野《ヴィジョン》となり、ヨーロッパの視点は消失する。「かくして、ヨーロッパの視野の主題をなす普遍的なもの

*10　Carrefour des Littératures Européennes, *Penser l'Europe à ses frontières, op. cit.*, p. 23.

――uni-ver-sum、世界が拡張するかぎり、世界のあらゆる方向性が一点に収斂すること――は、ヨーロッパの目の盲点として自己回帰する」(88)。

普遍的なものへの視野の核心には盲点がある。だが、それでもヨーロッパが遠くを眼差そうとすれば、闇のなかでより深く何かを見ようとしなければならない。「ヨーロッパとはニヒリストである」(89)とナンシーは断言する。世界を破壊し否定するという意味ではなく、みずからを普遍的なものとして見るという意志以外に何も見るものがないからである。

闇のなかで見ること

闇のなかでは何も見えない。光に照らされなければ、事物を識別することはできない。対象との距離感が得られない以上、見ている主体の立場も定かではない。闇を眼差し続けるならば、何も見えない状態を見ることになるだろう。闇のなかで端的に自己が失われるのではなく、何も見えないことを見る自己を感じるのだ。これは自己に対する奇妙な近接性だ。

かつてハイデガーもまた西洋を闇の光景のなかで解釈した。「西洋(Abendland)」はまさに「夕べの国(Abend-land)」であり、夕暮れを迎えて、闇のなかへと入っている。つまり、存在をめぐる形而上学の歴史を経てニヒリズムに陥っている。だが、ハイデガーからすれば、この闇は夜明けに通じている。ヘルダーリンやトラークルの詩作を読解することで、ハイデガーは、この夜に没入することによってこそ、「存在」の太古の神聖性の時が到来する兆しを見出すことができるとする。ナンシーはむしろこの闇にとどまり、次のように記述を進める。

> しかし、目は見る。夜そのものを見る。何も見えないことを見る。この意味で、目はそれ自身のもっとも近くにいる。目は自己に接して見るのであり、自己の内で見るわけではない〔*Il voit à même soi, et non en soi*〕。要するに、目は外も内も見ることはなく、見ることとの限界に接して見る。目が見るのではなく、むしろ目が触れると言わなければならないだろう。(89)

闇は自己の内と外の境界がなくなる純粋状態である。見えないものを見るという私の眼差しが私自身に触れている状態である。

ナンシーは初期のヘーゲル論『思弁的注釈』において、ヘーゲル哲学の用語 Ansich（即自）を注解している。「即自」とは、ある事象が他のものとの関係を欠いたまま直接的に存在している未発達な段階である。ある事象がそれ自身に密着している、無自覚的なあり方とされる。Ansich（即自）は en soi と仏訳されてきたが、ナンシーは à même soi（自己に接して）という訳語を提案する。ヘーゲルは in sich という表現も使用しているので、区別がつきにくいからだ。それだけでなく、à même に「〜の傍らに」「〜の傍に」「〜の縁で」といった含意をもたせることで、「自己が自己に接している状態」を表現している。An は「厳正な内包ないし除外のあらゆる関係を動かし、緩めることのできる小さな言葉」（RS 112）である。それゆえ、即自は自己の無自覚な密着状態ではない。自己が自己に接していることで、内と外の境界が緩和し、動揺し続ける状態である。のちに、ナンシーは『ヘーゲル　否定的なものの不安』において、こうした不安静の視座から、ヘーゲルの論理、言語、存在、歴史、自由、共同体を読み解くことになる。

「目は自己に接して見る」とは何も見ないことではなく、自己の境界に即して、何も見ないことを見ることである。見る能力に先立つこの境界の自覚こそが、「目が触れる」と表現される。この接触において、見ることとの可能性が開かれる。自己の境界に即したこの目の接触、この有限な接触こそが、見ることとの無限の可能性をもたらす。「無限なものの有限な接触がある。より正確に言えば、この接触とは有限性の無限である」（89）。

ヨーロッパが世界に住まう仕方

ヨーロッパに関する議論が視覚と触覚の存在論に向かっていくが、ナンシーはそうした存在論の展開を留保して、「倫理」の問いへと話を進める。というのも、「ヨーロッパの眼差しとはエートスの眼差しである。エートスとはすなわち、世界に住まう仕方、ないしは世界をつくるヨーロッパは普遍的なものの価値を世界中に拡散してきたが、ヨーロッパ的な価値があらゆる価値の範例的な機能として幅を利かせてきた。ヨーロッパは「世界市場」の交換価値の源泉となる。その過程はしかし、ヨーロッパが他者のもとで外在化され、疎外されていく過程でもあったのではないか。「世界全体が普遍的な価値から、価値の普遍性から疎外されている、と言うことができるかもしれない。よく言われるように、「魂を失ったヨーロッパ」――まさにその価値とともに、その名を失いつつあるヨーロッパ。かくして、ヨーロッパは本質的ないし構造的な疎外の名と場であることが明らかになるのかもしれない」(90)。ヨーロッパの自己はその普遍的な自己との弁証法のなかで、自己自身にとどまることなく、つねに自己の外に曝され続ける。ヨーロッパはその個別性においてここにあると同時に、その普遍性においてここにはなく、自己の喪失と自己への期待のあいだで、過去と未来のあいだで分裂している。ヨーロッパが世界に住まう、世界をつくるなかで、ヨーロッパはいかにしてその他者と遭遇することで、自己疎外や自己外化を終わらせるのか。「他者の疎外されえない他者性はいまや、ヨーロッパがいたるところに、自己の前に、自己の内に見出すものである。というのも、世界はいまや、ヨーロッパがその前方で得るものであり、そのなかでヨーロッパがその普遍的な狙いのなかでみずからを疎外することで、疎外されるところのものであるからだ」(90)。ヨーロッパの遠くへの眼差し、その普遍的なヴィジョンはかくして倫理的な課題となる。

フッサールは「理性のヒロイズムを通じた、哲学の精神によるヨーロッパの再生」を唱えて、一九三五年のウィーンでの講演「ヨーロッパ的人間性の危機と哲学」を締め括った。フッサールにとって、ヨーロッパの危機はギリシア以来の合理性が外見上挫折している事態にすぎない。二〇世紀初頭、自然科学の過度な伸張によって、自然主義的・客観主義的な態度が蔓延し、学問はたんなる事実学と化してしまった。精神科学によって自然科学の活動を根拠づけ、学問の意味を保証することで、ヨーロッパの人間性が回復させることができる、というのが彼の見立てであった。ナンシーにとって、この「理性のヒロイズム」は、自己疎外されたヨーロッパがみずからの闇のなかで世界を眼差すという勇気である。他者に無限に触れることで、ヨーロッパの眼差しはその個別性と普遍性のくびきから世界を解放することができるだろう。

ナンシーはとりわけ一九九〇年代に、名詞 sens を多義的な意味で用いて、みずからの思想を展開させた。フランス語の sens は「意味」や「意義」を指す。それは「言葉が指し示す内容」のことで、観念的で知性的なものである。これに加えて、ナンシーは sens における感性的な意味合い「感覚、知覚」「官能」「把握能力、センス」をも重視する。sens には諸器官による直接的な把握という身体的な次元も含まれている。さらに、sens は「方向」や「向き」も指し、空間性や運動性が含意されている。ヨーロッパを「遠くを眼差す者」という形象で表現し、ヨーロッパの理念と関連づけて考察したことは、sens の多義性（感覚・意味・方向）によるナンシーの思索の好例と言えるだろう。

世界に住まう、世界をつくるエートスの探究という主題は、ナンシーの思索においてその後も引き継がれ、たとえば『世界の創造あるいは世界化』ではその展開をみることができる。ナンシーのいう「世界化（mondialisation）」は、新自由主義的な技術革新や経済発展とともに加速するグローバル化だけに限定されない。それは、より広義な意味で、ギリシアにおける哲学の誕生が刻印され、ユダヤ－キリスト的一神教を基にし、資本主義を起動・発展させた西洋の拡大過程そのもの、西洋の世界化のことである。資本主義の運動に関して言えば、その経済体制は剰余価値の過剰を自らの根拠としながら、投資・搾取・再投資の無限循環を繰り返し、資本蓄積を増大させ続けている。ヘーゲル的に「悪無限」と呼称しうるこの運動、自らを根拠づけ、自らの前に目的を設定し続ける自己再生産のプロセスに彼はグローバル化の実相をみる。こうした技術的・経済的な含意の強い「世界化」を別様に思考するために、ナンシーは見たところ一神教の負荷を帯びた「世界の創造」を論究する。この場合、「世界」とは、神や真理といった超越的および外在的価値を欠いた、徹底して内在的な「この世界」のことである。世界全体を俯瞰する神は消え去り、存在神論の神は単一の世界像を表象することを止めた。いかなる所与ももたない有限なる存在者からなる「この世界」、すなわち「理由＝根拠もなく、目的＝終焉もないひとつの事実」であるような「この世界」が残された、というのが彼の見立てである。

だとすれば、創造とは超越的な神の手による世界創造のことではなく、この世界が製作者・設計者も、あらゆる所与による根拠づけももたないためにその都度、無から創造され続けるという「われわれ実存者」の絶対的な事実性を意味する。「世界はある何かとして成長する無から創造される」。有限な実存者が根拠なき根拠たる無というものに触れることによって新たな世界の創造が開示されるのである。

ヨーロッパ空間の境界と分有

遠くを眼差す者は、その欲望にしたがうかぎり、つねに境界の問いに直面する。この主題をめぐって、ナンシーは一九九一年の会議「ヨーロッパの欲望」において「境界にて、形象と色彩」[*11]を執筆している。先に言及した論考ではヨーロッパが遠方を眼差す運動が問われていたが、ここで論じられるのはヨーロッパ空間の内的境界である。

ヨーロッパの境界の問題はまず、「空間の曖昧さ」に由来する。東方に地理的な境界線がないため、ヨーロッパを地理的に確定することは困難である。狭小な空間に多種多様な民族と文化が混在しており、問題はむしろ、このヨーロッパの空間のなかでいかに境界を引くかである。

ヨーロッパの空間は拡張する以前に網目状である。この空間は広々したものとなる前に

分有されている、あるいは、その空間は外延的というよりも、部分的である。(42)

次に、「哲学的で政治的な本性」に関わる原因がある。地理的な領土という次元だけでなく、ヨーロッパは「国民」の観念を発明し、国民の観念によってヨーロッパの空間は構成されてきた。「ヨーロッパの空間はいわば観念的であって、ある領土のなかに収容されている、すなわち、領域〔domaine〕をなしているわけではない」(42)。国境線という地理的な条件は、国民の観念によって形象化される。

> 重要なことは、主権の形状〔configuration〕であり、その領土的な変容〔transfiguration〕とさえ言えるかもしれない——国民的な記章で飾られた境界であり、実に際立った色彩、国民の相貌と身体をともなった、政治的地図の止揚である。(43)

かくして、ヨーロッパにおいて、境界とは分割（partage）と移行（passage）からなる両義的な場である。網目状にさまざまな要素が混在していると同時に、国民の形象の下で観念的な区別がなされる。接近しているとともに分割されている状態がヨーロッパ的境界である。「境界の

*11 J.-L. Nancy, «À la frontière, figures et couleurs», Carrefour des Littératures Européennes, *Le désir d'Europe*, *op. cit.*

形象は分割と移行の弁証法の手段と場（純粋な手段としての場）である」(43)。この弁証法は解消されることがない。国境線をなくそうという試みがあり、古い国境線を取り戻すないしは新しい国境線を引き直すという挑戦があり、両者（いわば平和と戦争）の弁証法は止揚されえないままだ。ヨーロッパ共同体の新たな精神は国境線の分割を超越した共生のヴィジョンを提示するのだろうか。ナショナリズムとインターナショナリズム、国境による分割と国境の廃止、超越的なヨーロッパの主権と各国に内在する主権、これらがヨーロッパのアイデンティティの二側面をなしている。

ヨーロッパにはあまりに多くの境界があり、かつ、十分な境界がない。ヨーロッパという概念は今のところ、ノーマンズランド（無人地帯）の概念である。境界に反する概念ないしは境界の中の概念である。境界とヨーロッパ自身のあいだに場を見出すような、ヨーロッパ自身の内部（定義上、無の空間であり、空間一般の純粋な限界だ）から境界を縁取る、あるいは、はみ出すものに関する限界概念である(45)。

ナンシーは境界の問いを「あいだ」、つまり、形象も色彩もないノーマンズランドの問いとして立てる。間隔は二者のあいだに生じるがゆえに、両者の共同性にも関わる。こちら側の形象と色彩が、境界を介して、このノーマンズランドを介して、他方のそれらに曝される。閉じた一個の主体を前提とすることなく、ナンシーは両者を交流させるこの「あいだ」をまず問う。境界の問いは「まず、アイデンティティの問いではなく、痕跡の問いとして立てられるだろう。主権の問いではなく、特異性〔singularité〕の問いとして立てられるだろう」(47)。

ヨーロッパを分割し境界を織り成す国民は、血にしろ、土にしろ、確固たるアイデンティティに基づいて構成されている。国民国家は主権を保持し、境界によって縁取られ、その形象はさまざまに表現される。ナンシーはそうしたアイデンティティ、主権が始まり、終わる「あいだ」を問う。「あいだ」とはアイデンティティや主権性がその外へと曝される痕跡であり、この「あいだ」は双方の分割であると同時に、分かち合われるべきものである。

特異なものに意義があるのは、もっぱら、その特異性を曝け出すときである。しかし、この露呈に意義があるのは、この同じ特異性を分有するとき、それゆえまた、この特異性を共同の状態にするときである。複数でしか単数はない。ラテン語が十分に示しているように、singuli という言葉は「ひとつずつ」という意味合いで、複数でしか認められない。単数に意味があるのは、複数的で、とり外され、引き離され、分割される場合でしかない。(48)

主体の個別性ではなく、諸主体はつねに分有され、共同的に存在している。諸主体はつねに分割され、他の主体へと曝されているがゆえに、単数的であると同時に複数的である。ヨーロッパ共同体をめぐるナンシーの考察には、彼の『無為の共同体』から『単数複数存在』に至る思索が反映されている。

一九九〇年代、「ヨーロッパ計画」の名称のもとで、ヨーロッパ共同体の政治的・経済的・文化的な戦略が進められた。「欧州連合」の設立が計画されたこの時期、ナンシーは「計画」とは異なる語彙で、ヨーロッパの未来を語ろうとしていた。

「ヨーロッパ」には、私たちが決定することのできない何か、そもそも誰もけっして決定することのできない何か、逆に、受け入れる術を心得ておかなければならない何かがある。おそらく、まず、ヨーロッパ、あるいはヨーロッパの「本質」は、こう言ってよければ、計画よりも誕生の方に似通っているのだろう。たしかに、この四〇年来実施されてきたヨーロッパのさまざまな計画は決定的な役割を昔も今も果たしてきた。しかしまた、ヨーロッパは誕生する、あるいは到来する。予見しえない、予期しえない、さらには予知しえないものをともなって、そして、未完成で、起動的で、完成しえないものをともなって。

生まれたてのものをめぐって望みすぎないようにしなければならない。ヨーロッパの好機は、期待、欲望、恐れをヨーロッパに投げかけすぎないないということと引き換えである。到来するがままに、存在するがままにさせておこう——至極困難なことであるが。*12

ナンシーがヨーロッパの未来を論じた頃から、ずいぶんと時が流れた。二〇〇一年以後、ヨーロッパはアメリカへのテロ攻撃と「テロとの戦い」に巻き込まれ、イスラームへと目を光らせることになる。欧州連合では通貨統一が果たされ、加盟国が増加したが、二〇一二年のノーベル平和賞の受賞がその到達点だったのだろうか。一部の国々の債務問題、移民や難民の問題が続き、イギリスによる欧州離脱《ブレクジット》が可決され、そして現在、ロシアによるウクライナ侵攻が続いている。ヨーロッパになおもみずからを誕生させ、到来させる力が残っているのか、ナンシーとともに考え続けたい。

*12 J. -L. Nancy, «La naissance continuée d'Europe», Carrefour des Littératures Européennes, *Le désir d'Europe, op. cit.*, p. 254.

戦争、あるいは限界で生きることを学ぶ

鵜飼　哲

二〇二二年二月二四日以来、われわれは決定的に戦争の時代の住人である。より正確に言えば、もはやこの確認を否認する手立てを持たない。思えば数十年このかた、われわれの時代はすでに戦争につぐ戦争の連続だった。しかしそれを「われわれの時代」として考えることを避けようとする思考の習慣から抜け切れていなかった。ロシアのウクライナ侵攻は、この時代規定から目を逸らすことが単に許されないばかりか、端的に不可能なことを突きつけた。

とはいえ、この戦争の前に発生し、この戦争となお同時進行中の新型コロナの世界的感染拡大がもたらした「われわれ」意識と、ロシア・ウクライナ戦争の勃発によって形成された「われわれ」意識とは、どこまで、どのように重なるのだろうか。この二つの出来事が考えること

を強いる「世界の意味」を、その重なりと隔たりを、どのように規定するべきなのか。ジャン＝リュック・ナンシーの哲学的遺産は、われわれがこの課題に向き合うことをどのように支えてくれるのだろうか。

心臓移植から三〇年を超える時間を生き抜き、複数の癌に体を蝕まれながら、ナンシーは最後まで時代と向き合い、思考の軌跡を発信し続けることを止めなかった。コロナの到来に応答して綴られた文章群は『あまりに人間的なウイルス』（二〇二〇）として刊行され、時代の窮状の彼による最終診断は『世界の脆弱な皮膚』（二〇二〇）にまとめられた。彼の没後半年にして起きたロシア・ウクライナ戦争は、われわれがナンシーに学び、彼との対話を通して目前の事態に関する思索を深める回路を失った後の、最初の世界的事件である。われわれはいまや、ナンシーならこの事態をどう考えただろうかと、条件法過去で思考をめぐらさなければならない。そしてこの作業の第一歩は、生前ナンシーは戦争についてどんな考察を展開していたか、どこでもっともまとまった発言を行ったかを確認することだろう。

湾岸戦争

ナンシーの論考「戦争、法、主権－〈テクネー〉」が『レ・タン・モデルヌ』誌に発表されたのは一九九一年六月だった。この年の一月一七日、前年八月にクウェートを武力併合したイラクに対し、米国主導の多国籍軍（三四カ国参加）が攻撃を開始した。約一月後、イラク軍のクウェート撤退とともに戦闘は終結した。こうして朝鮮戦争後初めて、国連安保理決議履行のために、安保理から武力行使を容認された戦争が発動された。ナンシーは事態の推移を注視しつつ、今何が起きているのか、何が始まろうとしているのか、哲学者として独自の分析を提示することを試みた。出来事の衝撃を全力で受け止めて書き継がれたこの長編評論は、当時のさまざまな論者による発言のなかでも特筆にあたいする、異色かつ出色の歴史的文書となった。

ナンシーはこの武力行使の発動によって戦争が復権したと考える。「驚くべきことは、戦争という観念自体がわれわれのあいだで市民権を取り戻したことだ」。この復権は否認を通して遂行された。「一般的言説」は国連安保理の裁定を執行するための国際警察活動であり、単独国家主権の発動としての戦争ではないと一方では喧伝しながら、他方では「戦争の意味論、論理、象徴系に、嬉しげに殺到した」。

西洋の支配的言説のこの欺瞞性に、ナンシーは強い違和感を表明する。「戦争が警察活動かどうかという問いはどうでもよい」とまで言い切り、「戦争がふたたび要求できるもの、欲望可能なものになった」という事実のほうがはるかに重要だと指摘する。イギリスとアルゼンチンのあいだのフォークランド／マルピナス紛争（一九八二）、アメリカによるグレナダ侵攻（一九八三）など、すでに数年前から戦争の敷居が少しずつ低くなっていたことにも注意を促す。この経緯のなかにナンシーが見出したのは、「新しいコンテクストで再び見出され、演じ直し、賭け直された〈ハビトゥス〉」であり、西洋的な「習俗の性向、〈エートス〉」だった。

主権と戦争

この〈エートス〉は、「戦争を単に政治の手段としてではなく、その例外的権利を唯一保持している主権の行使と一体不可分の目的として肯定する。」主権とは、sovereignty（英）、souveraineté（仏）などの近代語がそこから派生したラテン語の superaneus が示すように、その上位には何もないこと、至高であることを意味する。主権者とはすなわち至高者であり、その例外的特権は戦争を行うことにほかならない。みずからのアルターエゴと死を賭して対決すること、それは主権者に固有の権利である。「この特権のなかには主権の一効果のみならず、その至上の顕現が、その本質そのもののなにかがある」。

したがって、戦争を「他の手段による政治の継続」と定義した『戦争論』（一八三二）の著者クラウゼヴィッツの思想は、「戦争の思考の近代的変容を示し」「「古典的」思想の疎隔化」「否認」を含意していることになる。それに対してヘーゲルはその『法哲学』（一八二一）で、彼の合理主義的国家像における唯一の例外として、君主に宣戦布告の権利を残したのだった。ナンシーは問題の核心を次のように提示する。

つねにわれわれのものである戦争の思想にとって戦争はすぐれて〈主権〉の技術である。戦争は主権の実行であり至高の執行（目的＝終端（fin））である。この意味での「技術」は手段ではなく、執行の、顕現の、そして実現一般の様態である。*1（ESP 143／二二一－二二二）

ここで問題は、主権がその目的を実現するための手段ではなく、それ自体の実現様態としてその本質に属するとされる「技術」、〈テクネー〉とは何かということになる。しかし、この点の考察に向かう前に、戦争と法の関係に触れておかなければならない。

国際法という〈砂漠〉

戦争による主権のこのような「実現」は本質的に例外である。「戦争の法＝権利はみずからを法から例外化する」。この論点は湾岸戦争と前後する時期から、カール・シュミットの政治思想を陰に陽に参照しつつ、ジョルジョ・アガンベンなどヨーロッパの多くの知識人が強調することになったものだ。この思想潮流のなかでのナンシーのアプローチの独自性は、「例外」

＊1　本論文の引用は、バタイユの引用を除いてすべて筆者による私訳を用いた。なおナンシーによる強調は初出（«Guerre, droit, souveraineté-Technè» in *Les temps modernes*, n° 539, juin 1991）の指示に従った。

(exception) が彼にあってはバタイユ的な「過剰」(excès) のモチーフと不可分なかたちで問題化されることであり、さらに「光彩／炸裂／破片」を同時に意味する〈エクラ〉(éclat) という言葉を手がかりとする、彼固有の思考の脈絡と連絡していることである。

法には主権がその顕現において発するこの光彩がない。しかし法は「その光を、そしてその定礎的出来事を必要とする」。したがって道徳的秩序は、至高的主権の発動である戦争より上位には位置しえない。それは「戦争がその尖端、槍の切っ先にして例外点である秩序」なのであり、このことは国内法・国際法の区別なく妥当する。

しかし主権と法のこの関係は、ナンシーによれば、湾岸戦争が国際法の名において正当化され発動された戦争として現実化したとき、その恐るべき深淵をはじめて十全に覗かせた。ナンシーは現代世界に作用している政治的図式を三つに整理する。第一に新カント派の人間主義があり、政治の無限の道徳化を約束する。第二に政治革命の思想があり、もう一つの法の主体を指示することを目指す。ただし、この思想は法と主権の関係自体を変革することには絶えず失敗してきた。そして第三に「決断主義」。ナンシーは直接シュミットを名指してはいないが、この思想は否応なく全体主義に傾斜すると考える。

湾岸戦争の特異性、あるいはむしろこの出来事があらわにした事態の特異性は、この三つの図式のいずれによっても解釈できない。なぜならそれが明らかにしたのは、「「法の戦争 (警察)」の図式と（……）「主権の戦争」の図式のあいだには空虚な空間が広がっている」ということだからだ。ナンシーは続けて言う。

この空間はまさに砂漠である。（……）砂漠は広がっているというのは本当だ。この宣告を反芻する人々の陰鬱な悦楽を、私は長いあいだ嫌ってきた。しかし、打ち明けよう、砂漠は広がっている。（ESP 135／二一〇）

ここで「砂漠」という言葉は、第一には「砂漠の嵐」という多国籍軍側の作戦のコードネームも示しているように、アラビア半島、メソポタミア地方の砂漠地帯が戦場となったという、この戦争の地理的条件に由来する。しかし第二に、ニーチェ以来、あるいはニーチェを論じたハイデガー以来、「砂漠」はヨーロッパ・ニヒリズムの比喩形象として哲学的言説に導入された言葉でもある。「砂漠は広がっている」というフレーズはニーチェの遺稿中の断章に見出されるが、ニヒリズムが密かに伝播する過程を、乾燥による砂漠地帯の拡大というイメージで表象する。

ナンシーの発言は、従来のニヒリズム論にまま見られた、現代世界の価値喪失を慨嘆しながらも、ともするとそれに惑溺しがちな傾向に対して彼が距離を取ってきたこと、しかし湾岸戦争とともに生じた言論状況の激変に、彼もまたニヒリズムの深化を認めざるをえなくなったことを告げている。そしてこれが彼の戦争論のもっとも独創的な点であるが、この戦争を通じて前面化した国際法の問いを、ニヒリズムの問いと連結させて考察することを提案するのである。国際法（droit international）の「際」、「間」（inter）を、〈砂漠〉から、〈砂漠〉として考えること、それこそがナンシーにとって、湾岸戦争によって迫られることになった、抜き差しならない思想的課題だった。

〈ピュシス〉と〈テクネー〉

湾岸戦争は西側諸国、とりわけ米国の軍事テクノロジーの飛躍的発展を強く印象づけた。コンピュータで航路が制御可能な巡航ミサイルが初めて実戦で使用され、「ピンポイント爆撃」という表現がメディアを賑わした。また、CNNは米軍の爆撃機内にカメラを設置して、空爆下のイラクの首都バグダードの映像を、衛星回線を通して「リアルタイム」で全世界に配信した。

もっとも、実際の攻撃の結果は「外科手術的」と謳われたような精密さからはほど遠く、軍事施設以外の建造物の破壊によって多数の民間人の命が失われたが、これらの「巻き添え被害」は「誤爆」として片づけられた。また、この最初の「イメージの戦争」はフェイクニュースの状況規定力をまざまざと見せつける機会ともなった。のちにフェイクであることが判明する「クウェート人の少女」や「油塗れの水鳥」の映像は、イラク大統領サダム・フセインは悪の権化であるというイメージを植え付けるために、連日テレビの画面に反復再生された。ドローンもこの戦争で初めて登場し、イラク人兵士が無人機に白旗を振って降伏したことが話題になった。

戦争と技術の関係という主題は、米国人の友人によるナンシーへの依頼に含まれていたものである。しかしナンシーはこの課題を、軍事テクノロジーのレベルで論じる代わりに、技術の本質を戦争との関連で問い直すことによって果たすことを選択した。大方の湾岸戦争論が軍事=通信技術の革新に目を奪われていたとき、彼は思想の責任をまったく別の水準で担おうとしたのである。

先に見たように、ナンシーは「政治の手段」という近代的戦争観の手前に遡行しつつ問いを立てる。そのとき彼にとっては技術一般も、目的に奉仕する手段とは別のなにかになる。ここで近代語に代えて古典ギリシャ語の〈テクネー〉を用いる理由を、ナンシーは次のように説明する。

ハイデガーに（そしてより目立たないかたちで、ドイツロマン派ではなくともニーチェには）遡る今日的用法において、〈ピュシス〉と〈テクネー〉というギリシャ語が援用されるのは、これらの「完成様態」に、固有の法則を備えた物質と力の総体としての「自然」、目的を達成するための「人為的」手段としての「技術」と、それらを区別する目的で特殊な名前をつけるためである。（ESP 143／二二二）

問題は「自然」と「技術」の関係を、質量と形相、受動と能動、対象と主体などの形而上学的な二項概念に即して表象するのではなく、二つの「完成様態（mode d'accomplissement）」のあいだの関係として思考することである。この両極のあいだの力の場においてこそ、戦争をその本質において考察することが可能となる。そのとき戦争は、思いがけなく美や芸術の近傍に現れる。

戦争はおよそ存在するもののうちでもっとも「自然」な、そして／またはもっとも「自然」でないものである。それはもっとも粗暴な本能に、そして／またはもっとも怜悧な計算に属す。この位置は「技術」と「自然」のあいだで、われわれが「美」に与える位置と無関係ではない。（ESP 145／二二五）

戦争は芸術に近接する、その近代的意味において絶対的に把握された芸術に、すなわち存在の執行＝完遂＝制作（exécution）様態としての、〈ピュシス〉の開顕の至高＝主権性における分身にしてライヴァルである、美または崇高の光彩（éclat）における仕上げ（finition）の様態としての〈テクネー〉に。（ESP 147／二二八）

通常の文明観では一般に対極的と想定される戦争と芸術は、歴史を超越した太古以来のそれらの〈変わらなさ〉にあらためて思考を潜めるとき、〈ピュシス〉と〈テクネー〉のあいだの牽引と反発がそこにおいてもっとも激化する二つの営為であることが見えてくる。この角度からナンシーは、戦争に関する道徳主義的、操作主義的な通念に対して大胆な挑発的問題提起を企てる。

極限と固有性

〈ピュシス〉と〈テクネー〉のあいだで軍事的なものと美学的なものを接近させるナンシーの思考は、ハイデガーの『芸術作品の起源』からニーチェを経てカントの『判断力批判』へと遡行する、哲学史の独自の再解釈に支えられている。ここで問題となるのは、プラトン、アリストテレス以来のミメーシスの概念を、オリジナルのコピーによる模倣としてではなく、芸術美と自然美の「二重の関係における相互参照」として再考することだ。それは端的に「差異における同」と呼ばれるべき様態であり、二つであるのは「目的＝終端」(fin) よりもむしろ「完成＝仕上げ」(finition) である。ナンシーはここで「手縫い仕上げ (finition à la main)」と「機械仕上げ (finition à la machine)」という技術用語を参照して問題の所在を明示する。「仕上げ」によって「完成する」(fini) のは外から限定を受けた有限性 (finitude) ではなく、その極限へともたらされた「固有の存在」(être propre) なのである。

仕上げとは執行＝完遂＝制作すること (exécuter) だ。ex-sequor、果てまで追うこと、あるものをそれに固有の論理と善の極限まで、すなわちそれに固有の存在の極限にまでもたらすことによって。(ESP 144／二二三)

フランス語の動詞 exécuter は、「執行」という行政、刑事、軍事の実践にかかわる語義と、「制作」という作品形成にかかわる語義をともに含む。それはいずれもラテン語の ex-sequor が意味する「最後まで行う」こと、「遂行」「完遂」の様態である。西洋思想の始原に早くも確認されるこの目的論的、終末論的な駆動力は、存在の思考を固有性の論理と不可分にする。この存在の力の「開顕」(éclosion) が〈ピュシス〉と呼ばれ、この存在の力と張り合う人間の営為が〈テクネー〉と呼ばれる。西洋の科学技術と芸術作品は〈テクネー〉のこの本質を分有している。極限に至ることで存在は固有になる。国家の境界は領土を限界画定することで主権＝至高性を確立する。それは芸術作品の完成性、完結性と同じ、「仕上げ」の存在論的規定性を示している。

問題があるとすればそのすべては、この執行＝完遂＝制作が、仕上げが、有限か無限かということであり、この二つの言葉のどのような意味でそうなのかということである。これから見ていくように技術と戦争のもろもろの問いは、まったく最後の審級においてはこの問題的な節合に帰着する。（ESP 144／一一三）

「神風」から「砂漠の嵐」まで、戦争における戦術や作戦の命名がしばしば自然現象を参照して行われてきたことは、こうしてみるとなんら偶然ではないことが理解される。ヨーロッパとヨーロッパが形成した「世界」はこれまで、万物を限界にもたらさずにいないこの「主権の欲動」（pulsion de la souveraineté）に引きさらわれ、存在の固有性に「意味」を求めてきた。主権の〈テクネー〉としての戦争は、主権が主権である限り、否認はできても放棄はできないその「執行」なのであり、主体が特定の目的を達成するために、対象に向けて用いることも用いないことも自由にできるような手段ではない。

〈エコテクニー〉

とはいえ湾岸戦争は、世界がもはやこのような「仕上げ」のための空間ではないことを示しているのではないか。多国籍軍の武力による国連決議の執行を警察行動とみなすこの戦争の解釈に、開戦当初ナンシーは端的に否定的な態度を示していた。しかしこの同じ論文のなかで、この立場は微妙に変化していく。戦争がいまや国際的な警察行動と同一視される可能性の条件自体が分析の対象になっていくのである。冷戦の終焉という当時の歴史的コンテクストは、世界規模の秩序という図式を出現させた。そしてこの秩序に対する責任が、主権者たち自身に課されるものとなった。

「世界」はこれまで、列強にとって、それらの主権のゲームのために与えられた空間だった。しかしこの空間が飽和しゲームが閉鎖されたとき、それとしての「世界」が初めて問題になる。「世界的人類」は主権者ではない。戦争と芸術が主権の〈テクネー〉であるのと同じ意味では、「世界的人類」はおのれのものであるような〈テクネー〉を持たない。「われわれの文化がどれほど「技術的」であれ、それはこれまで未決のテクネーにすぎない。〈戦争〉がわれわれにつきまとうのはなんら驚くべきことではない」。

この「未決のテクネー」を思考するために、ナンシーは〈エコテクニー（écotechnie）〉という新たな論点を導入する。この言葉は「惑星規模の技術」と「経済世界」の緊密な結合をまずは意味している。しかしそれは〈ピュシス〉と〈テクネー〉の「差異における同」という上述の観点において捉え返されることで、「主権なき主権（souveraineté sans souveraineté）」、「目的＝終端なき仕上げ（finition sans fin）」という、これまで思考されたことのない事態の思考を要請するものであることが明らかになる。

どうしたら至高の〈目的＝終端〉（Fin）なしに思考しうるのか？　それが〈エコテクニー〉の難題である。これまで一度も引き受けられたことのない難題、そしてようやくこの戦争が、絶対的緊急性をもって突き返し始めたらしい難題である。（ESP 162／一五〇）

ナンシーは湾岸戦争があらわにした〈エコテクニー〉に三つの「動因（motif）」を認める。第一の動因は富裕と貧困、統合と排除、北と南の三重の分断である。この分断を超える正統な世界秩序は存在しない。〈エコテクニー〉は言わばこの不在の秩序を「代補」する。

第二の動因は、主権の脆弱化とナショナリズムの激化である。これは言うまでもなく表裏一体の現象であり、主権の確立・強化がもはや不可能な場所でこそナショナリズムは刺激され続ける。とはいえそれは原理的に空虚さを免れえない運動であり、ニヒリズムの一現象とみなされるべきものである。この点に関するナンシーの措辞は辛辣なまでに直截だ。

> ナショナリズムは出自の古いものも最近掘り出されたものも、ミイラ化した主権のつらいものまねに身を委ねる。（……）アイデンティティ一般の仕上げの空間は、そこではもはや何も現前に到来できない、弛緩した、穴があいているだけの空間である。（ESP 161／二四八）

最後に第三の動因として、一連の指標によって確認される時代の傾向がある。ナンシーが「世界の間隔化」と呼ぶその傾向は、選別より統合、序列より契約、有機体よりネットワーク、歴史より空間、集中より分散に向かう。一九六〇年代以降の現代哲学はこの変化を記録しつつ、それへの応答を試みてきた。ドゥルーズ＝ガタリの「リゾーム」、デリダの「エクリチュール」などは、そのもっとも目立つ指標ということになるだろう。

この論文の主権論との関連では、「この世界の間隔化（espacement）はそれ自体主権の空虚な場所」という位置づけになる。そしてこの「空虚な場所」自体を思考する作業が、ナンシーにおいては、戦争の彼方にもうひとつの「平和」を探究する試みに直結する。

平和の「顔」

以上のような戦争観から導かれるのは、西洋の戦争が平和を戦争目的として掲げるとき、そこに見るべきは主権的目的の自己否認だということである。ローマ以来、平定戦争、植民地化戦争が、ヨーロッパ的戦争の主調だった。キリスト教化以後のヨーロッパの戦争では、パクス・ローマーナに異教徒との戦争が加わった。「愛の宗教」は平和の原理とそのまま一致するものではない。

一方、哲学のなかでは主権的平和と主権的戦争の二つの図式がせめぎ合う。前者はロゴスが求める平和の絶対的要請であり、後者はロゴスの自己媒介としての抗争、ポレーモスである。ただし、平和の主権のほうは約束されただけの、理想的な主権にすぎないのに対し、ヘラクレイトスが語ったような「万物の王」たる戦争の主権はすでに与えられている。そこには神的な光彩が、叙事詩的な歌が痕跡を残す。このような〈エートス〉のなかでは、平和のための戦争は、戦争のための、平和に反する戦争であることを止めることができない。

近代化したキリスト教はギリシャ的なロゴスの要請を取り上げ直し、普遍的な万民法における平和の原理となった。しかし、「愛の神はそこでほぼその神性を失い、平和における愛は至高＝主権性を失った」。それゆえ「人間主義の平和には力強さも偉大さもない」。ナンシーは現代の国際法の精神と平和の関係を、この歴史的規定性において考える。

平和とはむしろ、その至高性が、栄光のなかにも、威力のなかにも、集団的同一化のなかにも、それとして顕現しえないような「至高」善のことだろう。それには青白い鳩しか残らない。平和とは、至るところに、無際限に、等しくそれ自身のうちに閉じた規則のただなかでの、至高の識別の不在、例外の不在の至高性のことだろう。しかしかくして、われわれの文化の全体にとって、平和はなんらかの断念の趣をもたざるをえない。（ESP 152／二三五）

「われわれ」西洋人は帝国の平和以外の〈平和〉の「顔」を見たことがない。それは〈戦争〉と同じ「顔」であり、しばしば鷲で表される。鳩の青白さに外から光を当てても、それはつねに否認された主権的戦争の光彩でしかない。したがって、湾岸戦争以後、究極の平和の要請にたえず立ち返ることも、その幻想を告発することも、力のリアリズムに身をまかせることも、いずれも等しく不十分であることは明らかである。これらの立場にとどまる限り、来るべき戦争を準備することにしかならないとナンシーは断定する。

バタイユ的「平和」

西洋の政治文化、〈エートス〉にとって、これまで極限はつねに戦争だった。しかし「われわれ」はいまや戦争より遠くへ行かずにいることはできない、すなわち死より遠くへ。湾岸戦争が開示した袋小路から脱する活路はその方向にしか探れない。それはナンシーにとって、太古以来戦争と芸術に共通して賭けられてきたものを、このコンテクストであらためて問い直すことに帰着する。

> われわれの時代まで（しかしまだ続くかも知れない……）、極限はつねに、なんらかのかたちで、最後は戦争だった。しかしこれからは、それこそがわれわれの歴史なのだが、主権の極限はさらに遠くに位置する、そして世界の動乱がわれわれに告げているのは、さらに遠くに行かないことはできないということだ。戦争そのものは、それを富と力の我有化と切り離せると仮定したとしても、死と破壊の光彩より遠くには行かない。（ESP 163／二五二。ナンシーによる強調）

死と戦争の彼方に行くこと、ナンシーにとってこの課題を真に提起した稀有な思想家はジョルジュ・バタイユである。彼の戦争論の決定的な局面で、ナンシーはバタイユというカードを切る。このような所作は彼の仕事の真骨頂であり、同時にその思考の道をたどろうとする読者にとっては、もっとも困難なもろもろの論点の結節点でもある。

主権は〈何でもないもの〉である（*La souveraineté n'est RIEN*）」。バタイユは精魂尽き果てるまでそのことを言おうとし続けた――おそらくわれわれも、精魂尽き果てるまで、それを言うこと（言わないこと）しかできない。（ナンシーによる強調）（ESP 164／二五三）

バタイユ自身は彼が語る「至高性（souveraineté）」を、伝統的な王権とは関連づけつつも、近代的な政治的主権と同一視することは回避していた。しかしナンシーはあえて両者のあいだに連絡をつけることで、湾岸戦争によって垣間見えた主権国家のあいだの間隙、法の〈砂漠〉を、「主権の彼方」という意味＝方向（sens）として思考することを試みる。バタイユは主権の所在を、例えば王という対象の側から民衆の主観、内的経験の側に転位したうえで、語りうることの限界でこんな言葉を連ねていた。

とにかくこのようにしてわれわれはまったく同時に、対象（客体）の認識、ポジティヴで実行的な認識の領域からも、また主観的な、動機も根拠もはっきりしない信念の領域からも外へ出ることになるので、われわれはある種の不在の経験、つまり対象の不在の経験を、主観の側において経験することになろう。すなわちわれわれがいまや経験するのは、〈何でもないもの〉なのだ。このような対象の消滅というのは、さきほど述べた［王権、愛、笑い、涙などの］心的奔出、われわれに至高な諸モメントを認識させうるような心的奔出の対象に対応している。（……）そしてむろんのこと、その〈何でもないもの〉それ自体は現れない、〈何でもないもの〉は消滅する対象にほかならない（……）（ジョルジュ・バタイユ『至高性――呪われた部分』、湯浅博雄他訳、人文書院、一九九〇年、六七―六八頁）

ナンシーはこのバタイユ的な〈何でもないもの〉を「間隔化（espacement）」と読み換える。またバタイユが語る「至高性」と死の関係を、『存在と時間』のハイデガーが「死に向かう存在（Sein zum Tode）」と呼んだ現存在の本来性の様態から分かつものもまた、この「間隔化」から考えようとする。存在、死、本来性、固有性をめぐるハイデガーの思考は、その先駆的覚悟性のうちに、西洋的な極限志向をもっとも明確なかたちで示していた。それは西洋の思想の歴史の極限で、この文明の秘密を明かしたと言ってもいいかもしれない。

ナンシーはバタイユから着想を汲みつつ、「死に向かう存在」に、有限な実存のもうひとつのありようを対置する。それは「死に晒されていること（être-exposé-à-la-mort）」であり、この様態は現存在の決断からではなく、死への露呈の時空から思考される。この時空もまた、ナンシーにとっては「間隔化」の作用にほかならない。実存者はこの「間隔化」によって、限界で生きることを学ぶのである。

そして伝統的な主権も、彼によれば、この「間隔化」を前提し、その作用の効果として自己を提示してきたのだった。

> 主権はそのもろもろの形象や高圧的で貪欲な現前の彼方では、つねにまた、まずなによりも、それ自体間隔化としておのれを晒し出してきた、（光彩の）増大として、（威力の）上昇として、（範例の）隔たりとして、（出現の）場所として。（ESP 163／二五一）

「主権の彼方」とはしたがって、主権の「此方」、手前の、執行＝完遂＝制作としての〈テクネー〉の可能性の条件である「間隔化」と別のことではない。そしてナンシーは、この「何でもない」「間隔化」に、主権的平和ではない、もうひとつの「平和」を探るのである。

> この〈何でもないもの〉のなかには、主権の暴力的光彩の抑圧も昇華もない。あるのは、終わることなく、戦争の彼方の光彩（éclat）であり暴力である。平和の閃光（fulguration de *paix*）である。（ESP 164／二五三。ナンシーによる強調）

このバタイユ的「平和」こそはナンシーが、湾岸戦争が引き起こした深刻な思想的混乱、巨大な否認の力に見合う応答として差し出したものである。ナンシーの著作の読者は、「平和の閃光」という深い謎を湛えた表現の理解を、彼がバタイユ的思考をたどり直しながら愛や笑いの〈エクラ〉を論じた「破片状の愛」（一九八六）や「笑い、現前」（一九八八）などのエッセイ、そしてイエスの復活を、死の彼方を示す〈起ち上げ（anastasis）〉として論じた『ノリ・メ・タンゲレ』（二〇〇三）などと突き合わせつつ深めていくことができるだろう。

おわりに——来るべき〈テクネー〉

この論文の議論の枠内では、この「平和」もまた〈テクネー〉でしかありえないことが重要である。バタイユ的「平和」は暴力的な力の作用と無縁ではない。「炸裂」「破片」でもある〈エクラ〉は非暴力ではない。

ナンシーはこのもうひとつの「平和」が〈エコテクニー〉にはらまれていることを示唆する。ただし、その展望は「運命として与えられてはいない。歴史として差し出されている。〈エコテクニー〉は〈テクネー〉としてなお、「技術」から、「経済」から、「主権」から解放すべきものである」。

そのとき問題となるのは、主権の〈何でもないもの〉の、範例なき極限まで行くことだろう。モデルなしに思考し、行動し、事を為すにはどうしたらよいのか？　それは実は、主権の伝統の全体によって、提起はされながら避けられてきた問いなのだ。ここは注意が必要だ。なぜなら、モデルもなく目的もない執行＝完遂＝制作とは、もしかすると、革命的本質としての〈テクネー〉の本質かも知れないのだから。なんとなれば、「革命」もまた、主権の何でもないものに、おのれを晒すだろうからだ。(ESP 166／二五六。ナンシーによる強調)

この来るべき〈テクネー〉は何を可能にするのか？〈ピープル（人民・民族）〉の多数性が、〈唯一者〉の覇権を脱して、「主権的識別＝栄誉（distinction）」への欲望（ナショナリズム）に呑み込まれることなく、「単独性の交差（intersection）」において思考されるようになることである。そのとき「世界（monde）」という語、「意味（sens）」という語は根本的に変容する。〈ピュシス〉と〈テクネー〉と同様に、また別様に、「世界」と「意味」は、「差異における同」として、同時に再考されることになるだろう。

こうしてみると、『無為の共同体』（一九八六）に続くジャン＝リュック・ナンシーの第二の主著『世界の意味』（一九九三）の構想は、湾岸戦争との対決を通してその骨格が形成されたと言っても過言ではなさそうだ。そして『複数にして単数の存在』（一九九六）の精緻な展開も、「戦争、法、主権‐〈テクネー〉」の最後で、「単独性が同時に絶対であり、しかも範例とならずに価値を持つようなまったく別の論理」と呼ばれているものの探究の成果であるとも考えられよう。その論理によれば、「おのおのの〈或る／ひとつ（un）〉が、なんらかの形象のもとでは同定されえず、間隔化によって終わりなく異なり、しかも間隔化と重なる交差によって終わりなく代替可能」になる。それは概念によって思考しうる論理ではない。しかしそのような論理だけが、「世界への権利を言う法なき権利（droit sans droit）を持つ」「世界的単独性」を肯定しうる。ナンシーにとってはその地平で初めて、その名にふさわしい「平和」は思考しうるのである。

III　思考の共同性のなかで

無限なものの水平圏内で

――彗星スピノザに感応するナンシー

合田　正人

――われわれは陸地を後にして、舟に乗り込んだ！　われわれは背後の橋梁を撤廃した――というよりもむしろ、戻るべき大地を撤去したのだ！　いざ、小舟よ！　心せよ！　お前のかたわらに広がるのは大洋だ。まこと、大洋はいつもいつも吼え立ててばかしいるのではない。おりおりの絹か金かのように好意の幻夢のように臥していることもある。けれども、それが無限であるのを、そして無限にまさる怖るべきものの何一つないのを、お前が認める時が来るであろう。ああ、身の自由を感じたのに無限というこの鳥籠の壁につきあたっている、哀れな鳥よ！　そこにはさらに多くの自由があったとでもいうように、陸地への郷愁がお前を襲うとしたら、いたましいことだ！　――もう「陸地」はどこにも無いのだ！（ニーチェ『愉快な学問』第一二四節）

――われわれに欠けているもの、それは sens de l'infini である。（ウラジーミル・ジャンケレヴィッチ「希望と時々の終わり」、合田正人訳『泉々』みすず書房、二〇二三年、七三頁、を参照）

ハイデガーにおけるスピノザの締め出し

『主体の後に誰が来るのか』（到来する主体の後で）（*Après le sujet qui vient*）と題された一九八九年刊の論集に収められたナンシーとの対談で、デリダは、「主体の形而上学」または「主体性の時代」なるものの存否をめぐって、ハイデガーにおける「スピノザの締め出し」（forclusion de Spinoza）ということを語っている。

デリダ　（…）主体に関するハイデガーの言説にどれほど同意しうるにしても、ぼくはつねに、主体性の時代のハイデガーによる限界画定には困惑させられてきた。（…）〔この点では〕スピノザの締め出しが、ぼくには、意味深く思われる。スピノザこそ、根拠律（それがライプニッツにおいて、目的因と表象とを特権化する限りで）に依拠しない偉大な合理主義ではないか。スピノザの合理主義的実体論は、目的原因説と観念の（デカルト的）表象的規定性とをラディカルに批判する。だから、それは、コギトないし絶対的主体性の形而上学ではない。ハイデガーが規定する主体性の時代が合理性の時代ないし近代形而上学の技術科学的合理主義の時代であるだけに、この締め出しに賭けられているものはいっそう深刻で意味深い……。

ナンシー　でも、スピノザの締め出しが、まさに、当時他の人々を支配していたものからスピノザが分離していたために起きたのだとすれば、それはかえってこの〈主体性の形而上学、技術科学的合理主義による〉支配を確認することにはならないだろうか。

デリダ　ぼくにとって重要なのはスピノザのケースだけではない。ハイデガーは近代における表象の主体と根拠律のヘゲモニーを定義した。ところが、よく見てみると、この限界画定が不当な締め出しによって機能していたということになると、この時代解釈自体が問題になりかねない。そうなると、この言説のすべてが問題になりかねない。*1

forclusion はラカンが、精神病の起源となる Verwerfung の訳語として採用した単語である。for という「外」を意味する for という接頭辞と clore（閉じる）から合成されたと単語であり、clôture（囲い）というデリダの鍵語、ナンシーにとっても重要な語を含んでいる。いや、そもそも forclusion という語自体、ナンシーが企てる「キリスト教の脱構築」の鍵語であった。実

*1　『主体の後に誰が来るのか？』鵜飼哲ほか訳、現代企画室、一九九六年、一五七―一五八頁。若干訳文を変更させていただいた。

際、キリスト教というものは本性的に「脱構築的」（déconstructeur）であると言ったうえで、ナンシーは、と同時にキリスト教は「脱構築の、キリスト教自身の脱構築の締め出し」（Forclusion d'une déconstruction, de sa propre déconstruction）（D 217／二九六）である、と付言しているのだ。

意図的にデリダとナンシーが forclusion という語を選んだのかどうかは分からないけれども、サドを論じながらクロソウスキーが、締め出されたものはより強く扉をノックする、と言っているとおり、ハイデガーならハイデガーが、何らかの理由でスピノザを締め出したとすれば、そのときすでにハイデガーはスピノザに取り憑かれ強迫され擾乱されていることになる。デリダ自身「巨大な問い」と形容しているように、これまでのところ、ハイデガーのこの症例を正面から論じた者は、ほかでもないナンシーそのひとを除くと、皆無と言ってよいだろう。しかし、それだけではない。ハイデガーにおけるスピノザの締め出し、を語ったデリダ自身について、スピノザの締め出しを指摘したくなるひとは決して少なくないと思われる。

この点で宮﨑裕助が書いていることを見ておこう。「ドゥルーズの哲学ないし哲学史的戦略は、明らかにデリダが忌避し対立している立場——後述するように一言でいえば、内在の哲学——である」[*2]と述べ、そこに次のような註を付している。スピノザ、より正確には「われわれは自分を不死のものと感じ、不死のものとして体験する」という、ナンシーによって呈示されたスピノザの言葉を受けてのデリダの極めて重要な発言を含んだ註である。

デリダはなぜ内在の哲学を忌避するのか、デリダは最晩年のある鼎談で次のように発言していた。「私にとって、スピノザは、何ひとつ理解しなかった人物です。スピノザについて教えたこともあるし、いささか知っているし、スピノザについての講義をすることもできます。しかし彼は——彼は私と同様のポルトガル系のマラーノですが——、その哲学的企てが「ありうるかぎりもっとも異質」〔la plus «étrangère possible»〕にみえる思想家なのです」（「ジャック・デリダ、フィリップ・ラクー＝ラバルト、ジャン＝リュック・ナンシーの対話」渡名喜庸哲訳、『思想』二〇一四年一一月号、三六八頁）。／後述するように、まずもって理解しなければならないのは、デリダの思想が超越論的哲学の系譜に連なるものであって、存在の有限性、起源の二重化、時間的・空間的隔たりの規範化といった論点においてその哲学的な前提を、スピノザを始祖とする内在の哲学とはまったく共有していない。それどころか正反対の前提に立っているという点である。[*3]

デリダの発言にせよ、それを敷衍する宮﨑の言葉にせよ、それを十全に論じることはここで

*2　宮﨑裕助『ジャック・デリダ——死後の生を与える』岩波書店、二〇二〇年、二三五頁。
*3　同前、二四九頁。

はできない。ただ私自身は、デリダのスピノザへの関係は、当人が明言するよりもはるかに微妙な陰翳に富んだものではなかったかと推測している。この点について私はかつて、『散種』所収の「二重の会」および『ユリシーズ　グラモフォン』に付された脚註に着目して、(一) les «entres» ——英語で言えば the «betweens» ——という破格の表現をもって呈示するほかない「間々」のあり方を、différance（差延）、espacement（間化）、marge（余白）などの鍵語の含意として語るにあたって、スピノザ『ヘブライ語文法要諦』のフランス語訳（一九六八年）と、それにフェルディナン・アルキエの付した序文がデリダの発想源となったのではないか、(二)『神学・政治論』での聖典釈義の方法論から、デリダは「隠喩」、ひいては「意味」の何たるかをめぐって多大な示唆を得たのではないか、との仮説を提起したことがある。[*4] いずれも小さな脚註でのスピノザへの言及だが、そこで賭けられているものは途方もなく大きい。

スピノザをめぐるこうした問いに関して、三つのことを付言しておく。まず第一に、ジョイスの『フィネガンズ・ウェイク』とスピノザの『神学政治論』をデリダが連動させた背景には、テクストなるものを織り成す言語の問題があった。『フィネガンズ・ウェイク』は何カ国語で書かれているかという問いに答えることはできない。それは離散的な複数の言語というよりもいわば星雲状態の言語で書かれているからだが、スピノザはヘブライ語聖書、タナッハと呼ばれているものが数限りない方言——その時代も異にする——の混淆であり、その読み方も意味も文法も後世の者に伝えられることはなかったと考えていた。

第二は「割礼」である。エリザベート・ルディネスコとの対談で、デリダは言っている。「数多のユダヤ人たち——教えに忠実な者もそうでない者も——は割礼のことを語りました。特にスピノザがそうですね。スピノザは、割礼がユダヤ民族の永続と生き延びを確たるものにしたということを強調しています。『割礼告白』でこの点に注意を促していますが」[*5]。このスピノザの立場を今も支持できるかとのルディネスコの問いに対するデリダの回答にはここでは触れないが、スピノザの『神学・政治論』第三章をデリダは踏まえている。

そして第三に、根拠薄弱な推測にすぎないが、ナンシーとの一九八九年、二〇〇四年の二つのやり取りで、デリダが躊躇なく、留保なく「スピノザの合理主義（rationalisme）」と断じ、また、これまたニュアンスなしに「私にとって、スピノザは、何ひとつ理解できなかった人物です（c'est quelqu'un à qui je n'ai jamais rien compris）」と断言していることである。この少なくとも私にとっては異例なデリダの身振りの背後に、もしかすると、あるスピノザ論へのいわば目配せの

＊4　フェルディナン・アルキエ「スピノザ『ヘブライ語文法要諦』フランス語版への序文」合田正人訳・解題、『現代思想』青土社、二〇二二年一月。
＊5　Derrida, *De quoi demain...*, avec Élisabeth Roudinesco, Fayard-Galilée, 2001, p. 313.『来たるべき世界のために』藤本一勇・金澤忠信訳、岩波書店、二〇〇三年、二七八頁。

ごときものがあるのではないかということである。

あるスピノザ論とは、フェルディナン・アルキエ――デリダと良好な関係にあったとは言えない――の『スピノザの合理主義』と『スピノザ講義』である。[*6]後者は、大戦後初めてソルボンヌで公式に行われた一九五八―五九年の二つのソルボンヌ講義の記録であり、単行本として出版されるに先立って、一九六〇年代、七〇年代に大学文書センターからその講義録刷りが出されている。数多の受講者のなかにはドゥルーズがいたと推察される。アルキエの教え子ドゥルーズの博士号請求副論文『スピノザと表現の問題』と対比されるべきスピノザ論と言ってよく、実際、わずか一箇所ではあるが、同論文にはアルキエの講義への参照を促す註が付されている。

ただ、ここで私が注目したいのは、「われわれはこの哲学〔スピノザの哲学〕を評価することに執着したのではない。われわれはただそれを理解しようと試みたのである」[*7]と、一九五九年の講義を締め括ったアルキエが、三五〇頁を超える論述の後に、「〔スピノザが十全な観念とみなす〕これらの概念に、われわれは思考の真の経験をつねに対応させるには至らなかった。この意味でわれわれは『エチカ』を「理解」していないと打ち明ける。本書はかかる告白の表明である」[*8]と記したことである。この口調と、デリダの先の「無理解」告白とが私のなかでハウリングを起こしているのである。

理解できなかった、という告白には様々な水準があるだろう。作家フローベールがスピノザを別格の存在として崇拝していたことをめぐって、デリダは論考を書いているが、そこで引用された、『エチカ』についてのブヴァール〔フローベールの小説『ブヴァールとペキュシェ』の登場人物〕の印象は、この「無理解」とどう関係するのだろうか。「それはあまりにも強烈すぎた。彼ら〔ブヴァールとペキュシェ〕は諦めた」[*9]。

ナンシーとスピノザ、そしてハイデガー

繰り返すが、何ひとつ理解しなかった、と言いつつも、いや、何ひとつ理解することなく、デリダは、極めて重要な論点について、目立たないとはいえ熟考を要請するような仕方でスピノザに言及していた。では、ナンシーはどうなのだろうか。

まず、先述したハイデガーにおける「スピノザの締め出し」について、コギトを出発点とすることなきスピノザに言及しないことで、ハイデガーによる主体性の形而上学の時代画定に問題が生じたと指摘するデリダ、その挙措を遥かに超えて、この「締め出し」が「無言症」

＊6　Ferdinand Alquié, *Le rationalisme de Spinoza*, PUF, 1981; *Leçons sur Spinoza*, La Table Ronde, 2003.
＊7　Alquié, *Leçons sur Spinoza*, p. 458.
＊8　Alquié, *Le rationalisme de Spinoza*, p. 354.
＊9　デリダ『プシュケー——他なるものの発明Ⅰ』藤本一勇訳、岩波書店、二〇一四年、四五五頁。

(mutisme) という必然的な症例で、先に示唆したように、だからこそ奇妙な同型性が生じていることを、ナンシーは一九九六年執筆の「ハイデガーの「根源的倫理」[*10]」の末尾で指摘している。私の知る限り、ナンシー以外の誰もこんなことは言っていない。誰もそれを真摯に受け止めて反応していない。

「根源的倫理」という称号を要請し、それを、哲学の存在論的と倫理的との一切の分割に先立つ「根本的存在論」と同定したからには、ハイデガーは『エチカ』と題された哲学の唯一の著書で、「論理学」にして「倫理学」であるのと同じく「存在論」であるような著書について、断固として沈黙しないわけにはいかなかった。スピノザについての彼の無言症はよく知られている。(……) エートスとは実存そのものが脱‐存することであると言明すること、それは、「至福は徳の報酬ではなく徳そのものである」(『エチカ』第五部定理四二) と言うためのいまひとつの仕方でありうるだろう。(PD 113)

二〇〇六年、ナンシーが来日したとき、すでにこの論考は書かれていたのだが、その存在を知らずにいた私は、件の「締め出し」について質問する機会を得た。その記録が残っている。まずラカンについて尋ねたのに続いて、スピノザについて問うた。回答は三つに分節される。

は「欠如なき充足の思想家」スピノザのアクチュアリティだ。

次にスピノザです。たしかに彼は西洋思想に現れた彗星のような存在であり、もしかすると、現代に到るまで、欠如の思考に陥らずに充足を思考した唯一の思想家なのかもしれません。だからこそ現代において多くの人が彼について語るようになったのです。スピノザにとって、欲望は欠如した対象への欲望ではありません。欲望は「コナトゥス」と呼ばれる運動、つまり努力です。この努力ないし運動により、ある存在が、自己自身を増大させるのです。そこでは欠如もなければ、何も喪失されていません。すべてが獲得されるべくしてあるのです。[*11]

第二は、ハイデガーについて。例外的にハイデガーがシェリング講義でスピノザ、というか汎神論に言及していることを指摘したうえで、ナンシーは、『ヒューマニズム書簡』でのハイデガーがスピノザを一顧だにしない振りをして読者を欺きながら、スピノザおよび『エチカ』

＊10　J.-L. Nancy, «L'"éthique originaire" de Heidegger», *La pensée dérobée*, Galilée, 2001.「ハイデガーの『根源的倫理』」合田正人訳『みすず』第四八八、四八九、四九一号、二〇〇一年一一月〜二〇〇二年二月。

＊11　J‐L・ナンシー「世界化の時代における政治」、『文学界』二〇〇六年七月号、一六八頁。

に非常に大きな目配せを送っていたとしている。

　第三は、スピノザへの留保。「我々はスピノザだけをもって事足れりとすることもできません。スピノザは、一方で、神学的なものと政治的なものを分離する明確な体制（スピノザは民主主義者であり、神学的権威と政治的権威の分離の思想家でした）、他方で、個人的な生と実存の明確な体制、この二つがあれば彼が「至福」と呼ぶもの（『エチカ』の最終定理において述べられているような、徳の報酬として得られるのではなく徳そのものとしての至福）へと確実に移行できると信じていたのです。スピノザのこの信頼はあまりに絶大なものであり、彼は、神学的なものと政治的なものの分離のうちに身をおくだけで、あるいはつねに存在を増大させる歓喜の欲望のうちに身をおくだけで、すでに「至福」に到達しているのだとさえ考えています。しかしスピノザは世界化された経済と国際法の問題も知りませんでした。したがって、これらの問題に対する答えをスピノザから直接引き出すことができるようには思われません」[*12]。

　この評価それ自体の正否はここでは問わない。ともあれ、まず第一に、ナンシー自身によって、ナンシーのスピノザへの関係についても、そのスピノザとハイデガーの関係についても、本質的な発言がすでになされているわけだが、それでもなお、「分割＝共有」（partage）、「コルプス」（corpus）、「単数複数存在」（être singulier pluriel）といったナンシーの鍵語とスピノザとのありうべき連関についてはいまだ十全に解明されていると言えない。第二に、無限／有限、囲い

（clôture）もそこに含まれるが、この視角から、これらの語の実際の用法を細かく根気強く辿ることで、ナンシーという哲学者に独特な身振りのみならず、特にデリダとナンシーとのいまだ明らかならざる関係も少しは明らかになるだろう。そして第三に、神学的なものと政治的なものとの分離というスピノザの主張への先の留保は、『神学・政治論』によるユダヤ教とキリスト教との脱構築をもってしても依然して残る課題があることを告げている。この残余、それはまた、「存在‐神‐学」（としての形而上学）の超克の後にも残る課題（Aufgabe）でもあって、この残余こそナンシーによって「キリスト教の脱構築」と名づけられたものなのだ。いずれの課題も途方もなく大きな課題で、もとより、ここでそれを遂行することはできない。時間の許す限り、その助走のごときものを試みたい。

有限／無限の相関

先にその一節を紹介したデリダ最晩年の鼎談はいささかユーモラスな始まり方をしている。ラクー＝ラバルトが「ジャックとジャン＝リュックに共通のモチーフ、無限な有限性（finitude infinie）というモチーフ」について議論しようかと提案すると、「たった今、きみは、無限な有

*12 同前、一六九頁。

限性というモチーフはジャックとジャン＝リュックに共通だと言ったけれど、君は自分を除外しているんだ！」とナンシーがすぐさま反応し、次いで、畳みかけるかのように、困惑するラクー＝ラバルトに「きみは、有限な無限性（infinitude finie）だ！」と言い放ち、この問題系を類型論的に、ラクー＝ラバルト「悲劇的なもの」、デリダ「決定不能なもの」、ナンシー自身「立ち上がり・復活《アナスタシス》」と振り分けているのである。

「無限な有限性」あるいは「有限な無限性」ということで、ナンシーが考えているのは、例えば、「無限な差延は有限である」（*La différance infinie est finie*）という、デリダ『声と現象』に記された事態であり、デリダ自身、「このような差延を、有限（finité）と無限（infinité）の対立において思考することはできない」と言っているのだが[*13]、finité と infinité が相対立するのとはちがって、finitude, fini(e), fin と infinitude, infini(e) は相互に対立し排除し合うことなく、finitude infinie, infinitude finie, une fin infinie といった複合形を成しうるのだ。このような撞着語法はナンシーの著作の随所に見られる。-itude(-tude) という語尾は事物あるいはその集合というよりもむしろ抽象的な様相、言い換えるなら、量的というよりは質的な様相を指し、それに、finir のみならず infinir とも記すべき動詞の動き・操作が過去分詞、現在分詞として形容詞的に付加されているのだ。infiniment fini(e) と副詞と形容詞が組み合わされているケースも多々ある。

この論点を追求することなしに、ナンシーを語ることはできない。にもかかわらず、西山雄

二、横田祐美子がわずかにそれを論じるにとどまっているように私には思える。

『ヘーゲル——否定的なものの不安』というナンシーのヘーゲル論は、そのタイトルからしてアドルノの『否定弁証法』を思わせる。négatif（否定的なもの）をどう捉えるか、「欠如なき充足」とどのようにつながるのかが問われねばならないし、この点ではすぐ後で触れるメルロ＝ポンティとの連関も銘記しなければならないだろうが、西山が日本語訳の「解説に代えて」で述べているように、ヘーゲルを、ヘーゲルの無限論を経由したことが、ナンシーに上記のような語法を許容した、ということは間違いない。（今日は考察を加えないけれども、アドルノの『否定弁証法』の冒頭では、軽々しく無限を口にする観念論が斥けられつつも、どうしようもなく無限と係わらざるをえない哲学のあり方が語られている。『否定弁証法』のみならず『ヘーゲル三研究』をも参照しなければならないだろう。）

ヘーゲルによると、無限と有限は単に対立するのではない。「悪無限」におけるように、有限が無限になろうとするのでも、無限があってしかるのちにそれが有限化するのでもないのだ。量的にではなく質的に、無限は有限に内在し、有限を、限界を内在させた、有限な物の肯定的規定であり円のような完成体であった。ナンシー自身はというと、ヘーゲルをこう捉えていた。

---

*13 Derrida, *La voix et le phénomène*, PUF, 1967, p. 114.『声と現象』林好雄訳、ちくま学芸文庫、二〇〇五年、二二九頁。

ヘーゲルは始めることも終わることもない。ヘーゲルは、始まりも終わりも明らかに存在せず、あるのはただ無限の十全でかつ全面的な現実性であって、それが有限なものを貫通し、それに働きかけ、それを変容しているのだとした、最初の哲学者である。(H 15／二三)

この箇所に、「この場合も、スピノザという例外を付け加える必要があるだろう」という註が付されていることを忘れてはならないが、このような認識のもと、ナンシーは、「静止せる弁証法」を語るアドルノと同様、「止揚」(Aufhebung) の不可能を指摘しつつ、「無限過程」を「一切の有限な規定の不安定性 (instabilité)」、まさに「不安・動揺」(inquiétude) として捉えた。in-fini の in という接頭辞、それが「否定的なもの」なのだが、それは「有限性は無限な連関のうちにある」(Elle est dans le rapport infini) という意味なのである。

ナンシーの国家博士論文『自由の経験』では、このような境地への道のりでナンシーが何と遭遇したかが語られている。　挙げられているのはサルトルの事例である。サルトルにおいて「有限と無限が並置されているとはいえ、両者を含むいかなる存在論的共同性も見つからないだろう。あるのは排除の様態だけだろう。サルトルの有限なるものは、無限であることの端的な妨げであり (それは悪無限にすぎない無限な人間性を漠然と投影することでこの苦痛を埋め合わせる)、彼のいう「無限」は有限の条件からの端的な離脱である。」(EL 127-128／一七〇)

サルトルだけではない、ハイデガーを解釈する際にも、ハイデガーが使うことなき「無限」という語が用いられている。prise infnie という表現が何を意味するのかまだ分からないけれども、その箇所を引用しておこう。

決断は、それを「救う」と他の場所でハイデガーは言っていた。「つまり、弛め、解き放つ、自由にする、免れさせる、避難させる、保護し、見守る」という意味においてである。このようにして救われるのは、存在の有限性である。それは「本質的な限定、おそらく本来的な実存の条件であるような有限性」である。有限性とは特異性のうちで、特異性として、存在が無限に拘束され（prise infnie）、モル的に拡大され、我性によって壊滅的打撃を被ることから退-避すること（se retirer）である。存在は有限性のうちに退-避し、「自己への集中」から退-避する。（EL 180／二四一）

ここでも、「退避」という運動がまずあって、いずれもその方位（〜から、〜のうちへ）として、「有限性」「無限」が相関的に語られている。更にこの点についての議論をつめるに先立って、二つのことを言っておく。

デリダはナンシー論『触覚——ジャン＝リュック・ナンシーに触れる』で、メルロ＝ポンティとナンシーとのあいだの「暗黙の親和性」を非常に微妙な仕方で語っている。「キリスト教の脱構築」という文脈において、「肉」「絡み合い」「間身体性」「方舟」などメルロ＝ポンティの観念が改めて検討されねばならないのは言うまでもないが、「無限」なるものも、メルロ＝ポンティからナンシー、あるいはデリダそのひとへと継承された問題であったと推察される。メルロ＝ポンティによると、一七世紀の「大合理主義」の秘密を握るのは「肯定的無限」(infini positif) の観念であり、「無限に無限なもの」(infiniment infini) ──「どこにもありどこにもない」(『シーニュ』所収) でのこの表現をナンシーは意識しているように思われる──である。しかし、デカルトを引き継ぐ一七世紀の大合理主義者たちによってあたかも「物」(quelque chose) のように語られた「肯定的無限」は、もはや真の無限ではなく、むしろ「開けの無限性」(infini d'*Offenheit*) ──理念化による無限ではなく生活世界の無限 (infini du *Lebenswelt*)、否定的〔ネガ的〕無限[*14]こそが今求められるべきなのである。

ここにいう大合理主義者のひとり、それがスピノザであるのは言うまでもないが、「どこにもありどこにもない」でメルロ＝ポンティは、レオン・ブランシュヴィックの『スピノザとその同時代人たち』に触れて、「ブランシュヴィックはスピノザのすべてを認めたが、『エティカ』の下降的順序だけは別だった。『エティカ』の第一書はその第五書が最初の書でないのと同様に最初の書でない、と彼は言っていた。『エティカ』は円環的に読まれなければならず、人間は神を前提とし、神は人間を前提としているのである」[15]と書いている。奇しくも、アルキエのデカルト論が引かれているのだが、アルキエ自身、神から始めることの不可能性を指摘していたのだった。

Partage（分有）――限界への暴露

ではナンシーは、どうすればスピノザを語ることができる、受け入れることができると考えたのだろうか。無限／有限について、ナンシーは、「無限なもの」あるいは「有限なもの」がある、といった含意を極力払拭するような表現法を練り上げていたが、アルフォンソ・カリオラートのスピノザ論の余白に書かれているように、「神」「自然」「実体」は「われわれとの関係」、そしてそれが「場」（lieu）であり「われわれ」なのだが、そのような関係としてしか存在しないしないのだ。尤も、それは「関係一般」と呼べるようなものではない。「関係はそのつど特殊で、固有で、様態化され、変化する。したがって、関係は諸項の彼方で実体化されうるもので

*14 Maurice Merleau-Ponty, *Le visible et l'invisible*, Gallimard, 1964, p. 223.『見えるものと見えないもの』滝浦静雄・木田元訳、みすず書房、一九八九年、二三七頁。
*15 Maurice Merleau-Ponty, *Signes*, Gallimard, 1960, p. 189.『シーニュ 1』竹内芳郎監訳、みすず書房、一九七四年、二四八頁。

はない。諸項は、関係-の-項である。スピノザの世界は何らかの設計図や諸要素から構築されるものではなく、直ちに顕われ、網状化されるものであり、それは、組織化されるというよりも、自らの織り目の不断の変様において、組み合わされ、織り上げられる世界である」[*16]。

今や、スピノザのいう「神」「自然」「実体」は分有（partage）そのものであり、être-en-commun（共存在）の創出としての分有は、もうひとつここで言っておくなら、スピノザにおける「共通観念」の創出に相当している、と私は思っている。更に、どんな個物も複合体であり、有限な個物において無限な実体があるていど表出しているというスピノザの見地は、ほかでもない「単数複数存在」のあり方そのものを表しているのではないだろうか。それは同時に分有の「限界」のあり方でもある。

「神」「自然」「実体」をこのように解釈する一方で、『エゴ・スム』においてすでに、ナンシーは、「真理はみずから自己を現出させる」という言葉でスピノザの没主体の思想を要約しながら、「〈主体〉の無限な基層化」をひたすら掘削するという課題をみずからに科し、揺るぎない土台＝出発点としてのコギトが不可能であることを示そうとしている。

ハイデガーがヘラクレイトスを踏まえて語ったポレモスと同様、分有は、ナンシーがデリダから微妙な仕方で継承したclôture（囲い）とdéclosion（脱閉域）との二重の動きから成るもので、偶々手元にある『脱閉域――キリスト教の脱構築1』に話を限るとしても、次のような箇所が見つかる。

「無限に差延される有限なパルーシアに入るようにして、死の中に入ること」l'entrée dans la mort comme dans la parousie finie qui se diffère infiniment（D 86／一一一）

「剥き出しにされ連れ去った、衣装が剥がれ落ちた、つまりは無限の逸走が剥き出しになること」(dérobée, robe tombée : mise à nu d'une échappée infinie)（D 127／一六九）

「意味そのものの無限の散種」dissémination infinie du sens lui-même（D 182／二四六）

「ウーシアを起点とする、ウーシアの無限の遠ざかり」l'éloignement infini d'*ousia* à partir de l'*ousia*（D 219／二九九）

このように、分有のいわば別名に infiniment という副詞、infini(e) が付されていることが分かる。「言語の形而上学は諸解釈の無限の連鎖（l'enchaînement infini des interprétations）へと運命づけられている」（OP 87／一〇三）という『哲学の忘却』の言葉もここに加えておきたいが、同書に記された、「ニヒリズムとは、意味作用がそれ自身から無限に（infiniment）逸走すること

＊16　アルフォンソ・カリオラート『神の身振り』藤井千佳世・的場寿光訳、水声社、二〇一三年、九五頁。

だ」(OP 70／八三)という文と第四の引用を結びつけて言うなら、infini(e), inifiniment は、同一的な〈自同者 Même〉に対する〈他者 Autre〉の衝撃ではなく、〈自同者〉と呼ばれるものそのものの動き、〈自同者〉が〈自同者〉であることの不可能性ないし決定不能性を表していることになるだろう。

分有は分割される「線」や「間」と係るもので、syncope(失神＝シンコペーション)と呼ばれるものもこの「間」の別名にほかならない。この点で、infinitésimal(無限小なもの)というこれまた途方もない問題を含んだ観念──アミーア・アレクサンダーの『無限小』(足立恒雄訳、岩波書店)を是非お読みいただきたい──と係らざるをえないのだが、『脱閉域』を見ると、「無限小の中断・宙吊り」(infinitésimal suspens)(D 106／一四〇)、「触れることの無限小計算が惹起する近さ」(la proximité que provoque le calcul infinitésimal du toucher)(D 167／二二六)とある。尤も、「無限小計算」「微分的・差異的計算(calcul différentiel)」「無限に小さな量(grandeur infiniment petite)」については、ヘーゲルを論じた『思弁的注釈』(一九七三年)ですでに議論がなされているのだが。その際、ジャン＝ジョゼフ・グーのきわめて重要な論文「微分可能なものと微分不能なもの」(『フロイト、マルクス──経済と象徴性』所収)に言及がなされていることも付言しておきたい(RS 56)。

有限／無限の問題系についてのナンシーの語法には、無限定 indéfini(ment)、無際限 interminable(ment) と無限 infini(ment) の関係など、まだまだ検討しなければならない点が多々あるが、その作業は他日に期するとして、最後の論点に移ろう。clôture（囲い）という観念が微妙な仕方でデリダからナンシーに受け継がれたと先に言ったが、「限界一般の論理」（logique de la limite en général）とナンシーが呼ぶものについてどのように言われているかを見てみよう。

> 限界は二つの縁（bords）を有しているが、この二元性は解消されえるものでないのと同様分離されてしまうものでもなく、その結果、内的縁に触れることはとりもなおさず外的縁に触れることでもある（外的縁に触れる、に「内部から」と付言することができるが、このことが叙述を無限でかつ目眩くものたらしめるのだ）。（EL 70／八九）

限界線には内的縁と外的縁があり、内的縁に触れても外的縁に触れることはできないとも言えるし、触れることができるとも言える。ナンシーは後者を選択している。今度は、外的縁それ自体を線として考えるなら、そこにもまた内的縁と外的縁があり、限界の内的縁に触れることは、その外的縁の内的縁に触れることであり、またその外的縁を線とみなすなら、と、それが無限に続くのである。二乗、三乗、と無限に。これが infiniment fini（無限に有限）というあり方ではないだろうか。この場合重要なのは、外的縁のそのまた外的縁に触れるとしても、それはやはり内的縁から触れることである、という点であり、これを言い換えるなら、「限界への曝露」(exposition à la limite)は「限界での曝露」(exposition à la limite)であり、「限界での曝露」は「限界への曝露」なのだ。「外記」(excrit)、「排除することなく表徴すること」(figurer sans exclure)、「外部の輪郭線を維持すること」(soutenir le tracé de l'extériorité)と言った表現の、ナンシー自身「政治的」と呼ぶ極度の重要性を銘記すべきであろう。

いささかナイーヴな仕方で、ナンシーは、clôture は ouverture(開け)であると断言する。

この clôture(囲い)はというと、形而上学が廃屋のように閉ざされていることを意味しているのではない。clôture はむしろ大きく開かれている、その完成〔終わり〕そのものによって、この力能・累乗(puissance)によって開かれており、この力能・累乗によってロゴスはみずからその終末と限界に立ち向かうのである。(OP 74/八七)

本論のタイトルに選んだ「無限なものの水平線」というニーチェの言葉はナンシー自身が『単数複数存在』で援用した言葉だが、これは ouverture が clôture であることを語るものだろう。ここで、ナンシーのいう「限界の論理」と、デリダの marge(余白)や marche(歩行)の論理との連関を考えるために、「近傍」(voisinage) という、ナンシーがほとんど使うことのない観念を援用してみよう。点Pを中心として円を描き、円周を含まない部分を「近傍」と呼ぶ。円周は含まない――ニコラウス・クザーヌスならどこにも円周はないと言うだろう――にもかかわらず、いや、だからこそ、この円周の外的縁を「分裂症」(schizophrénie) として措定し、その内的縁の外的縁と内的縁の入れ替わりとして領土化/脱領土化の動きを捉えたのがドゥルーズ=ガタリである。彼らが優れているのは、バリ島の人類学的考察からベイトソンが引き出したような、絶頂なき台地《プラトー》の中間性としてこの極限的円周を捉えたことだろう。

デリダはどうか。円周を含まない円の内部、それはまさに clôture だが、そこには、円周に至ることがないがゆえに踏破不能な、それゆえ未知の領野が「内包」されている。それが marge や marche である。デリダは、レヴィナスを論じながら、「諸存在者の全体性――それが有限であれ無限であれ」と、「全体性」と「無限」の対立を崩しながら、「ひとつのシステムは有限でも無限でもない」、「散種の多義的な段階が無際限に繰り返される。ゲームは有限でも無限でもない」といった具合に、[*17]「~でも~でもない」という neutrum の論理に訴えている。

ナンシーが自分の positions についてどう考えたかは分からない。が、一方で『ミル・プラ

*17 デリダ『エクリチュールと差異』合田正人・谷口博史訳、法政大学出版局、二〇一三年、一七七頁、二三九頁。デリダ『散種』藤本一勇・立花史・郷原佳以訳、法政大学出版局、二〇一三年、五六七頁。

ト－』で語られる「平滑空間」への『自由の経験』での言及を、他方で、「器官なき身体」を持ち出すことへの根本的疑義を吐露した『触覚──ジャン＝リュック・ナンシーに触れる』でのデリダの挙措を思うとき、その中間にあって、ナンシーは「有限であれば無限でもある」の論理を展開しようとしたのではないかと推察される。一方に、「共通観念」の積極的生成を語るドゥルーズを置き、いま一方でデリダのいう余白（marge）、あるいは、複数の終焉＝目的（les fins）に想いを寄せながら、marge や marche を en-commun（共同態）と名付けて、それを生きなければならなかったナンシー。なぜ彼が「キリスト教の脱構築」を終わりなき最後の課題としなければならなかったのか、デリダにはその途方もない重みがわかっていたと思われるが、その点もこのような positions に由来するものと思われる。

途切れつつ続く流れ

——ナンシーとブランショ

郷原佳以

ナンシーとブランショ——イメージの問題化

ナンシーとブランショの関係をめぐっては、二人がともに共同体論を発表した一九八〇年代よりも、ナンシーが二〇〇一年に『対決された共同体』を刊行してからのここ二〇年ほど、なかでも、二〇一一年に『モーリス・ブランショ　政治的パッション』、続いて二〇一四年に『否認された共同体』を刊行してからのここ十年ほどの間に多くのインクが費やされ、ときに哲学者自身を招いての対談や座談会で多くの発言が行われた。問題は、二〇〇〇年代以降に再開されたナンシーの共同体論におけるブランショに対する態度の変節とも呼べるものである。『対決された共同体』から『否認された共同体』に至るナンシーのブランショ批判とは、おおよそ次のようなものである。ナンシーはブランショのドイツ・ロマン主義論から「無為」概念を引き受けて『無為の共同体』を書き、ブランショは『明かしえぬ共同体』でそれに応じたが、そこで「無為」概念を真摯に受け止めなかったのみならず、その第二部でデュラス『死の病』の読解を通じて「恋人たちの共同体」を語った。ナンシーはそこから、ブランショは共同体論の核心にキリスト教的な肉の交わりを「明かしえない」「作品＝営み（œuvre）」として保持しており、それゆえ「明かしえぬ共同体」とは共同体の「否認」に他ならないとした。ナンシーによれば、結局のところ『明かしえぬ共同体』のブランショは神話的、さらには否定神学的な共同体論から逃れておらず、「明かしえぬものの告白は神話への依拠の告白だ」[*1]ということになる。本稿で焦点を当てたいのは、しかし、あまり幸福なものとは言えなかったこのナンシー晩年のブランショとの関係ではなく、元々は二人を結びつけていた共通の問題意識である。

私たちの仮説では、ナンシーはその活動初期、すなわち一九六〇年代初めからブランショと問題意識を共有している。それは、一言で言えば「イメージと神話」の問題、すなわち、神話への基盤となる集団的同一化に資するイメージに抵抗する何らかの他なるイメージの探求である。この前半の問題意識からまず想起されるのは、ラクー＝ラバルトとの共著『ナチ神話』だろう。「作品＝営み」も広い意味でのイメージと取るなら、その批判である『無為の共同体』も思い浮かぶだろう。しかし、『ナチ神話』のみならず、ナンシーとラクー＝ラバルトは一貫して、神話化に堕するイメージの危険性とそれに抵抗するイメージの問題を追究しており、それはブランショが初期から追究していたテーマであった。とはいえ彼らは、ブランショが文学において追究していた問題を、哲学と呼ばれる領野と文学と呼ばれる領野に通底する呈示＝描出Darstellungの問題として追究した。彼らは、カントによってもたらされた主体の危機、および、美という感性的形式による「主体」の呈示＝描出の問題によってその可能性が開かれた運動としてのドイツ・ロマン主義[*2]（AL 42-46）について『文学的絶対』という総覧を著したが、同書に代表される共著で執拗に問われているのは、哲学＝文学における呈示＝描出の問題であり、そこに彼らの活動の特徴と意義がある。

西山達也の指摘によれば、一九六三年の『精神現象学』をめぐる修士論文「形象と真理——ヘーゲルによる啓示宗教の分析における表象の問題」においてすでに、ナンシーは「「表象の問題」に正面から取り組んで[*3]」おり、表象の限界としてのイメージの問題は初期から晩年までナンシーを貫いている。そしてそれは一方で、ハイデガーが「世界像の時代」で示した、表

＊1　J.-L. Nancy, *La communauté désavouée*, Galilée, 2014, p. 134.
＊2　以下も参照。柿並良佑「「断片」の理論——ラクー＝ラバルト／ナンシー『文学的絶対』読解」『哲学の探求』第三七号、二〇一〇年六月、七七–七九頁。
＊3　西山達也「ジャン＝リュック・ナンシーと「表象の問題」」、ジャン＝リュック・ナンシー『訪問』西山達也訳、松籟社、二〇〇三年、一〇〇頁。

象の担い手である人間が自らをイメージの内に置くというカント以降の近代固有の問題であると同時に、他方で、当初から「啓示宗教としてのキリスト教に内在する問題」だった。[*4]西山達也は、九〇年代までのラクー＝ラバルトとの共同作業を経て、イメージをめぐって「ラクー＝ラバルトが「脱形象化」と呼ぶしかないような最小限の形象性へと向かうのに対して、ナンシーは表象における過剰さとその形式の複数性に固執」し、次々と芸術論を著すようになったと整理している。[*5]ブランショは、ラクー＝ラバルトと同様、「脱形象化」としての「最小限の形象性」へ向かったと考えられる。しかし、ナンシーは少なくとも二〇〇〇年代初頭まで、その要請を深く理解する者だった。その要請とは、一言で言えば、「断片の要請（l'exigence fragmentaire）」である。これは『文学的絶対』第一部「断片」第一章の表題だが、同章の末尾でブランショのドイツ・ロマン主義論「アテネーウム」（一九六四）が参照されており、「断片の要請」とはそこでのブランショの言葉である。[*6]つまるところ、『文学的絶対』というプロジェクト自体が多分にブランショの「アテネーウム」に触発されたものであり、先述の通り、「無為」という語もそこに現れている。しかし、いわばブランショにはブランショの文脈があり、「断片の要請」は必ずしもドイツ・ロマン主義に収斂しない。ブランショは一九六〇年前後から、「国際雑誌」の企画という具体的な実践の場において「セリー」「短形式」そして「断片」の問題にこだわっており、その際の主たる参照項はヘラクレイトスだった。以下では、ブランショとナンシーの関係の痕跡を六〇年代から辿ってみたい。

dis-cours と discours

一九六〇年一月、ブランショはクレマンス・ラムヌー『ヘラクレイトスあるいは物と言葉の間の人間』の刊行を受け、『新フランス評論』誌に「ヘラクレイトス」という論考を発表する。この論考は一九六八年にラムヌーの著作の第二版序文となり、その後『終わりなき対話』に収められる。ブランショが注目するのは、ヘラクレイトスの思考の形式（forme）ないし様式＝文体（style）である。というのも、ラムヌーを通してブランショが言うところによれば、ヘラクレイトスによって「物の秘密を述べるための類例のない発明が形をなした」からである。ブランショはその驚異を繰り返し強調する。なぜそれはかくも決定的な出来事だったのか。それはなぜなら、ヘラクレイトスの言葉が、「素朴な語の豊かさと、簡潔でイメージを奪われた、まるで禁欲的であるかのような言葉がもつ、照明の力」を発見したからである。ヘラクレイトス

＊4　同前、一〇二―一〇六頁。
＊5　西山達也「イメージ・神の死・共実存」、ナンシー『イメージの奥底で』西山達也・大道寺玲央訳、以文社、二〇〇六年、二四〇頁。
＊6　Maurice Blanchot, «L'Athenaeum», *NRF*, 141, 1964, p. 312. «L'Athenaeum», *L'entretien infini*, Gallimard, 1969 (EI), p. 526.「アテネーウム」安原伸一朗訳、『終わりなき対話III』筑摩書房、二〇一七年、一四〇頁。

が〈謎の人（obscur）〉であるのは、彼が言葉の二重性を最初に明らかにした人物だからである。つまりこの哲学者は、ブランショによれば、「言説（discours）〔『終わりなき対話』版：エクリチュール（écriture）〕において、飾り気のなさと濃密さとのあいだに、そして諸形式からなる構造の単純さと複雑な配置とのあいだに、相互の呼応を生じさせ、そこから出発して、言語の暗さ＝晦渋さ（obscurité）と物の明るさ、語の二重の意味を支配することと、様々な仮象の散逸の秘密とのあいだに、〔『終わりなき対話』版の加筆：言い換えれば、おそらくは、dis-cours〔断絶しつつ流れる言葉〕とdiscours〔一貫した言説＝論証〕のあいだに〕相互の呼応を生じさせ」たからである。ブランショは、単数中性形名詞の使用、「生（生きる）」と「死（死ぬ）」等の反対語の結合や代置等、ヘラクレイトスの言語の計算され抜かれた精緻な構造を具体的に示す。そこから明らかになるのは、ヘラクレイトスの言語は、人間が、ラムヌーが「教え（leçon）」および「対話（entretien）」と訳すことを提案した「ロゴス」へと接近することなく接近するための道だということである。というのもヘラクレイトスによれば、「ロゴス」とは人間の近くにありながら人間を遠ざけるものであり、集結させながら散逸させるもの、すなわち「差異の場」であり、なおかつ、この相反対立は、師と弟子の対話における「疎遠であると同時になじみ深い」理解の様態だからである。その点においてブランショは、ラムヌーに倣い、ヘラクレイトスをソクラテスの先駆とする可能性を読み取る。*7

一九六三年三月、ブランショは『新フランス評論』誌に「思考とその形式」という論考を発表する。後に「思考と不連続性の要請」と改題されて『終わりなき対話』冒頭に収められるこの論文は、「詩には形式があり、小説にも形式がある。哲学的探究（recherches）［『終わりなき対話』版：探究］は[*8]［…］」と始まる。続く頁で提示されるのは、「形式」という観点から整理される哲学史である。ただしブランショは、表題と冒頭では「思考」、また「探究の形式」という表現を用い、その担い手は「探究者」と呼んでいる。「探究者」の形象を分類整理する際には、その例のなかにサド、フロイト、アインシュタイン、マルクス、レーニンを入れており、「探究」は狭義の「哲学」ではない。ブランショは同時期に別の論考で、「哲学者とは恐怖を抱く者」、「恐怖」によって「見知らぬものとの一種の関係」を可能にする者であると「バタイユの語を借りて」述べ、「驚き」を哲学の出発点に置くプラトンやアリストテレスに対して「現代的な」定義を提案しているが、[*9] 彼が対象としているのはこのような意味での「哲学的探究」

＊7　Blanchot, «Héraclite», *NRF*, 85, 1960, p.97-100. EI, p.122-125. 西山達也訳、『終わりなき対話II』筑摩書房、二〇一七年、一一一一一八頁。

＊8　Blanchot, «La pensée et sa forme», *NRF*, 123, 1963, p. 493. «La pensée et l'exigence de discontinuité», EI, p. 1. 湯浅博雄訳、『終わりなき対話I』筑摩書房、二〇一六年、三九頁。

＊9　Blanchot, «La connaissance de l'inconnu» (1961), EI, p. 70. 「未知なるものを知ること」上田和彦訳、同前、一三四頁。

だと言えるだろう。しかし、「探究の形式」と言ったとき、一見すると二つの含意があるように思われる。すなわち第一に、探究そのものの形式、つまり探究の「方法＝道行（meta-hodos）」、そして第二に、探究を提示する形式、すなわち言説（discours）の様態である。ブランショが論考冒頭で取り組むのは、さしあたりはこの第二の意味、すなわち探究の提示法の問題のように見える。以下、ブランショの見立てを整理するが、その特徴は、探究を教育と結びつけるところにある。

ブランショはまず、探究のもっとも一般的な提示法は「論文（exposé）」であるとする。「論文」の典型は「学校や大学での小論文」であり、この形式は中世にトマス・アクィナスが完成した「制度と教育としての哲学」から生まれた。とはいえ探究と制度や教育の結びつき自体はすでにヘラクレイトスにおいて認められ、次いでソクラテス、プラトン、アリストテレスにおいて強固となる。この三人にとって「教育は哲学である」。しかし、これらのギリシア哲学の言語は未だ「小論文」の言語ではない。だが中世には国家や教会によって哲学が急速に制度化されてゆく。ところが近代になると、そうした趨勢に反抗する偉大なる異分子が現れる。モンテーニュ、デカルト、パスカル、スピノザ、そしてルソーである。デカルト『方法序説』の「形式はもはやたんなる「論文」のそれではなく［…］探究の運動そのものを記述している。その探究は思考と実存を根本的な経験において結びつける歩みの探究、すなわち方法＝道行の探究であり、この方法＝道行は問いかける者の立ち居振る舞いである」。ここに指摘されているのは、先に便宜上区別した二つの「探究の形式」の一致である。順序としてまずは探究の提示法の分析を行ってはいるが、ブランショの関心の在処は探究の形式とその提示の形式が一致する次元である――とはいえそのことは、「教育は哲学である」という言い回しにすでに表れている。続いて、パスカルに関して dis-cursus という語が現れる。「彼の言説（discours）は思考と死による二重の分離によって dis-cursus、つまり分離し中断された流れとして現れており、それは初めて断片の観念を一貫したものとして課している」。そしてルソーの時代、啓蒙時代には作家が哲学を担うようになる。「書くことは哲学することである」。しかし、その後、十八世紀後半から十九世紀になると、哲学はフランスよりもドイツで黄金時代を迎え、そこで強化されるのが哲学と大学の結びつきである。「カント以後、哲学者は基本的に教授である」。そしてこの教授としての哲学者像を極限的に体現したのがヘーゲルである。「ヘーゲルにおいて哲学は結集し完成したが、彼の仕事とは、教壇の上から語り、教師としての形式の要請に従って講義を準備し思考することである」。かくして〈哲学者〉そのものであるヘーゲルにおいて哲学の思考は教育の形式に「従う」ことになった。ヘーゲルの後にはまた、大学的な言葉に自らの思考を合わせることができない哲学者が現れる。キルケゴール、ニーチェ、そしてサドである。とはいえ、哲学と大学の結びつきはもはや否定しえず、それは二〇世紀のハイデガーに顕著に表れている通りである。

以上がブランショによる哲学形式の歴史の概要である。ここから浮かび上がるのは、ブランショが一貫して探究と教育の結びつきを強調していること、そしてそのことを必ずしも否定的に捉えてはいないことである。実際ブランショは、以上の概観を受けて、「探究者の形式的可能性」を四つの型に分類するのだが、それは一、教師、二、研究者、三、実践家、四、作家であり、筆頭に挙がるのは教師である。そして、この類型化を受けて著者は、「古代から一貫して続く哲学と教育の結びつきを問い直す*[10]」ため師弟関係をめぐる考察を始める。

それによれば、哲学的探究において問題になっているのは「見知らぬもの」である。そしてその「見知らぬもの」は、すべての言葉を潜在的に基礎づけている師弟関係における「無限の距離」において顕現する。したがって教育は、ある条件下において、哲学的探究を遂行するのに相応しい「形式」である。そのような教育においては探究そのものの形式と探究の提示法としての形式が区別できないものとなる。とはいえ、そこにも対照的な二つの型がある。ブランショは、「見知らぬもの」に対する解決法として、一方にパルメニデスからヘーゲルに至る連続性の追求を、そして他方に「中国思想、ヘラクレイトス、そしてそれを参照しているプラトンの対話」、そして先の四類型において「教師」ではなく「作家」に分類された「パスカル、ニーチェ、バタイユ、シャール」を「断片の文学」の名の下に挙げる*[11]。このうちヘラクレイトスとプラトンは、先に概観した哲学の形式史において、探究と制度や教育との結びつきが指摘されていた哲学者である。ブランショはそこで、前掲の「ヘラクレイトス」の論点を繰り返し、次のような注釈を加えていた。「ヘラクレイトスは教えるだけでなく、彼が語るときに現れる「ロゴス」の意味は「教え」という語のうちに含まれるようだ。「教え」、すなわち全員に向けて数人で言われること、「知的な会話」、とはいえ聖なる制度的枠組みのなかに移し換えられねばならない対話[*12] (entretien)」。これらの論考が収められる書物を『終わりなき対話(*L'Entretien infini*)』と題するとき、ブランショの念頭にはヘラクレイトス的ロゴス、すなわちdis-cours としてのdiscours があったに違いない。さらに言えば、「ヘラクレイトス」でdiscours が écriture に言い換えられたことからすれば、ブランショの「エクリチュール」は狭義の「書くこと」ではない。それは、思考=探究と区別できないものである限りでの——すなわち表象ではない——呈示である。

*10 Blanchot, « La pensée et l'exigence de discontinuité », EI, p. 2-4. 同前、四〇–四三頁。
*11 *Ibid.*, p. 6-7. 同前、四五–四六頁。
*12 *Ibid.*, p. 2. 同前、四〇頁。

哲学者は作家か？

　ナンシーは後期のイメージ論において呈示の問題に取り組み続け、ついには、ハイデガーのカント論の読解から、超越論的構想力による図式機能において図式はイメージに先立つ純粋イメージとして自己を呈示すると論じるに至るが、[*13]先述の通り、呈示は初期からナンシー（とラクー＝ラバルト）の問題であり、しかもそれは、哲学と文学を貫く問題だった。彼らのドイツ・ロマン主義への関心は「カントがロマン主義の可能性を開いた」（AL 42）ゆえであるが、そのことを証するように、『文学的絶対』に先立ち、彼らは一九七五年に『ポエティック』誌で「文学と哲学の混ざり合い」特集号を企画し、そこで、己の哲学の呈示の問題にぶつかった哲学者たちとして、シャフツベリ、ヘムスターホイス、シェリングの注釈付きアンソロジーを編み、かつ、ラクー＝ラバルトはフリードリヒ・シュレーゲルの『ルチンデ』を論じた「呈示不可能なもの」を、そしてナンシーはカントにおける呈示の問題を論じた「ロゴダイダロス（作家カント）」を発表した。この論考は、その後、終章と序文・結語を付け加えて一九七六年に『シンコペーション〈切分法、語中音消失、失神〉の言説一　ロゴダイダロス』として刊行された。カントの批判書が美学と哲学の間にかけた橋にして深淵によって開かれた危機がドイツ・ロマン主義を生み出したのだとすれば（AL 46-47）、ではカント自身はどうだったのか、という問いに、ナンシーは『文学的絶対』以前にすでに取り組んでいたわけである。

哲学者は作家か？　この問いにナンシーならウィと言ったことだろう。というのも、「ロゴダイダロス」は、「いかに哲学を呈示する（présenter）か？」（DS 18）という問いへの取り組みとして、副題の通り「作家カント」あるいは、カント自身の明確な否定にもかかわらず、「ロゴダイダロス（言葉職人）[*14]」カントに焦点を当てているからである。同書では最終的に、「作家－哲学者、哲学者であるがゆえに作家であるカントは彼自身、彼が公然と非難するところのロゴダイダロス、言葉を作る者である」（DS 97）と論じられるに至る。ロゴダイダロスを揶揄する身振りにおいてソフィストを揶揄するソクラテスを反復する哲学者カントが実はロゴダイダロスである、という議論の立て方自体は、デリダのプラトンやルソー読解を想起させる、いわゆる脱構築的なものと言える。そこで浮き彫りにされるロゴダイダロスは、名作家、名匠などではなく、「不味い本」しか書けず、そのことに苦慮する作家－哲学者である。ナンシーによれ

---

*13　J. -L. Nancy, «L'imagination masquée», *Au fond des images*, Galilée, 2003.「仮面の構想力」、『イメージの奥底で』前掲訳書。

*14　「ロゴダイダロス」とは、『パイドロス』266eでソクラテスが弁論家テオドロスについて揶揄的に述べ、カントが『人倫の形而上学』序文で一部の学者を指して用いた語である（DS 60）。「ただ衒学者が学問だけにふさわしい学術用語でえらそうに公衆に向かって（壇上から、通俗書で）語るからといって、それを批判哲学者のせいにすることはできない。それは、言葉尻に拘泥する人（logodaedalus）の愚かさが文法学者のせいではないのと同じである。」『人倫の形而上学』、『カント全集11』樽井正義・池尾恭一訳、岩波書店、二〇〇二年、一七頁。

ば、ニーチェとは逆に、カントの批判書は「なぜ私はかくも不味い本を書くのか」というモチーフに満ちている（DS 28）。とりわけ『純粋理性批判』第二版序文や『プロレゴメナ』にそれは顕著である。ナンシーが浮き彫りにするのはまた、文学的でない哲学者として作家たちから揶揄される者でもある。本書にはドイツ・ロマン主義からヴァレリー、プルーストに至る実に様々な作家たちによる「カント」への言及が鏤められている。たとえば、「ニーチェが文学に属しているのと同じくらい確実に、カントは文学に属していない」（ジュリアン・グラック）（DS 136）。ところで、「思考とその形式」において「カント以後、哲学者は基本的に教授である」としかカントに言及していないブランショはおそらく、グラックと同様、ニーチェやハイデガーは作家だがカントやヘーゲルはそうではないと考える作家の一人だろう。著作全体を見ても、ブランショは特にカントを論じてはいない。

ところが、ナンシーにとってはそうではない。先述の通り、『ロゴダイダロス』は『ポエティック』誌版に終章と結語を付け加えて刊行されたのだが、その最終頁で「カントのもっとも厳密な注釈者」として登場し、同書を締め括るのは——二年後の「断片の要請」でもそうであるように——ブランショである。そこで参照されているのは、一九七一年の『アーチ』誌メルロ＝ポンティ特集号に掲載された「「哲学的言説」なるもの」というメルロ＝ポンティ追悼文である。そこでは、二年前のメルロ＝ポンティの死の不意打ちの様態をも考察対象に重ね合わせながら、「哲学的言説」というものについて、メルロ＝ポンティとの、とりわけ、遺稿『見えるものと見えないもの』との対話が試みられている。ナンシーが引用するのは、その最後から二番目の文である。

哲学的言説というものは、ある時点においてつねに失われる――それはおそらく、失い、失われるひとつの容赦ないやり方にすぎないものでさえあるのだ。[*15]

「「哲学的言説」なるもの」は、紛れもなくメルロ＝ポンティとの対話であり、メルロ＝ポンティ自身が哲学の言葉の問題を考究し続けた者だったからこそ書かれえたテクストである。しかし、ブランショの考察としては、先に見た「ヘラクレイトス」や「思考とその形式」の延長線上にあり、哲学的探究の形式としての discours ＝ dis-cours をめぐるものである。そこで、ここでは、ナンシーがなぜこのテクストを『ロゴダイダロス』の締め括りに引き、さらにはブランショを「カントのもっとも厳密な注釈者」と呼んだのかという点に絞って、このテクストと『ロゴダイダロス』を確認しよう。

---

*15 Blanchot, «Le «discours philosophique»», *L'Arc*, n° 46, «Merleau-Ponty», 1971, p. 4.「「哲学的言説」なるもの」豊崎光一訳、『現象学研究 特別号 モーリス・メルロ＝ポンティ』一九七六年、九頁。

「「哲学的言説」なるもの」において、ブランショはまず、「哲学の言語」について問いかけながら、哲学者と作家を接近させる。なぜなら、「哲学はそれを担うであろう人の消滅を、あるいは少なくとも哲学主体の位相の変化を前提し、要求する」ものであり、作家もそうであるがゆえに、どちらもそう「名指されることを受け容れるわけにいかない」、「自分の肩書に対する資格のない」者だからである（だから、哲学者は「哲学者」を自称しない）。続いて、哲学は一方で、体系を形作り、完遂に向かう言説であり、他方で、中断し欠落のある断片的な言説であるとした上で、次のように述べる。「この言説はすべてを言う、あるいはすべてを言いうるであろうに、それを言う能力をもたない——それは能力なき可能である」[*16]。ついで、哲学は「生な、あるいは野生の存在の再獲得として、雄弁な言説の諸手段によって完遂されうるのか、それとも、哲学が言おうとしているところのことに哲学を比肩させるためには、それらの諸手段から無媒介的ないし直接的な能力を奪うような用い方をそれらの言語についてするべきなのか」という、『見えるものと見えないもの』に残されたメルロ゠ポンティの自問[*17]に応じるようにして考察を進めるとき、そこに、dis-cours という語が現れる。

彼〈哲学者〉の言っていることの背後には、彼から言葉を取り去る何ものかがあり、それはまさしく、権利なき、記号なき、非合法の、歓迎されず、縁起の悪い、そしてまさにこの理由によって猥雑なあのdis-cours〔中断しつつ流れる言葉〕、つねに幻滅と断絶のdis-coursであり、そして同時にあらゆる禁止を越える、もっとも侵犯的なもの、侵犯しえぬ〈外〉にもっとも近いものだ――この意味において、メルロ゠ポンティが暗示していたあの生な、あるいは野生の(あるいははぐれた)何ものかにつながる。[*18]

そして、そのような哲学者の果たすべき務めは、たとえ教壇に立って口頭言語で教えるとしても、「「それは流れを続ける(ça suit son cours)」以外には何も言うべきことはあるまいささやきが」彼に代わって溢れ出し、自らの場を見出すように、「身を引くこと」である。[*19]「それは流れを続ける」という表現は、このテクストを締め括るものでもあるのだが、これはヘラクレイトスの川の断片「同じ川に二度入ることはできない」を念頭に置いたものであるように思われる。ブランショによれば、「それは流れを続ける」としか言いようのない他なる言葉――それはdis-coursだが、それ自体は流れ続ける――に場を譲る務めを負った者が哲学者なのである。

＊16　*Ibid.*, p. 1-2. 同前、三－五頁。
＊17　Maurice Merleau-Ponty, *Le visible et l'invisible*, Gallimard, 1964, p. 139.『見えるものと見えないもの』滝浦静雄・木田元訳、みすず書房、一九八九年、一四三頁。ブランショは出典を明示していない。
＊18　«Le «discours philosophique»», *art. cit.*, p. 2.「「哲学的言説」なるもの」、六頁。
＊19　*Ibid.*, p. 3. 同前、七頁。

この dis-cours を「シンコペーションの discours」と言い換え、この務めを「汝 discourir すべし（tu dois discourir）」と言い表してカントに見出したのが、ナンシーの『ロゴダイダロス』である。基本となるテクストは、『純粋理性批判』第二版序文における書き直しをめぐる一節である。「（哲学の論文は、数学の論文ほどすきのないように武装するわけにはいかないから）[*20]」という一文を含むこの一節の全体を引いた上で、ナンシーはその要点を以下の三点にまとめる。一、論文は「内容」に対して独立しておらず、異質でもない。二、哲学は開陳される（s'expose）限りにおいて特別な脆弱さを示す。三、以上の原理にして結果として、哲学はそのものとして、傷つきやすい開陳（exposition vulnérable）を受け入れ、そして打撃に身を曝すこと（s'exposer）を避けえない（DS 38-41）。

　哲学論文と対照的に「頑丈」なのは数学論文である。この観点はカントに Darstellung を二分させるに至る。「哲学的認識は概念による理性認識であり、数学的認識は概念の構成による理性認識である。ところで概念を構成するとは、概念に対応する直観をア・プリオリに呈示する（darstellen）ことである」（「純粋理性の訓練」第一章第一節）。数学的方法は哲学的方法によって模倣されうるものではなく、概念を定義できるのは数学のみである。そこでカントは厳密な Darstellung を数学に委ね、哲学には Exposition を割り当てる。「私は定義という語の代わりに、解明 Exposition という語を用いたい。この語ならまだしも控え目で慎重なところがあるから［…］」。以上を受けてナンシーは言う。「論証（discours）は、したがって、哲学に固有の秩序であり、この秩序は原初的な構成と呈示のシンコペーションから生じる。論証（discours）は直観のシンコペーションから生じ、解明（exposition）という様態で直観を代補する」（DS 42-43）。「要約」においてナンシーは述べている。

哲学的言説はシンコペーションの上に、あるいはシンコペーションによって分節される。それはシンコペーションの決定不可能な契機によって「述べられる＝保持される」。この契機、この産出様態、この書き込み体制はカントのものである。つまり、今日もなおカントのものである。哲学におけるカント的機能とは、言説＝論証（discours）への全的な意志にもかかわらず、哲学のシンコペーションを提示する――あるいは、その切り込みを入れる、と言うべきだろうか――ことにある。哲学は、たとえ構成上許容しえない場合でも、つねにこの機能を内包してきた。［…］したがって、哲学は自ら激し、自らの言説をこの「カント的機能」の上で震わせる（震えない者は哲学者ではない［…］）。この言説の消尽に限界まで付き合おうとするのでなければ、哲学をする意味はない。というのも、この限界の

＊20　カント『純粋理性批判』篠田英雄訳、岩波文庫、上巻、一九六一年、五二―五三頁。

上でのみ、ひとは哲学のチャンスに賭けることができるのだから。哲学に賭けられているのは「利益」ではなく、この奇妙な「汝論じる discourir べし」の厳命であり、先行規定であり、それによって、ひとつの文明の全歴史が養われ、かつ、消尽するのである。(DS 17-18)

この「汝論じる discourir べし」による「言説の消尽」の延長線上にドイツ・ロマン主義の「断片の要請」がある。少なくともナンシーはそう考えているだろう。

†

一九八〇年代頃から、おそらく『ナチ神話』や『無為の共同体』などの考察を経て、ナンシーのテクストのなかに、以上のような dis-cours の要請への着眼点がいささかブランショから逸れていくような兆しが見え始める。けれども、少なくとも一九六〇－七〇年代には、dis-cours、「シンコペーションの言説」、あるいは断片の要請は、ブランショとナンシーが共に場を譲ろうとした流れ（cours）であったように思われる。

ナンシーとレヴィナス
――sensについて

渡名喜庸哲

ジャン＝リュック・ナンシー（一九四〇－二〇二一）とエマニュエル・レヴィナス（一九〇六－一九九五）――この二人の思想はどのように交差ないし共鳴するのだろう。

おそらく世代の差ゆえだろう、レヴィナスからナンシーへの言及は、知るかぎり皆無である。一九八〇年に南仏モンペリエで開かれたシンポジウム「精神分析はユダヤ的な歴史か」にはともに登壇をしたようだが、七〇代の老哲学者と、四〇歳の新鋭のあいだになんらかの対話があったという記録は確認されない。他方で、ナンシーからレヴィナスへの言及もそれほど多くない。

九〇年代までは散発的な言及がいくつか見られるのみだったが、ただし、二〇〇〇年代以降、レヴィナスへの言及が増えていく。[*1] とりわけナンシーは、レヴィナスの遺稿のうち、「エロス」と題された未刊の小説を中心とした編集に携わり、この小説が収められた『レヴィナス著作集』第三巻に序文を書いている。[*2] ナンシーはかつて、「愛に関するあらゆる哲学的な探求は今日、間違いなくレヴィナスに負うところがある」と書いていたが（PF 260／三〇六）、秘められていたこの「愛」というテーマを、レヴィナスの残した痕跡のうちに見出したのかもしれない。

だとすれば、ナンシーとレヴィナスを結びつける場合には、エロスないし愛というテーマがもっとも適切なように思われるが、ここでは、むしろ sens という問題系に注目したい。sens をめぐる問題系を共通の磁場としてこそ、エロスないし愛を含め、両者のさまざまな交錯が浮かび上がると思われるためである。

実際、この sens をめぐる問題系は、ナンシーの思想の中核にあったといって過言ではない。ナンシーの八〇年代の仕事を代表するのが『無為の共同体』や『声の分有』における「共同体《コミュノテ》」や「分有《パルタージュ》」だったとすれば、九〇年代以降、『世界の意味』という著作を筆頭に、sens の問題がかなり主題化されてゆく。二〇〇二年に国際哲学コレージュで行われたナンシーをめぐるシンポジウムはまさしく「あらゆる意味での sens」と題されている。

他方で、sens の問題は、それほど主題的に語られることが少なかったとはいえ、レヴィナスにとっても一貫して重要な意味をもっていた。以下では、sensというテーマをめぐる両者の思想の痕跡をたどりなおすことで、ナンシーとレヴィナスとのあいだのありえなかった対話を浮かび上がらせ、両者の思想を共鳴させることを試みたい。

sensの意味

フランス語のsensはきわめて多義的である。英語ではsenseだが、それに由来するカタカナ語の「ナンセンス」、「センスがいい／悪い」、「バッティングセンス」、「社会人としてのセンスを問われる」といった表現を思い浮かべるだけでその一端は掴めるだろう。ナンセンスが「意味がない・無意味である」ということなら、「センスがいい／悪い」は嗜好・感性を、「バッティングセンス」はむしろ感覚的な能力を、「社会人としてのセンス」は良識や道徳感覚などを含意しているだろう。

ナンシーは『世界の意味』という著作でこのsensの多義性そのものを問題にしている。そ

＊1　詳細については、伊原木大祐・伊藤潤一郎「レヴィナスとキリスト教」、レヴィナス協会編『レヴィナス読本』法政大学出版局、二〇二二年、二二三頁以下を参照。
＊2　ジャン゠リュック・ナンシー「レヴィナスの文学的な〈筋立て〉」渡名喜庸哲訳、『エマニュエル・レヴィナス著作集』第三巻、法政大学出版局、二〇一八年。

こでは「«sens» という語の意味（sens）の統一性はない」とまで言い切られている（SM 123）。ナンシー自身の表現を借りれば、「“sens” という語の意味（sens）は、五感、方向としての sens、共通感覚、意味としての sens、洞察のセンス、感情、道徳感覚、実践感覚、美的感覚〔…〕」（SM 30）などさまざまである。こうした多義性は、語源の不確かさによっている。もともとフランス語の sens は、ゲルマン語の sinno という「方向」を表す語に由来するが、それがラテン語の「感覚」を表す語 sensus と混じり合い、さらに、古仏語の「意味」を意味する語と合流したらしい（SM 123）。

いずれにしても、「感覚」、「意味」、そしてあまり英語には見られないが、「方向性」という概ね三つの意味に留意しておこう。その点を踏まえ、ナンシーとともにこれらの錯綜した意味を少しずつ解きほぐしてみたい。

聞くことと聴くこと

その手がかりとなるのは、二〇〇二年公刊の『聞くことについて（À l'écoute）』だろう。「聞くこと」を主題とする同書は、もちろん「見ること」、「視覚」を重視してきたこれまでの哲学的な伝統のなかで見過ごされてきたもう一つの感覚である「聞くこと」に焦点を当てたものである。だが、ナンシーは、そうした二項対立には冒頭で触れるにとどめ、むしろ「聞くこと」そのものの差異に目を向け、「聞くこと」とはそもそもどのようなことなのかを聞き届けようとしている。

出発点になるのは、フランス語で「聞く」を意味する二つの語、écouter（聞くこと、聞こえること）と entendre（理解することとしての聴くこと）の区別である。興味深いのは、この区別は sens 自体のなかにある区別でもあることだ。一方の écouter は、sens sensible に、つまり聞こえてきたものの感性的ないし感覚的な sens（たとえば耳障り）に関わるのに対し、entendre は、sens sensé、つまり有意味な、意味をもつ次元に関わる。この点で entendre は comprendre、了解する／理解する／把捉することにつらなる。つまり後者は、単に音、音声を聞く、音質に触れるというよりも、「語られたこと」、声、発話、言語を捉え、それを自分の理解の枠組みのなかに取り入れることである。つねにそうであるように、ナンシーはここで、同じ語、同じ概念のなかに見られるこうしたさまざまな差異を見届け、選り分け、「聞くこと」とはそもそもいかなる事態なのかを考えようとしている。

だが、écoute, écouter（聞くこと、聞こえること）と entente, entendre（理解することとしての聴くこと）の区別の違いは、単に音を感じ取ることと、言葉を理解することに限られない。ナンシーによれば、être à l'écoute という表現は、もともとは「聞く状態にあること」を意味していた。とりわけ、スパイや何かのように、身を潜めて、なされる会話や告白に耳をすますことのできる状態にあることだ。だとすると、étouter は、単に音を受容するだけのことでない。耳をすますこと、耳をそばだてること、そのような意味で、ある種の志向（intention）ないし待ち受け（attention）を発動させた状態にあることだ。

ここには、先に指摘した sens の三つの意味が絡んでいることがわかるだろう。（1）聴覚器官において音声を感じ取ること、（2）それが伝えるメッセージないし意味を理解すること、（3）そしてそちらのほうに向かうという意味で耳をそばだてることだ。

顔の声

ナンシーの『聞くことについて』で展開されるこうした議論は、第一に、レヴィナスが「顔」をめぐって展開した思想と重なる部分がある。少なくとも、難解で知られるレヴィナスの「顔」についての理解を助けてくれる部分があるように思われる。

レヴィナスにおける「顔」とは何か。それは、「他人」の「他性」、すなわち「他人」が「私」のものではないこと、「他なるものであること」をもっとも特徴付けるものである。それは、私がすでにもっているあらゆる把握、認識や所有の枠組みでは捉えられない部分のことだと差し当たり理解できる。

それゆえ、「顔」は、「見る」対象ではない。「顔」との関係は「視覚」の次元にはない。「見る」ことは、「観照（theorein）」というかたちで従来の西洋哲学における認識の基盤を成していたが、レヴィナスによれば、それはあくまで「私」を起点にし、私の認識の枠内に他者を取り込むことである。むしろ、その声を「聞き」、私が応答するという点で、「顔」との関係は「聴覚」の次元にある。「聞く」ことにおいて、われわれは外部から到来するものに耳を傾けざるをえない。ここで起点はつねに「他者」にある。「私」ができるのは、それに対して（無視する場合も含め）「応答」することだけだ。「顔」とは、このような「他なるもの」の声が外部から聞こえてくる開口部のようなものだとも理解できる。

さらにレヴィナスにおける「顔」は「聞く」対象であるだけでない。それは、comprendre ないし entendre の対象でもない。entendre の場合もやはり、「私」がすでにもつ意味の地平に「他者」を包含してしまうからだ。まさしく「外」からやってくる「他者」の「声」を聞くという意味で、際立って écouter の対象であると考えることができる。

この意味では、レヴィナスの「顔」から発せられる「声」を聞き取り、それに応答するという思想は、ナンシーの「聞くこと」とかなり調和するように見える。しかしナンシーの声に耳をそばだててみると、もう少し問いを進める必要があるように思われる。レヴィナスにおいて「他者」から発せられ、「私」が聞き届けるもの、それは何なのか。それは「音」なのか「声」なのか。私たちが他者に応答すべく耳をそばだてているとき、聞こえてくる「音」と「声」をどう見分けることができるのか。レヴィナスは、聞こえてくるものとして、「意味」としてのsensを有した「声」しか認めていないのではないのか（ちなみに、この問題がきわめて重要なのは、もし「声」に限定されるのであれば、一方では有意味な「声」を（物理的に）発することができない人間的他者は他性を失いかねないからであり、他方で「声」を人間よりもいっそう理性的に発することができる人工的な他者（ロボットや人工知能など）はいっそう他者性をもつことになるためである）。

音の場

「聞くこと／聴くこと」(écouter/entendre) における sens の差異に向けられたナンシーの視線は、レヴィナスに以上のような問いを突きつけるだろう。

レヴィナスの側からの応答を見る前に、もう少しナンシーの論を追っておこう。

ナンシーは、『聞くことについて』のなかで、「聞くこと／聴くこと」の差異だけでなく、いくつもの聞かれるものの差異についても注意を払っている。一つは言説、つまり意味をもった語り。もう一つは「信号ないしサイン」。三つ目は音楽である。前二者の場合、聞くことが向けられるのは、「音」というよりはそれが伝える「意味」のほうだ。音楽の場合、たとえ何らかの意味が込められているにせよ、むしろ「音」自体が問題となる。

ナンシーは、少なくとも『声の分有』以来、「声」の問題に一貫して注目しているが、『聞くことについて』では、「声」「信号」「音」といった、sens そのものの広がり、その内部の差異と共通性が問われる。とりわけ重要なのは、「sens と音（son）に共通の場とはどのようなものでありうるだろうか」（AE 21）という問いだ。

ナンシーが見定める sens と son の共通の土台、それは第一に、「差し向ける（renvoi）」という構造だ。sens については、「意味するもの」が「意味されるもの」に差し向ける、という構造をもっている。だが、son もそうである。音の響きは空間を伝って、時間をかけ、それを聞く者のほうへ広がっていく。

ただ、ナンシーは、それにとどまらず、sens と son の共通の場のさらに根底に、単に外部の何かに「差し向ける」という構造以上のものを探ろうとする。問題は、sens そのもののいっそう根源的ないし存在論的な条件である。ナンシーによれば、それは、son ないし sens そのものにおける、いわば自己超克的、自己振動的な動きだ。騒音（bruit）がその発生源をどうしても参照させてしまうのに対し、son では、何か別のものに差し向けることよりも、それ自身が震え、響いていることが問題となる。何か音を発さない物体が音を外に発出するのではなく、自分自身が震え響いている。言い換えれば、自分自身が、震え響く場所となっている。こうした自己自身の運動、振動、響きこそが、son と sens の根底にあるというのだ。

聞く者もまた、この響きの場に居合わせている。「聞くこと、それは、私が空間性のなかへと入ると同時に、それによって貫かれることである」(AE 33)。「聞くこと」とは、「私」なる実体があってそこに意味なり音なりが入ったり入らなかったりという事態ではない。「聞くこと」、それは音や声が響くその場へと私自身が浸り、私自身がその反響の場となることだというのである。

　こうした発想はなかなか馴染みにくいものだが、しかし、当のナンシーはさまざまな音楽論に触れることで、それを練り上げていったように思われる。ナンシーは、『聞くことについて』が構想されていた時期、あるいはそれ以降も「声」「音」「音楽」をめぐってさまざまなテキストを書いているが、[*3] なかでもギュンター・アンダースの音楽論に寄せられた序文が注目に値する。[*4]「核」のアポカリプスについての技術哲学で知られるこの哲学者は、一九二〇年代にフッサールおよびハイデガーの薫陶を受け、大学教授資格論文《ハビリタツィオン》として『音楽的状況についての哲学探究』を書いていた。この論文は審査員のアドルノの反感を買い、アンダースに大学への就職の道を開くことはなかったが、近年ようやく公刊され、その仏訳にナンシーが序文を寄せた。そこでナンシーはアンダースの音楽論にことよせながら、むしろ自らの音楽論を展開しているようにも見えるのである。

　ナンシーが注目するのは、アドルノとの軋轢よりは、アンダースの提示する「音楽の「存在論」」だ。いくつか重要なパッセージを引用しておこう。

音楽の「存在論」が示しているのは、私は、音楽が私のうちで生じるかぎりにおいてしか音楽を聞いていない〔…〕という実存的な性格をもった経験であるということだ。同時にこのことが意味しているのは、この実存においては、私は私自身が音楽的に産出され、了解的な私の実存という主体とは別の主体になるということだ。*5

音楽の経験――具体的で、生きられた経験、もっとも馴染み深い世界に属する経験――においては、「自分自身が自らが置かれている媒体となる」という例外的な変容が生じる。*6

問題なのは、実存が自らを超脱し（あるいは、ニーチェのように語るなら、自らのあまりに人間的な人間性を超脱し）、そして自らを超脱しつつ、自らを他なるものとして発見するという、実存的な変容を考えることだ。*7

＊3　Cf. J.-L. Nancy, «Acoltando», in Peter Szendy, *Écoute. Une histoire de nos oreilles*, Minuit, 2001.
＊4　Jean-Luc Nancy, «Une voix retentit», in Günther Anders, *Phénoménologie de l'écoute*, Philharmonie de Paris Éditions, 2020.
＊5　*Ibid.*, p. 11.
＊6　*Ibid.*
＊7　*Ibid.*, p. 12.

音楽を聴くこと、それは単にメッセージを伝える「言説」や、何らかの事態によって生じた「騒音」を聴くのと異なり、その音楽が自らのうちで奏でられ、自らを、その音楽を伝える／その音楽が伝わる「媒体」と化す。

ここで言い表されている事態をさらに理解するには、「リズム」が助けとなるだろう。ナンシー自身、『聞くことについて』において「リズムについて長く立ち止まる必要があるだろう」と述べ（AE 37）、それが「主体の次元」としての「時間性」となることを示唆している。リズムは単に、時間を区切り、時間にテンポをつけるだけでない。リズムがつけられ音が鳴る場は、単に聞く主体を受け入れる場ではなく、「主体となる場」（AE 38）だというのである。

このような、主体を構成すると同時に、静的に凝固するのではなく、刻みを入れ、自ら超脱し変容させる、実存的「異他化（altération）」とも言いうる「音」の作用――ナンシーはこうした作用を、音楽の領域のみならず、sens の存在論的な働きとして捉えていた。この点で、『世界の意味』における「存在の意味」と題された短い文章は、きわめて示唆に富む。ナンシーは、存在の「sens」を、単なる繋辞ではなく、他動詞としての「存在すること」、すなわち何かに働きかけ、何かを生起させることと捉えている。それは、なにかを産み出しつつ、自分自身も自己産出されるという点で、「差延」的でもある。注目すべきは、ナンシーがこうした差延的、自己超脱的ないし脱自的な「存在することの sens」に、「あらゆる意味での sens」を読み込んでいることだ。すなわち、「距離、方向、志向、属性、跳躍、超過、贈与、移動、トランス、そして接触」である（SM 48）。言い換えれば、単なる「何の謂か」の答えではなく、どこかに向かう動き、どこかに開かれ、自らを跳躍／超過してゆく動きとしての sens である。ちなみに、こうした sens としての「存在すること」に、ナンシーは、デカルトの ego sum、スピノザの conatus、カントの目的としての存在、ヘーゲルの否定性、ハイデガーの性起（Ereignis）の共通点を見ている。「いずれの場合も、あらゆる差異は保った上で、少なくとも次のことが意味されている。すなわち、sens は存在に付加されたり、それに後から到来するのではなく、その到来そのもの開かれ、世界内存在の開かれであることだ」（SM 49）。このように、「存在の意味」を「存在すること」の脱自的超越構造に見てとったハイデガーの『存在と時間』がナンシーの sens 論の（そしてそのレヴィナスの共鳴の）参照項であるのは間違いない。

さらに付言すれば、このように開かれ、晒された場とは、「sens の原 - 構造地質学」としての身体のことでもある（C 25／二一）。感覚としての sens であれ、意味としての sens であれ、その根本構成は、「方向」にあると言えるかもしれない。しかも、一つの実体がなんらかの場所へと移行するということではなく、移行する（passer）、触れる（toucher）、近くにある（en présence de）、晒されている（exposé à）ということそのものが、「身体であること」を構成している、ということだ。それは、「心臓」であれ、「欲動」であれ、「身体」のただなかでリズムを刻みながら、「身体」それ自体を駆動し、その「実存する」ことを可能にする。「欲動とは、自分自身の開かれないし推力のほかに起源を割り当てることのできないような、出現、多様化という特徴をもった実存すること——脱自、脱存——にほかならない」(S 39)。リズムとしての欲動、それは、何か他のところに起源をもつのではない。一つ一つのリズムを構成するその推力(poussée)、開かれ(ouverture)そのものがその都度「起源」のようなかたちで自らを駆動し、開いていくわけだ。

レヴィナスにおける音と音楽

このようなナンシーによるsensの存在論、音楽的リズムにおける自己超脱の思想に照らすと、レヴィナスの思想はどう映るだろうか。もちろん、レヴィナスにおける「顔」の発想は、単に外部から発せられる「音」に耳を傾けるという意味でのécouterにも、聞こえてきたものを内部化してしまうcomprendreとしてのentendreにも還元されない、「対話」の起源そのもののようなものを言い当てていると言うことはできるかもしれない。無言の対話もありうるからだ。「顔」との関係においては、レヴィナスは「音」よりも「声」を重視していたように思われるのだが、とはいえ「音」に関する考察がないわけではない。レヴィナスのテクストからすぐさま確認できる特徴を三つ指摘しておこう。

① レヴィナスはけっして「音」を無視していたわけではない。すでにレヴィナスは一九四九年のミシェル・レリス論「語句の超越」で、視覚中心主義では捉えきれない「音」の横溢に触れていた。さらに、同時期の未公刊の講義録からは、レヴィナスが『全体性と無限』を準備するなかで「音の現象学」なるものを構築しようとしていたことが判明する。そこでレヴィナスは、何かを指し示す、差し向けるという語の記号的な参照機能ではなく、突如鳴り響き、主体の権能を超えて到来する「響き」、「音響」そのものに着目している。興味深いのは、レヴィナスの「音」への着目は、ナンシーと同様、存在（することの）の動詞性をめぐるハイデガーの思想から少なからぬ着想を得ていることだ。名詞ないし実体としての「存在するもの」ではなく、動詞としての「存在すること」――このような出来事を捉えるために、レヴィナスは、無音の実体を「音」それ自体が「二重化」し反響させるという事態に着目しているのである（「大砲が発射する、鉋が削る、風が吹く、人間が歩く」という例が挙げられる）。ただし、束の間に現れたこの「音の現象学」は余韻を残すことなく、すぐさま消え去る。レヴィナスは既刊著作では「音」ではなく「顔」の発する「声」に舵を切ることになる。[*8]

② 音楽はどうか。レヴィナスの妻ライッサは若い頃にピアニストを志しており、また息子

*8 エマニュエル・レヴィナス『レヴィナス著作集 第二巻』藤岡俊博ほか訳、法政大学出版局、二〇一六年、九〇頁。

のミカエルはピアニスト・作曲家として大成するなど、レヴィナス家は音楽一家とも言えるほどだが、哲学者エマニュエル・レヴィナスは音楽を主題にしたテクストを残していないし、音楽の話題に触れることもほとんどない。*9 音楽に関して（ある時期までのテクストにおいて）顕著なのは、むしろ、リズムをめぐるきわめて否定的な見方である。レヴィナスの数少ない芸術論の一つである「現実とその影」においては、リズムについて若干まとまった考察がなされているが、そこでは、「リズムが表しているのは、主体がリズムによって捉えられ、運びさられてしまうために、同意や、引き受けや、イニシアチブや、自由について語ることができなくなる特異な状況である」とすら言われている。*10 リズムとは、主体がそこに身を委ねることによってそこに溶け込み、その自由や自発性がいっさい奪われてしまうような状況だと捉えているのである。あるいは、第二次世界大戦中に捕虜収容所で綴られていた『捕囚手帳』のなかで、ポーを引用しつつ、レヴィナスにおける「イリヤ」という存在の恐怖が「リズム」と言われている。「イリヤ」とは、あらゆる存在者の主体性や自律性をいっさい奪うような、存在の物質性のみが漂う事態のことだが、それを特徴づけるのが「リズム」だというのだ。*11 こうしたリズムについての批判的な把握は、『全体性と無限』においても継続している。他者との倫理的関係を特徴づける言説は、「リズムの魅力をあらゆる瞬間に打ち破」る。他者との関係を特徴づける「言説」は、「対話者を魅了し、夢中にさせるリズムからの断絶」を要求する。それは、詩的活動と対立し、散文的であるべきだとすら言われている。[*12] 他者から聞こえてくる「声」は、「私」を魅了し誘惑し私の主体性を脅かす「リズム」や「詩」であってはならない、そう言いたいかのようだ。

異他化の場としての sens

このように見ると、レヴィナスの倫理思想は、「顔」の発する「声」を重視するあまりに、音の響きの豊かさを捨象してしまう無味乾燥なもののようにも見えてくる。その「リズム」観は、総動員体制や収容所の強制労働や現代のオートメーションのような、主体の自発性を押さえつけて均質化する強制力としてのそれへの強烈な批判としては理解できるかもしれないが、われわれをときに鼓舞し楽しませてくれるリズムについては顧みられていないように思われる。ある時期まで——端的に言うと一九六一年の『全体性と無限』まで——のレヴィナスの著作

*9　この点については、三上良太「レヴィナスの「音楽論」」、レヴィナス協会編『レヴィナス読本』法政大学出版局、二〇二二年、三〇八頁以下がきわめて重要である。
*10　エマニュエル・レヴィナス『歴史の不測』合田正人・谷口博史訳、法政大学出版局、一九九七年。
*11　エマニュエル・レヴィナス『レヴィナス著作集　第一巻』三浦直希ほか訳、法政大学出版局、二〇一四年、八〇頁。
*12　エマニュエル・レヴィナス『全体性と無限』藤岡俊博訳、講談社学術文庫、二〇二〇頁、三五九頁。

に基づくと、こう締めくくるしかないが、その後の『存在するとは別の仕方で』のなかで、音楽に関するその見方が一変していることには注目しなければならない。しかも、単に一変しているだけでない。ナンシーのそれに近づくかたちで一変しているように思われるのだ。いずれにしても、上でまとめたナンシーの議論を横に置くことで、レヴィナスにおけるこの新たな転調を理解する手がかりが得られるだろう。

① レヴィナスは『存在するとは別の仕方で』において、〈語られたこと〉と〈語ること〉を峻別し、前者を世界の諸事物の存在を言説によって記述する次元、後者を「意味生成」を可能ならしめる「他者」との倫理的応答関係の次元に割り当てている。ただし、こうした二項対立は単に〈語られたこと〉を拒否して〈語ること〉のみを重視することを目指しているのではない。〈語られたこと〉において世界の諸事物についていっそう豊かに語る方途についてもレヴィナスは頁を割いている。その際に取り上げられるのが「芸術」なのである。「同一的な実体――事物や事物の質――は述語的な命題のうちでその本質〔存在すること〕を反響させるが、それは、主体性についての心理学的な反省とか感覚の時間化によるものではなく、すぐれた意味で露呈するものである、芸術を起点にしてである」[*13]。絵画はもとより、かつて否定的に描かれた音楽や音、詩作の機能も改めて評価される。「音楽において、音は反響し、詩作において、――〈語られたもの〉の物質というべき――単語は、それが喚起するものを

前に消え去るのではなく、それがもつ喚起の力によって、喚起の仕方によって〔…〕歌う」。[*14] 詩であれ、色付きのパレットであれ、音の音調であれ、現代アートであれ、現代音楽であれ（レヴィナスはここでクセナキスの名を挙げる）、いずれも、「存在すること」を響かせ、言説のうちで凝固するのを拒み、「時間化」させているというのだ（ちなみにこう述べた後にレヴィナスが言及するのは、『聞くことについて』のナンシー同様、ポール・ヴァレリーであるのは興味深い）。ここには、先に触れた「音の現象学」がようやく陽の目を浴びたとも言えるだろう。

② 先に、ナンシーにおいて、「身体」そのものが、「sens の根本構成」として、他者に、というよりは外部へと開かれ、晒される場と考えられていることに触れた。より正確に言えば、ナンシーにとって「身体」とは、単になんらかの物体があり、それが開いたり閉じたりして外部のしかじかのものを受け入れたり受け入れなかったり、ということではない。ナンシー自身の「心臓」がそうであったように、内部に侵入してきた外部・よそのものがむしろ新たなる内部となること、内なる他者が逆に自同性（identité）を構成するようになること、そして、リズムを刻み、脈打つことでまさしく「身体」の／としての「実存すること」を可能にしていること、これがナンシーの身体論の要諦とも言えるかもしれない。

*13　エマニュエル・レヴィナス『存在の彼方へ』合田正人訳、講談社学術文庫、一九九九年、一〇六頁。
*14　同上。

そうだとすると、初期のテクストにおけるリズム批判にもかかわらず、『存在するとは別の仕方で』におけるレヴィナスの身体論には、むしろナンシーとの近さを見てとることができる。すでに『全体性と無限』においても、外部の「糧」を享受することは、単に自我が他者を同化・吸収する自己中心的なものとして退けられるのでなく、逆に「糧」を取り込むこと自体が「自我」の存在様態を構成することになるとされていた。『存在するとは別の仕方で』では、こうした「自我」による外部の「糧」の吸収（「享受」）は、「自我」のうちに闖入する「他者」に晒された「傷つきやすさ／可傷性」へと力点を変える。「他者」は単に「自我」に「課せられる」だけでない。[*15]「自我」の身体性・感受性の次元において、「自らの皮膚の内側に他人を宿す」にいたる。[*16]「〈同〉における〈他〉」とはこうした事態である。「老い」がそうであるように、自分の身体のなかに、自分の意図ではどうしようもできない他なるものが入り込み、自分自身と一体になり、むしろ自分自身を左右するようになり、自分自身が変質する。ナンシーと同様、レヴィナスもまた、とりわけ身体の感性的な次元における、他者の侵入こそ自己に対し異他化というかたちでの再主体化を要請することに鋭敏な注意を払っていた。

③　こうした他者との身体的・感性的接触による自己の異他化という問題こそ、『全体性と無限』の第四部における「愛撫」と「エロス」をめぐる議論においてすでに主題となっていたものにほかならない。レヴィナスのエロス論にはさまざまな射程があるが、ここで重要なの

は、現象学的には「自己触発」として語られるこの「触発するもの」と「触発されるもの」の相互関係を、レヴィナスがエロス的接触における「感じるもの」と「感じられるもの」の関係として捉えていることである。

このエロス的接触における「感じるもの」と「感じられるもの」の関係は、自己触発ではない。「触発するもの」と「触発されるもの」との接触はつねに、「他なるもの」（差し当たり「女性的なもの」と呼ばれている）との異他触発である。さらに、レヴィナスにおけるエロス的接触の議論は、この異他触発を通じて、予期せぬ新たなものが生じること、いや正確に言えばこれまで主権性を有していた雄々しい主体たる「自我」それ自身が、新たなものとして変容を強いられることを示すことに向けられている。「超‐実体化」という表現はこの事態を指している。ここで問題になっているのは、有性生殖の場合のように二つの性から新たな個体が生成すると言うことである以上に、ある種の異種移植におけるキメラ化の場合のように、一つの実体が他なる実体を受け入れることで自ら他なるものへと異他化することである[*17]（男性的であった主体が「女性化する」とレヴィナスは言う）。ここでリズムという言葉は用いられていないが、その代わ

＊15 同上、二一八頁。
＊16 同上、二六六頁。
＊17 エマニュエル・レヴィナス『全体性と無限』前掲、四八八頁。

りに「非連続性」という言葉は頻出している。この異他化プロセスにおいてつねに問題となっているのは、他者と接触しそれを自らのうちに受け入れることで刻まれる「非連続性」こそが、主体の「存在すること」の「時間性」を構造化しているということだ。ちなみに、このように闖入する非連続的なものとは、『全体性と無限』の序文の意味深い注によれば、ニーチェの音楽論『ワーグナーの場合』における意味での、「出来事」としての「ドラマ」であることも付言しておこう。*18

つまり、sens（ここではとりわけ感受性・感覚・感性が問題になる）における他なるものとの接触、そしてそれを自らのうちに受け入れることで、この「同における他」が刻む断絶によって「自我」のほうが自己超脱的に異他化していく（ここでは「存在すること」の「意味＝方向」としてのsensが問題になる）という存在論的な構造を、レヴィナスもまた自らの哲学の只中で見定めているということだ。少なくともsensをめぐるナンシーを通してレヴィナスを読みなおすこと浮かび上がってくるのはこの構造である。両者の思想それぞれの根幹に垣間見られるこのsensの存在論は、つねに身体をもち、人であれ事物であれ、他なるものと関わりを持たざるをえないわれわれの存在様態を考えるうえでもきわめて示唆に富むだろう。

性的欲動（pulsion）のリズムをめぐる最晩年の著作『性存』において、ナンシーは同根の後であるパルサー（pulsor）に触れている（S 38）。周期的に発光する中性子星のことである。他所で触れたように、[19]レヴィナスのほうは、ブランショの『災厄のエクリチュール』に呼応して、むしろそうした周期的な点滅よりは、その周期性の故障、つまり「脱‐星（dés-astre）」、星々のもとにある世界のなかにはいないこと」としての「災厄（désastre）」をつねに気にかけていたように思われる。[20]レヴィナスは、聞こえてくる心地よいメロディーに体を預けることよりも、不意に訪れる「調子外れの音」につねに耳をそばだてていたのかもしれない。[21]

エマニュエル・レヴィナスとジャン＝リュック・ナンシー、彼らの遺したテクストのリズムとメロディーは、ところどころで重なり、思いもよらない共鳴をもたらすように思われるが、同時に両者には、どうしてもずれてしまうリズム、調子が外れてしまう音が残り続けるだろう。おそらく、そこに耳をそばだてることが、二人の声への応答になりうるだろう。

＊18　同上、二七頁。
＊19　渡名喜庸哲「エロス、文学、災厄――バタイユ、レヴィナス、ナンシー」『多様体』第二号、二〇二〇年。
＊20　エマニュエル・レヴィナス『神、死、時間』合田正人訳、法政大学出版局、一九九四年、一六五頁。
＊21　エマニュエル・レヴィナス『実存から実存者へ』西谷修訳、ちくま学芸文庫、二〇〇五年、六一頁。

一と多

――ジャン＝リュック・ナンシーとアラン・バディウ

市川　崇

おそらく、ナンシーとバディウという二人の哲学者のあいだに、デリダとナンシーとのあいだに存在したような何らかの友愛を確認することは困難である。周知のように、一九八九年にバディウによってなされたデリダ、ラクー＝ラバルト、ナンシーらの哲学解釈に対する批判は、両者のあいだに深い対立を刻みつけた。

他方、二〇一七年にシンポジウム「神話・共同体・虚構――ジョルジュ・バタイユからジャン＝リュック・ナンシーへ」に参加するために来日したナンシーは、筆者が『コミュニズムの仮説』の訳者であることを知ると、やや気恥ずかしげで同時に誇らしげでもある微笑みを浮かべながら、「バディウに言わせれば俺は「最後のコミュニスト」なんだよ」と語っていたことなども思い出される。

　二人の哲学者はおそらく、ナンシーとラクー＝ラバルトが一九八一年に開設した「政治的なものに関する哲学研究センター」において出会っていたと思われる。そして両者の交流は、一九八八年にナンシーが執筆依頼を呼びかけた雑誌『トポイ』の特集号「主体の後に誰が来るのか」に、バディウが自身の論考「漸く対象から解き放たれた主体について」を寄せた頃から始まったと考えられるが、それ以降散発的に繰り返されるそれぞれによる他方の思想、著作への言及は、時に強い批判的なトーンを帯びたものであった。しかしまた、二〇〇二年のナンシーについてのコロック「あらゆる意味における意味」におけるバディウの発表での言葉、「誰もナンシーのことを悪く言ったり、考えたりすることはできない。彼は誰からも愛されている」[*1]、またその際に発せられた「最後のコミュニスト」という呼称からは、哲学上の問題に関する対立を超えた、ある種の親愛が感じとられるのではないか。二〇〇九年にバディウとジジェクがシンポジウム「コミュニズムの理念」をロンドンで開催した際にも、ナンシーはシンポジウム自体には足を運ばなかったものの自身のテクスト「共産主義、言葉」を送っている。

　存在、出来事、無限、愛、コミュニズムなど両思想に共通するテーマは驚くほど多いが、ここでは、多としての存在、意味、出来事に関する両者の哲学を概観しながら、二〇一六年の両者の対談『哲学におけるドイツの伝統』で明らかになる争点が、九〇年代を通じて深化していったことを振り返る。また、バディウ哲学についての二つのシンポジウムでのナンシーの発表テクストをも吟味することで、単純な対立関係を超えた両思想の共鳴を聞き取ってみたい。

バディウにおける存在と非整合的多

両者の哲学上の対立は一九八九年の『哲学宣言』において提示されたバディウによるハイデガーおよびフランスにおけるハイデガー解釈者への痛烈な批判から始まっている。ドゥルーズ、リオタール、デリダ、ラクー＝ラバルト、ナンシーらはハイデガーの影響のもとで、現代において主体性はその完遂に導かれており、思考はその完遂の彼方で展開されるしかないと考えていると診断される。つまり彼らは、際限なく客体化を進める技術の時代にあって、幾人かの詩人だけが存在を語り、思考を存在の開けへと回帰させることができると考えているとされるのだ。哲学は完了しており、我々には詩人だけがその護り手である問いを語り直すことしか残されていないと。周知のように、バディウが強く反対するのはこの哲学の終焉という思考に対してである。『哲学第二宣言』ではこの点がより明確に整理されている。

＊1　Alain Badiou, «L'offrande réservée», in *Sens en tous sens. Autour des travaux de Jean-Luc Nancy*, Galilée, 2004, p. 13.

私はそのことを既に述べたが、私が二〇年前に闘っていた哲学的な立場とは主に、（デリダ、ラクー゠ラバルト、ナンシー、そして同様にリオタールらの）フランス風の変奏を通じたハイデガー的な立場である。すなわち、形而上学的形態における哲学の取り返しのつかない終焉の通達であり、（詩、絵画、演劇などの）芸術を思考にとっての究極の支えだとする考え方である。[*2]

これに対しバディウは哲学の可能性を改めて肯定しようと企てていた。哲学はどんな時代、地域においても可能だったわけではない。歴史的にも地理的にも哲学の非連続性が確認される。そこからバディウは哲学を可能にする条件が存在すると考えるのだ。その条件は四つあり、それらは数学、詩、政治、愛である。それらのうち一つでも欠けると哲学の消失が引き起こされるが、[*3] それらは同時にそれぞれ独立した領域を形成している。そして四つの領域それぞれにおいて出来事が生じ、それに続いてジェネリックなプロセスによって真理が生産される。哲学自体は真理を生産することはなく、それら四つの領域における真理の共可能性を保証するとされる。哲学は自らを条件づける真理のプロセスを共通の場に配置することによって、自らの属す時代を思考するのだ。他方バディウは、哲学が自らの機能や思考の全体をこれら四つの条件のいずれかに譲り渡し、哲学がそこに「縫合される」場合、哲学の停止が生じ、新たな真理の名が書き込まれる空間を打ち立てることができなくなると考えている。[*4] ハイデガー主義的な哲学の潮流が陥っているのは、哲学の詩の領域への縫合から帰結する哲学の機能の停止だということになるだろう。

さてバディウの考える存在については、主著『存在と出来事』において考察が展開されているが、単純化してまとめるなら、存在とは「一」と数えることができない「多」、全体化不可能な多からなる多であると言えるだろう。「一」は存在しない。あるいはむしろ、「一」は計算の操作、数える身振りとしてのみ存在する。存在は状況内に現前する限りで「多」であるが、状況の構造は「多」に一として計算されるよう命じるとされる。つまり「多」は遡及的に「一」に先行するものとして見出されるのだ。そしてまたバディウはカントールを支えに、「多」は、「一」と数えることに先行する「非 - 一」としての「非整合的な多 (multiplicité inconsistante)」と、計算の結果である「複数の一」の集合としての「整合的な多 (multiplicité consistante)」に分けられると主張する。さて、バディウはプラトンが『パルメニデス』におい

＊2 Alain Badiou, *Second manifeste pour la philosophie*, Fayard, 2009, p. 131.
＊3 Alain Badiou, *Manifeste pour la philosophie*, Seuil, 1989, p. 15.『哲学宣言』黒田昭信・遠藤健太訳、藤原書店、二〇〇四年、二二頁
＊4 *Ibid.*, p. 41. 同前、六四頁。

て語る「他なるものたち（*alla*）」と「異質な他（*eteros*）」との差異に注目し、後者を大文字の《他》として示している。バディウは「他のものたちは異質性において把握されなくてはならない」というプラトンの言葉を、「他のものたち（les autres）」は、単なる反復的な多ではなく、純粋な差異、異質な散種としての多へと送り返されるべきだと解釈している。しかし他方、バディウはプラトンが同じ著作の中で最終的に、「一がなければ、複数を考えることができない」と考察を反転させていることを取り上げ、「一がなければ何もない」という表現の「何もない」ことを「空（le vide）」の純然たる名として考えようとする。つまり、無制限な非整合的な多が現前不可能であるなら、その現前化可能な相関物が「空」あるいは無だと言われるのである。

さて非整合的な多がそのままの姿では現前化されず、状況においては「空」として現れるのだとすれば、この「一であることを禁じられた」非整合的な多それ自体は「無限の多性」であるとされる。「多の本質は、内在的な仕方で自己を多数化する〔自己増殖する〕という点にあり、それこそが一の非存在から出発して思考する者にとっては、存在の開花様式なのである」。プラトンは思弁的な夢想という形で「散種にも喩えられる最小の点」を思考したが、無限な多性が夢想の中の捉えどころのないイメージとして描かれるとすれば、それは非整合的で無限な多がそれ自体として思考不可能だからだ、とバディウは述べる。それゆえ、非存在論的状況内の視点からは非整合的な多は「空」の名を持つに過ぎず、「非整合的な多は「何ものでもない（無である）」」と言われるのである。[*5]

最後に、バディウは「何ものでもない（無である）」非整合的な多性が状況内において恐怖を引き起こすことを指摘し、ハイデガーが存在への配慮として思考した「存在への脱存」もまた、空に対する状況の恐れ、空から身を守ろうとする身振りを証していると述べていることを指摘しておこう。[*6]

ナンシーにおける存在と多

ナンシーの著作内でバディウの名が最も明示的な形で現れるのは『複数にして単数の存在』においてである。著作に収録された五つのテクストのうちの四番目のものは、一九九四年に開催されたバディウをめぐるシンポジウムで読み上げられた原稿が基になっている。そしてまた、存在の多性についての考察が最も大きく展開されるのもこの著作においてであると言えるのではないか。もちろん『無為の共同体』においても「個体（individu）」概念に「特異性」が対置

＊5　Alain Badiou, *L'être et l'événement*, Seuil, 1988, pp. 66-67.『存在と出来事』藤本一勇訳、藤原書店、二〇一九年、八〇頁。

＊6　*Ibid.*, p. 109. 同前、一三〇頁。

される際に、特異性が帯びる様々な傾き、諸々の特異性の交差が問題になっていたし、『限りある思考』でも、特異性とは複数の区切り、出会い、出来事について理解されるべきことが強調されていた（PF 23／二〇）。しかしこの著作では、特異性が同時に複数的であると主張されるのである。バディウの名は、パルメニデス以来の「一者」、「特異存在（le singulier）」の問題系に対するドゥルーズ、デリダら現代の哲学者の共通の関心が指摘される際にも言及される（ESP 49／七五）。

一九九三年刊行の『世界の意味』においては、「世界はもはや意味を持たず、世界が意味だということになる」（SM 19）と述べられるように、世界を一つの全体と考え、その一つ意味が問題になっているとすれば、『複数にして単数の存在』においては、多方向に向かって生成、拡散していく「意味」の複数性が論じられていると言えるだろう。

『複数にして単数の存在』は、世界はもはや外部へと関係づけられ得ない以上意味を失ったという『世界の意味』における考察を出発点としている。しかし、失われたのは、「一本の釘」や「神の意味」といった、それに対して事実を関係づけることができる意味内容（signification）であって、われわれが意味をもはや持たないとすれば、それはわれわれ自身が意味（sens）であるからだと述べられる。意味は、「われわれが共にある（être-les-uns-avec-les autres）こと」へと変容したのだ。存在の意味とは、存在の所与の状態を形容するなんらかの特性ではなく存在自体であり、「存在そのものがわれわれに意味として与えられている」とされるのである。

存在は意味を持たない。そうではなく、存在それ自体、存在という現象、それは意味なのである。そしてその意味は、それ固有の循環なのであり、われわれはこの循環なのである。（ESP 20／二七）

この意味は、それが共有されていなければ存在し得ない。しかしそれは、諸存在者たちが共通に持つ究極の意味があるという理由からではなく、意味がそれ自体存在の分有であるからだ。ここにおいてすでに、存在の複数性が検討されているのを見ることができるだろう。諸存在の複数性が存在の根底にあるとさえ主張されている（ESP 30／四四）。そしてあらゆる方向へと拡散するこの意味の循環は唯一の起源へと送り返されることはなく、それは複数の起源の原初的複数性に由来し、各々の特異性のうちに「異なった世界が創造される」という事態を導くのである。前述のように、ナンシーによる「個体性」批判はすでに『無為の共同体』で展開されていたが、ここでは、他と融合することなく、相対的自律性を保った「特異性」が脱自（extase）において「外へ」、あるいは他の特異性へと自らを開き、「共に（avec）」が複数の特異性間に開かれるという見取り図は大きく修正を加えられている。多方向へと散逸する「存在の複数性」が諸存在者の特異性を一瞬ごとに産出するのであり、これが「特異化」のプロセスとして検討されてさえいるのだ。

特異なものの概念は、その特異化(singularisation)とそれゆえ他の諸特異性との区別を含意している(例えば個人(individu)──というのも、一つの内在的で他者を欠いた全体性が完全な個人だろうから──や、特殊(particulier)──というのも、後者はそれが部分をなす全体を想定し、他の特殊とは数的なもの以外いかなる差異も提示できないいから──の概念とは違う)。そのうえ、*singuli* はラテン語では複数形でしか言われない。なぜなら、それは「一人ずつ」の「一者」を指し示すからである。特異なものとは、直ちに各々の一者であり、それゆえすべての他者たちと共に、そしてそれらの間にある各々でもある。特異なものとは複数的なものである。おそらくそれは、分割不可能性という個人的特性をも示す。しかしそれは、一つの実体のように分割不可能なのではなく、その度ごとに、その特異化の出来事において分割不可能なのである。それは瞬間のように分割不可能であり、つまり同様に無限に分割可能でもあり、あるいは点として分割不可能である。(ESP 52/八〇)

「複数にして単数の存在」とは、「特異性」が一つの存在者のうちで毎瞬間異なった様態として生成され、また「一つの特異性」自体が「多」を含み持ち、さらに多によって超過されていく在り方を明らかにしているのではないだろうか。もちろんこのパッセージでは「特異なもの」が「分割不可能な個別性」を呈示することもあると言われているが、同時にそこではこの束の間の個別性が瞬間のように「無限に分割可能だ」とも語られているのである。あるいはまた、ナンシーは多としての特異性の全体を考える際にも、それは「全体化不可能な全体」であると述べるのだ（ESP 36／五四）。おそらくここに、バディウの『存在と出来事』における「非整合的な多」という概念と響き合う思考が確認できるのではないだろうか。

もちろん両者の思想の深い隔たりも無視することはできない。例えば、バディウは「特異性」の概念をことさら強調することはしない。バディウは出来事を説明するために例として、状況内にある「一と計算すること」の法を掻い潜る不法滞在者の家族の例を持ち出し、これを「特異な」（singulière）家族と形容するが、それはこの集合が正規の市民権を持つ家族、正常な「一なる多」の集合に対して奇妙な例外的なものとして現前するということを伝えるためであり、ナンシーにおけるように単数性や、特殊性という意味が前景化されることは稀である。

「存在としての存在ではないもの」

バディウは『存在と出来事』において、「存在としての存在ではないもの」の問いに着手し、これを直ちに「非‐存在」と呼ぶことは軽率であると述べる。そこでバディウはハイデガーの行う「存在ではないもの」の定義を借用する。すなわち「存在ではないもの」とは芸術との否定的なコントラストによって規定される。ピュシス（自然）は芸術作品によって開花し、その他の一切のものは、自然という現れとは異なるもので、「非‐自然」であるとされる。バディウはこれに倣い以下のように述べる。

私はハイデガーから彼の命題の根幹を取り出そう。すなわち、「存在ではないもの」についての思考の場は「非‐自然」であり、それは自然な、安定的な、正常な多性とは「異なった現前するもの」であるということである。「存在とは他のもの」の場は、「異‐常」、不安定、反自然である。このように自然の対立物として規定されたものを、私は歴史的と呼ぶ。[*7]

いうまでもなく、バディウはハイデガーのテクストを意図的に解釈し直しているのであり、「異‐常」、「反自然的なもの」は『芸術作品の根源』に見られるハイデガー自身の概念ではない。バディウにとって「自然」とは、テクネーを生起させ作品を可能にするピュシスの力を意味するのではなく、「一と数えること」の法が支配する状況が「自然な」と呼ばれ、この現前した状況内に、不安定性をもたらす「存在しないもの」が生じるのである。

バディウは、自然を正常性の偏在と考え得るように、「異-常」、反自然、つまり歴史を、特異性の偏在と考えることは理に適っていると述べる。「異-常」なものの多なる形式は、「特異なもの」の不安定さのうちに全面的に存在するのであり、それは状況における計算の安心を逃れる免算点である。

バディウは「異-常」な多、言い換えれば、そのいずれの要素もが状況のなかに現前化されていないような多、これを出来事の立地（le site）と呼ぶ。この立地はそれ自体は現前化されているのだが、その立地を構成するいずれの要素も現前化されておらず、立地は状況の一部分ではない。またこのような多（出来事の立地）は、非整合的な多の名である「空」の縁にある、つまり、その「空」と状況の境界線上にあると言われる。[*8]

例えば、労働者階級などの立地があるということと出来事の必然性との混同は不可能だとバディウは語る。立地は出来事の存在条件にすぎない。「空」の縁にある一個の多が導くのは出

*7　*Ibid.*, pp. 193-194. 同前、二二八頁。
*8　*Ibid.*, p. 195. 同前、二二九頁。

来事の可能性でしかなく、立地があるのに出来事が起こらないということも十分にあり得るのだ。立地が厳密な意味で「出来事的」となるのは、出来事が生じた後に遡及的に形容されるようになるからに過ぎない。*9

このように、出来事はその出来を可能にする立地を必要としているが、立地が必ずしも出来事を招来するとは限らない。出来事は予測不可能であり、それ自体事後的に見分けられるだけである。では出来事自体はどのように理解されるのだろうか。それは自らを要素として含む、怪物的な多である。

> ある歴史的状況のなかに出来事の立地Xがあるとしよう。
> 一方では立地の諸要素から構成され、他方ではそれ自身から構成されているような多を、私は立地Xの出来事と呼ぶ。
> 出来事の数学素をここに書き込むことは無駄ではない。状況をSとし、出来事の立地をX∈S（XはSに属する、XはSによって現前化されている）としよう。出来事はe_Xと表記する（「立地Xの出来事」と読む）。そのとき、私の定義は次のように書くことができる。
>
> $$e_X = \{x \in X, e_X\}$$
>
> すなわち出来事は、その立地に属するすべての多と出来事それ自体から〈一つの多〉を作

るということである。[*10]

バディウはフランス革命の例を出す。歴史家はこれを説明するために、「三部会の有権者たち」、「農民たち」、「都市のサンキュロット」、「ジャコバン諸派」などを数え上げるだろうが、それでは、出来事自体が様々な行為、事物、言葉の際限のない列挙の中に分解されるだけだとされる。こうした際限のないプロセスに停止点をもたらし得るのは、「革命」が「革命」自体を自らを構成する項の一つとして含むことでしかない。つまり出来事とは、自らの立地を現前させる多であると同時に、自身に内在する「自分自身のシニフィアン」によって、現前化自体を現前させる多であるとされるのである。しかし、論理学者ミリマノフは自己自身に属す集合を異常集合と呼んでいた。バディウは存在論を集合論の公理を基礎に展開するが、自己自身に属する多を一つの集合として計算することを存在論は受け入れず、出来事は存在しないと証明するとされるのである。出来事は「存在としての存在ではないもの」の領域にあるのだ。

*9 *Ibid.*, p. 200. 同前、二三五頁。
*10 *Ibid.* 同前。

存在という出来事

ナンシーの出来事についての思考は、われわれがすでに見たように、意味として多方向へ拡散する「複数にして単数の存在」の概念を通じても提示されていた。複数の特異性を各々の瞬間に産出して行く「特異化」のプロセスは出来事として捉えられていた。特異化がもたらす諸起源の創造に関してナンシーは、「創造はいたるところで常に起きている。それが唯一の出来事、到来であるのは〔…〕それがその度ごとに特異な仕方で生じているからだ」と述べていた(ESP 35／五二)。

言い換えるなら、「複数にして単数の存在」はその度ごとに無数の特異性を生み出して行くが、それはその度ごとに唯一の出来事として捉えられていると言えるだろう。ここにナンシーの考える出来事の偏在性と希少性を見ることができる。こうしたナンシーの思考はバディウについての講演「出来事の不意打ち」における、バディウの「存在としての存在ではない出来事」に対する応答を通じて練り上げられていったとは考えられないだろうか。

「出来事の不意打ち」は部分的には、「ウーシアとグランメー」(『哲学の余白』)におけるデリダによるハイデガーの根源的時間性解釈を批判的に再検討することを目指して書かれていた。ナンシーは、出来事としての時間を論じた一節に注を付け、その中でハイデガーの「根源的時間性」もまた、デリダが論じるように形而上学的な「現前性」としての時間に属しているのだろうかと問うのである。ナンシーは根源的時間性とは、「自らに先立つ現前性」であり、「存在という出来事」だと述べ、ハイデガーの『カントと形而上学の問題』における自己触発の分析を取り上げる。ナンシーは、カントの語る超越論的構想力の直観による図式形成とは、存在論的認識であるとするハイデガーの解釈を参照しながら、現象することのない感性内の図式性が「純粋な形象」の生産であり、「純粋な形象」とは時間の呈示であると述べる。この形象なき形象とは、存在の存在様態としての時間、「存在という出来事」が一瞬のうちに描き出す痕跡であるとされるのである（ESP 200／三一二）。

存在の存在様態としての時間が、「存在という出来事」をもたらすのであれば、「通俗的な時間」を生きる特異な存在者たちも常にその影響下にあり、変容し続けるということになるだろう。他方ナンシーは、「出来事は、認識し得るもの、語り得るものの彼方にある何ものか」や「存在とは区別されたカテゴリーあるいは超‐カテゴリー」ではないと述べる一文に注を付け、「たとえこの出来事が、（バディウが『存在と出来事』で語るように）「存在としての存在ではないもの」だとしても」と補足しているのだ。つまり、バディウによる「存在としての存在でないもの」という出来事の定義にナンシーはある意味で賛同しているのだ。ただし、ナンシーは直ちに「論争は、この最低限の合意を表明する仕方に関して開始されるのだ」と付け加えている。ここに言われる「論争」とは同じ論考の先立つ箇所に語られた、出来事とは「存在という出来事」なのか、それとも「存在」と「出来事」は異なったものとして理解されるのか、という問いに関する論争であり、ナンシーはこれを自身とバディウのあいだに確認している。

さてバディウにおいては、出来事は存在論の領域から締め出されていた。つまり「存在としての存在ではないもの」とは端的に「存在ではない」ものなのだ。そうであるなら、バディウの出来事とは、ナンシーが示唆するように、現実の存在者とは無関係なカテゴリーなのだろうか。そして平凡な現実の存在者は出来事に触れることはないのだろうか。『哲学第二宣言』では、数学が規定する存在論の領域と論理学的に構成される現象の領域が区別される。バディウはハイデガーの概念を支えに、現象の領域にある存在者「現存在（être-là）」のあり方を「実存（existence）」と呼び、「存在としての存在」とは数学的に思考可能な「純粋な多性」とされる。状況の中では「空」として現れる「純粋な多性」は単に理論的に仮定された次元にすぎないのではないとバディウは主張する。一本のプラタナスの木は、存在論的な見方によれば、無数の多から構成された多であり、どこまで分解しても最小の単位にたどり着くことはできない。しかし他方、このプラタナスは現象の領域において、他のプラタナスとの「同一性の度合い」の評価を通じ、ある時は隣り合う樹木とはなんら異ならないものとして、ある時はまったく異なったものとして現れる。ところが、このプラタナスが何らかのウイルスに侵され、その生い茂っていた葉を落として行くとき、その葉が地面に移す影の濃さは、周囲のより枝ぶりの悪い樹木の葉が落とす影の濃さに近づいて行くだろう。つまりこれら二つの樹木の「同一性の度合い」は最小から最大へと変化し得るのである。バディウはこうした現象の領域における世界への関係の変化を「変容（mutation）」と呼ぶのである。しかし、この変容はそれ自体として出来事とは異なっている。出来事の到来は立地を要請し、その立地に含まれるある存在者が「非実存者（inexistant）」である必要があるのだ。その「非実存者」の実存的価値が最大限に達したとき「変容」は「出来事」となるとされるのである。ここで「非実存者」は、マルクスが記述するブルジョワ社会における「プロレタリアート」を例として説明される。

しかしここでわれわれは、プラタナスのウイルス感染と同じほど、あるいはそれ以上に微細で日常的な無数の「変容」がこの世界には溢れており、それが現象としての同一性と差異（複数のプラタナスの単純な類似性）より遥かに複雑な関係の網目を存在者間に繰り広げているとナンシーと共に考えることはできないだろうか。そしてバディウの存在が「内的な仕方で自己を増殖させる」だけだとすれば、ナンシーの語るつねに更新される無数の関係性は、それぞれの特異性の存在自体の変容をもたらすと言えるのではないか。

対立と共鳴

二〇一六年の対談『哲学におけるドイツの伝統』において、ナンシーとバディウの意見が最も強く対立するのは、哲学の起源をめぐる問いと、「存在の意味」をめぐる議論においてである。第一の問いについてナンシーは、八〇年代にバディウがハイデガーの語る哲学の終焉を批判したことを振り返りながらバディウが「普遍的な価値」、すなわち真理の護り手としての哲学を擁護していることに触れ、「では、なぜ哲学は始まったのか？」と問いかけるのである。「哲学が始まったのは、数学が始まったからだ」とのバディウの答えに満足しないナンシーは、「ではなぜ数学は始まったのか？」と問いを重ねるのである。バビロニアやエジプトにおける数字の発明が、数学の誕生を促したものの、出来事としての数学の誕生自体は説明不可能だと述べるバディウに対してナンシーは、自身はなぜ数学が誕生したのかを語ることができると断言する。ナンシーの答えは「それは神々が立ち去ったからだ」というものである。紀元前一二〇〇年頃のバビロニアにおいてすでに航海術、計算、文字などが発明されていたが、それまで神々によって与えられていた意味や真理が突然失われたのであり、それを条件として数学や政治や哲学が生まれたとナンシーは語る。[*11]

「存在の意味」についての意見の対立は、両者によるハイデガー評価についてのインタビュアーの問いによって明らかになる。バディウがハイデガーを現代哲学に存在についての問いを取り戻させた哲学者だと評価するのに対し、ナンシーは『アナクシマンドロスの箴言』を例に、ハイデガーが「存在」を名詞ではなく動詞として、それも（*brauchen*, utiliser〔収用する〕という意味の）他動詞として用いていることが驚くべきことだと述べる。これに対してバディウは、存在についての真の思考は、存在がわれわれ人間に起こることにまったく無関心（無関係）だと認めることを要請すると主張し、ハイデガーも存在の歴運を人類の歴史のただ中に位置付けるにあたり、目的論的な宗教的寓話に陥っていると強く批判するのだ。存在は思考する人間の特異性には何ら結びついておらず、存在にはいかなる意味もないとバディウは断言する。この点は、出来事についてわれわれが確認した、特異性の変容に存在が一切関与しないというバディウの主張に支えられていると言えるだろう。

さて以上二点の両哲学者の意見の対立の前者は、一九九九年のバディウについてのシンポジウム「アラン・バディウ　多様体を思考する」に寄せたナンシーのテクスト「無条件の哲学」がすでに垣間見せていた。冒頭でナンシーは「バディウと私は、一つ以上の接点、一つ以上の交流を持つこともできたであろうが、私たちはそれぞれ、はっきりと異なった思考の場を占めている」[*12]と述べ、両者の思想の否定し難い相違を強調する。そしてナンシーは『哲学の条件』におけるバディウのハイデガー主義者への批判を引用する。「（ハイデガー主義的潮流にお

＊11　Alain Badiou et Jean-Luc Nancy, *La tradition allemande dans la philosophie*, Lignes, 2017, p. 44.
＊12　J.-L. Nancy, «Philosophie sans conditions», in *Alain Badiou, Penser le multiple*, textes réunis et édités par Charles Ramond, L'Harmattan, 2002, p. 64.

ける）支配的な意見は、形而上学は歴史的に枯渇しているが、形而上学の彼方はわれわれにはまだ与えられていない、というものだ。こうして哲学は、その歴史的可能性の枯渇と解放をもたらす回帰の概念なき到来とのあいだに捉えられている。現代哲学は、その過去の脱構築とその未来の甲斐のない期待を組み合わせている」。[*13] この引用に続いてナンシーは、バディウの脱構築解釈の不正確さを厳しく指摘するのだ。ナンシーはハイデガーの *Abbau* にせよ、デリダの「脱構築」にせよ破壊や清算という意味では理解されないことを指摘し、脱構築とは何らかの体系の始まりに先行し、その下に埋もれていた可能性、力を開くことであり、始まりの上に構築されたものを解体し、その地下深く掘られていたものを到来させることだと指摘する。そして、一七年後に『ドイツの伝統』において語られるように、哲学（形而上学）は、紀元前一三世紀から九世紀頃にすでに揺らぎ始めていたある世界の建築物を「脱構築する」ことによって始まったと述べられるのだ。その世界とは、与えられた意味と、充実して現前する真理とからなる宗教＝神話的世界である。金属の鋳造、文字、計算などの技術を持った宗教＝神話的世界において、意味の消失、真理の逸出が生じたのだ。そこで案出された「悲劇」はこの宗教＝神話的世界における信仰の最後の証言、意味の消失、真理の逸出の最初の証しなのだ。バディウが提示する哲学の条件（政治、科学、愛、芸術）は宗教＝神話的世界においても知られていたが、それらの共約不可能性は未知のものだった。後に形而上学と名付けられるものは、この共約不可能性を分節化したのである。こうしてナンシーは、一九八九年の『哲学宣言』におけるバディウの攻撃的な批判に正面から反論するのである。哲学の終焉に異を唱えるバディウが創始すると語る「哲学」はすでに形而上学として開始されていたのであり、「哲学の条件」は脱構築可能だということになるだろう。

最後に、意味の消失、真理の逸出に関して付け加えるなら、「真理と意味の循環との連続性を想定するあらゆるものを宗教と呼ぼう」[*14]という『哲学の条件』におけるバディウの主張にはナンシーが同意していることを指摘しなければならないだろう。同じテクストにおいて、形而上学の誕生を技術の発展に結びつけながらナンシーは、理論的・実践的操作の対象として「自然」を生み出す技術が自己目的として生成して行くことに触れ、この運動には前進的、退行的ないかなる意味もないと述べているのだが、その箇所には括弧が付され「(この意味で、「意味」と「真理」との対立について、私はバディウに同意する)」との補足がなされているのである。[*15]この括弧内の一文は、大幅に改稿されたテクストが「脱自然化としての創造——形而上学的技術」というタイトルで『世界の創造』に収録される際に削除されている(CM 128/

＊13　Alain Badiou, *Conditions*, Seuil, 1992, p. 58.『哲学の条件』藤本一勇訳、藤原書店、二〇二一年、八二頁。
＊14　*Ibid.*, p. 80. 同前、一一五頁。
＊15　J.-L. Nancy, «Philosophie sans conditions», *op. cit.*, p. 77.

一一〇)。最後にわれわれは、『複数にして単数の存在』において、拡散する「意味」は各々の特異性の「真理」へのアクセスとして考察されてはいるものの、そこにおける「真理」とは神々の存在や摂理とは無関係であり、循環する「意味」自体もまた「真理」を内容とすることはないということに注目できるだろう。

Ⅳ　ナンシーと共に生きる

コルピュス

ジャン＝クレ・マルタン（吉松覚訳）

先日、ジャン＝リュック・ナンシーが歿した。それはちょうど、「身体＝物体に何が起こったのか？」という生政治的な問いが生じえたタイミングだった。それゆえ、ワクチンを打たれ、ワクチン接種会場での大規模な接種が行なわれるなかに組みこまれた身体＝物体《コルピュス》が問題となっていたタイミングだったのだ。さらに言えばフランスでは、多くの制限つき衛生パス——その企画を構想するために〔政府は〕コンサルティング企業のマッキンゼーに働きかけていた[*1]——

〔訳註〕
*1　フランスでは二〇二一年七月にワクチン接種証、いわゆる「衛生パス」の所持が義務づけられ、提示のない場合は飲食店等のみならず、病院にも入場を断られる場合がある。これに対してワクチン接種の自由を求める

が発行され、感染者を中国に閉じ込めておくかどうかを科学によって決定しようとしていたタイミングであった。

　身体へのこのような関係は、大多数の欲望の表れなのだろうか。衛生への顧慮や今日見られるような衛生観念がメディアを通じていやましに高騰していることに鑑みると、そのように言うことは難しい。哲学的な問いというものは、そのようなプロトコルの効能などにかかずらうことなどしない。哲学的な問いは、おそらくミシェル・フーコーがかつて予告していたような、別の要求に影響を受けている。すなわち、私たちの時間＝現代という時代はどのように身体に影響を及ぼしてきた〔touché〕のか、という問いである。そしてそれは、ジャン＝リュック・ナンシーという人物のなかに、一群《コルピュス》の外科手術が受肉しているのだから、なおさらである。[*2] この外科手術によって、彼の体験は、フーコーの時代では想像しえなかった現実となった。接木され、移植される身体は少なくとも、それまで私たちが知りえたことを超え、勇敢にも死に立ち向かう生との関係において、怪物的なものと隣り合わせにある。おそらく、〈外科手術による移植が可能になる〉より早くに、興味深い仕方で、メアリー・シェリーによる――とりわけフランケンシュタインに向かった――文学的関心によって始まっていた出来事である。そして、リドリー・スコットの『プロメテウス』で撮影されたような諸種の機械への関係も同様に生じてくる。怪物的なものの一バージョンがこの世に入り込んできたのだ。権力装置によって、手術したり、身体に触れたり、生命を交雑させたり、もしくは権力装置によって、生き延びに対して未曾有の権力を行使する装置によって生を支配したりするという仕方で。

こうしたことはすべて、かつては文学や映画が専売特許としていたが、それらが提示する省察は哲学にも大いに関連し、少なくとも映画研究やSFの創作に関連する一部の哲学には大いに関わっているのだ。たしかにドゥルーズは、死ぬのは生ではないと述べている。死ぬのはただ器官であって、他方で生は続いていき、一部のサメや爬虫類にとってそうであるように動物的身体は人間の限界を超えて先延ばしにされていく結末を探求する。

自由の経験は確実に、この閾の上でなされる。それは少なくとも、形而上学が関わる一定の関心事の脱閉域〔déclosion〕に刻み込まれた未来である。医療委員会――それは衛生上のプロトコルや、隔離センターとは何も関係のない新たなる協調や新たなるアレンジメント〔agencement〕

市民から反対運動が起き、半年以上にわたってデモ活動が行われることになる。それに加えて、二〇二二年三月中旬にフランスの上院議会の調査委員会が発行したレポートでは、マクロン政権がマッキンゼーやボストン・コンサルティング・グループをはじめとした米国のコンサルティング企業に二〇二一年に支払った額が合計で一〇億ユーロを超えると報告される。この報告から、COVID－19対策をはじめとした政治的・公的決定にも企業――そればかりか国外の企業――が介入してしまっていることが発覚した。そもそもマッキンゼーのフランス法人が法人税を脱税しているという疑惑が噴出したことなども相俟って、この「マッキンゼー問題」はマクロン政権への大きな逆風となった。

*2 ナンシーは一九九一年に心臓移植手術を行なっている。

によって身体には何ができて、身体は何を求めているのか、ということについては明らかに何も考えていない決定ばかりをしている——の只中で科学が求められているのとは別の仕方で、科学を求める問いが立てられている。いま述べた新たなる協調やアレンジメントは、トランスヒューマニズムとも一切関係がない。トランスヒューマニズムによる〈生の〉延長は、生が買えるものであり、資本主義が提供する一般化された交換のなかに入り込んだということを含意しているが、ジャン＝リュック・ナンシーはそのような交換をこそ、商品の一般的等価性として強く批判しているのだ。

ジャン＝リュック・ナンシーの身体が、『触覚＝彼に触れること』『侵入者』『共同‐体』等々を読み直すようデリダとともに要求しながら、私たちを置き去りにして消え去ったとき、メディアがお払い箱にしてしまった時事問題の背後で、哲学なるものが新たに発生したのである。〈これらの書物は〉今日的な意義のある書物であり、もちろん怪物的なものの形式と、いくつかの技術的な変異の形式と共鳴しているのだが、これらの形式は交換とは無関係である。というのも、生というものは等価性の次元に属するものではなく、交換されえないからだ。ひとはあいだ、中間部にいる。『流血〈*Cruor*〉』という名のもとで引き裂かれ、間隔化する中間地帯にいるのだ。『流血』とはジャン＝リュック・ナンシーの筆になる偉大な書物で、それは残酷演劇（アルトー）から遠からぬところにある。「他者の血が脈打つのを自らのうちに感じること[*3]」。

これこそが、ジャン＝リュック・ナンシーがこの書物のなかで用いる言い回しである。極端な形式のあいだで、しばらく前から私に訴えかけてきていた両極端のあいだで、私の見る限りではただ政治的なだけではない観点から、畸型学の方へと赴いていった。私がJLN〔ジャン＝リュック・ナンシー〕を読み追究しようと試みているもののなかには、「怪物的なものの哲学」のようなものがあり、私はその道筋を最近、〔ドゥルーズの〕『シネマ』に首肯しながら表明した。[*4] しかしそれは、ドゥルーズ、デリダ、フーコー、ナンシーらを交差的に読解することで行なってきた、存在論的な背景のもとでなされているのであるが。

　動物の問い、動物を食べることの問い、その絶滅の問いは、以上のような身体＝物体へのアプローチ、そして動物たちに定められた仕打ちが持つ残虐性というアプローチと無関係ではない。生物多様性、生命多元論がいずれにせよ脅かされていること。私たちはこのことをかつてないほどによく分かっている。あたかも間隔化が動物たちに閉ざされてしまい、そのせいである生物種が死ぬたびに世界の脆弱な肌[*5]が縮減されていくかのようだ。ある動物が消滅するとき、正確には何が消滅しているのだろうか。おそらく、何も起こらなかったと思うことも、人

＊3　Jean-Luc Nancy, *Cruor*, Galilée, 2021, p. 65.
＊4　Jean-Clet Martin, Ridley Scott, *Philosophie du Monstreux*, Impressions Nouvelles, 2019.
＊5　ジャン＝リュック・ナンシーの二〇二〇年の著作 *La peau fragile du monde* を踏まえての表現。

間の直観というものすべてを代表＝表象できるのだと言い張ると思うことも、私たちには難しいだろう。人間の受容性〔réceptivité〕とは、それゆえに私たちの受容性とは、〔人間以外の〕あらゆる身体の受容性ではない。私たちがその重要性をごく稀にしか認めてこなかった多様性が、私たちの前に現れている。例えば昆虫は、私の身体と比べて、異なる様態の直観を形成する。カントが『実用的見地における人間学』[*6]（*Anthropologie*, Vrin, p. 37）で密かに着手している様式である。しかし、〔カントが着手するのは〕註においてであり、自らが通りがかりに語っている虫のこの触角について、彼は真に問うことをしない。触角は何を探っているのか。生き物の中間部において発言しているのは、世界のいかなる間隔化なのか。一本の触角からもう一方の触角への間隔化、両者のあいだの間隔化なのか。デリダが『触覚＝彼に触れること』において、共約不可能なもの〔l'*incommensurable*〕と呼ぶ、異様で、周縁的な出来事である。[*7]いずれにしても、延長されることとの別の方途である。

それゆえここに、すなわちこの動物の手前に、昆虫が形成する「昆虫の触角による拡張方法〔insection〕」の手前に、世界内存在の二つの仕方が分岐しているのである[*8]（*Le Toucher*, p. 37-38）。「世界の脆弱な肌」、すなわち私たちの共棲の伸張をしるしづける氾濫の瞬間である。感性的でも叡智的でもないが、デリダであれば「非身体的」となおも言うであろう延長〔étendue〕である。〔なぜ「非身体的」と言うかというと〕おそらくそれは、心臓が、引き抜かれて別の心臓に置き換えられるよう予め与えられた空間の内に格納されるように身体は当の延長に依存しているからだ。まるで身体が、特定の素因のターミナル、個別の〔particulier〕形式で身体を可能にする特定の特異性〔singularité〕のターミナルに他ならず、然るのちにようやく身体が、特殊な有限性——身体を限界づけ、ただ一つの〔unique〕ものにする有限性——において具体化する〔prendre corps〕かのようである。それぞれの身体にとってのまた別の有限性がある。私たちが先ほど言及した書物においてJLNが、身体の脆弱さと名づけるものである。まさに、これはほとんどドゥルーズ的である。ただし、思考が当の他の身体を、別様に倍加させることになる限りにおいてであるが。

思考は横たわっていて＝延長であり*9〔étendue〕、ある意味で虫の触角もその一部をなすかもしれない拡張〔extension〕方法によって力を揮う。それは単に私たちの世界内存在にかかわる〔touche〕身体の拡張であるだけでなく、思考の拡張、あるいは思考をあらかじめ形成し、思

*6　イマヌエル・カント「実用的見地における人間学」渋谷治美訳、『人間学　カント全集15』、岩波書店、二〇〇三年、六四頁。
*7　ジャック・デリダ『触覚』松葉祥一・加國尚志・榊原達哉訳、青土社、二〇〇七年、五四頁。
*8　おそらくここは、デリダの『触覚』ではなく、カントの『人間学』の頁数を指していると思われる。
*9　『触覚』においてデリダが引用する、ナンシーのテクスト「プシュケー」に基づいているものと思われる。『触覚』、三一一頁を参照。

考に先んじ、思考の脆弱さを残しておき、思考の輪郭を作り出す本能の拡張でもある。思考はこのかくも薄い〔fine〕肌を、その終わり〔fin〕を見積りながら、思考の連鎖に沿って、人間に固有のものとは言えない連合の様式に従って広がっていく。これは少なくとも、ドゥルーズによるヒューム読解以来、兆候が表れていたものではあったのだが。思考は観念連合によって一体化する〔faire corps〕。しかし、デリダがそのナンシー読解において、新たなる「超越論的分析論」の方へと引き出そうとしているのは、なおもまた、グラマトロジーなのである。この新たなる「超越論的分析論」を確証するのは明らかに、デリダその人である。デリダがナンシーを援用しつつ述べているのは、他の結びつきの約束、とりわけ「思考と身体の結びつき」〔の約束〕であって、「それについて哲学者カントには語るべきものが何もない」[10]（Derrida, *Le Toucher*, p. 51）のである。

はじめに、次のように言おう。つまり、昆虫の触角、この奇妙な感覚傍受〔の器官〕は、手とは全く関係がなく、手が摑み＝把握し、取り〔prendre〕そして把握する〔comprendre〕（*Begreifen*）仕方とは全く関係がないのだ、と。触ることの別の仕方に由来する、遠隔的な行動が存在している。すなわち、ページ下部の脚注において問題含みな仕方で登場する、別種の接触である。確かに、カントは次のように認めている。引用すると「昆虫の触角は物体があるかないかの感知だけを狙いとしていて、その形状の探知は目的としていないように思われる」[11]（*op. cit.*, p. 38）。

形＝形式など存在せず、そしておそらくこの関係のもとでは思考など存在しないのである。カントはまた、昆虫の触角というなかなかに並外れた直観から、そして触角が私たち全員のあいだに、全ての生き物のあいだに忍び込む仕方から目を逸らすことになる。

　多くの仕方で分節化された、かくも多くの記号を容れる能力がこの動物には可能であり、当の動物はまた別の形式を指示してもいるのだが、まさにカントはそれについて何も知ろうとしない。昆虫の身体に属する間隔化、人間を定義するコルピュスの間隔化とは大いに異なるコルピュスに属する間隔化を、カントは本当の意味では知っていない。そしてその同じ『人間学』で〔三一三頁〕、確かに彼はチンパンジーへの言及を通じて、いくつかの道具を手で摑み、把握する能力の前ぶれを探究してはいる。しかし、類人猿にとってそうであるように、〔チンパンジーには〕摑むこと＝把握〔saisie〕は存在していないようである。そして昆虫には、手で摑むことも、概念〔*Begriff*〕もないのである。いずれにしても、多数の空間へと私たちを連れていく他なる延長が、『変奏』以降、私の著作で「複数宇宙〔plurivers〕」と名づけたもの*12への糸口とな

*10　デリダ『触覚』、八〇頁。
*11　カント「実用的見地における人間学」、六四頁。
*12　「宇宙」を意味する語 univers には「単一」を意味する接頭辞 uni- が含まれている。それに対して世界の複数性を構想するマルタンは plurivers という語を単一の「宇宙」と対置しているようである。なお、マルタンは『変奏』ではこの plurivers については積極的に論じていないように思われるが、当該書籍では一／多という問題

る延長が問題なのである。

他の数々の理念性——デリダが本能的契機と呼ぶもの——は実際、未知の体制を起点としつつ、ここに適合するのかもしれない。例えば、温度や特定の熱量の範囲に応じて外界を見積もるヘビの皮膚の体制も、そうかもしれない。つまり、私たちの受容性の様式には感じえない諸々の範囲、諸々の余白である。いずれにせよこれは、存在物が現前していることを感じたり、特定の信号論体系や奇妙な記号論に基づいて当の存在物の〈そこにあること＝現存在〉を感じたりするための、空間の新たな超越論的探求なのだろう。この文脈でこそ、『触覚』で再び見出すことのできる、ナンシーの言い回しが出てくるのである。その言い回しとは、ナンシーが心的装置についてアプローチしているときに、フロイトを引用しながら書いたものである。それは次のようなものである。引用をすると、「カントにおけるア・プリオリな諸条件の代わりに(…)。プシュケは延長している＝横たわっている。［しかし］それは自分について何も知らない」[*13] (Derrida, p. 58)。本稿で私たちが関心を寄せる章においてデリダが続けて論じている、「精神分析的超越論的感性論」へと私たちを導く註記である。

このような装置は、ある仕方でこそよく理解されるだろう。しかし、知の拡張によってではない。〔それが理解されるのは〕無意識の方へと向かう精神分析的な拡張によってであり、さらに言うなら世界の脆弱な肌の方へと向かう動物行動学的な拡張によってである。デリダはナンシー読解において、驚嘆すべき外的感覚の核心へと私たちを導いてくれる。それは昆虫の感覚であり、その少し後では爬虫類の感覚である（『あらゆる方向＝意味における意味』における私たちの議論を参照）。*14 いずれにしても、昆虫や爬虫類に固有のア・プリオリがあるのだろう。そしてそれらは私たちの知る内的感覚や、私たちの時間感覚、因果性に支配された時間の時系列的な順序に従属していることはないのである。

ドゥルーズの『意味の論理学』全体は、「超越論的経験論」や「高次の経験論」と名づけられる超越論的領野の新たな実験に完全に割り当てられていた、ということになる。そしてこうした領野に精神分析もまた招き入れられることになるのだが、デリダはそのことを本当の意味では覚えていない。コメントをされることが少ないこの出会いにおいてこそ、私の研究領域が浮かび上がってくるのである。それだけでなく、ここ数年来のジャン＝リュック・ナンシーと

には触れている。ジャン＝クレ・マルタン『ドゥルーズ／変奏♪』毬藻充・黒川修司・加藤恵介訳、松籟社、一九九七年、一五八頁以下。しかし、その後彼はまさに『複数宇宙——世界の終焉についての試論』なる書物を上梓している。Jean-Clé Martin, *Plurivers—Essai sur la fin du monde*, PUF, 2010.

*13 デリダ『触覚』、九一頁。フロイト「成果、着想、問題」、『フロイト全集』岩波書店、第二巻、二〇〇七年、二八五頁。

*14 Francis Guibal et Jean-Clet Martin (dir.), *Sens en tous sens*, Galilée, 2004. p. 108, 112 et 197. ジャック・デリダ、ジャン＝リュック・ナンシー「責任——来たるべき意味について（下）」西山雄二・柿並良佑訳、『水声通信』、水声社、第一一号（九月号）、二〇〇六年、一九頁。

の交流——SFや映画、あるいはここ最近であればバンド・デシネや、イメージが動物化した体制について語ることさえあった——によってもまた〔浮かび上がってくる〕。

デリダ——私は彼の著作を大いに読んだ——は闘に身を置いているが、とりわけ効果的な仕方で、新たなる超越論的感性論へのこのようなアプローチにとっての強力な味方となってくれている。彼もまた、昆虫やその触角、昆虫の間隔化の仕方、昆虫特有の現象学をなおざりにして、レヴィナス風の倫理の問いとの関係を優先してしまった。しかし、彼は晩年、動物についてのセミネールの折に、昆虫への関心に回帰した。このセミネールによって、私たちそれぞれの魂とまでは言わないにせよ、私たちの哲学的友愛が結びついたのである。そして、私が国際哲学コレージュに在籍していたとき、ジャン＝リュック・ナンシーをめぐるコロキウムへの招待によってデリダが参与していた「あらゆる方向＝意味における意味」が、彼のジャン＝リュック・ナンシーについての著作で浮かび上がってくるのである。その結果、食事のときであれ、発表後であれ、私たちの間で議論が交わされることとなった。私の発表に関しては、有限性の継ぎ目、亀裂が議論となり、その日、デリダと私は、ハイデガーにおける人間〔概念〕の照準や、人間の目的＝終焉を完全に脱臼させうる、現存在に向かって駆り立てられたと言ってもよい。さらにこの日は、ナンシーとデリダがコロキウムの掉尾に交わした討論でも、閉会にあたって現存在をめぐる議論が争点として参照され、最終的にこのコロキウムの記録はガリレ社から出版することになったのである。

このような議論の全体から帰結するのは、カント的感性論の超越論的形式とは異なる超越論的形式をまさに構想しなければならない、ということだ。この超越論的形式とは、有機的な装置——触角や翅鞘、しかじかの種に固有な昆虫的拡張方法でできた身体——に沿って引き伸ばされるものである。それは必然的に、対応する内的な感覚やハビトゥス、本能を伴っており、それらが程度の差こそあれ、力能〔puissance〕に従って、生を倍加するようになる。カントが昆虫の触角に言及しているとはいえ、『純粋理性批判』が最終的に「超越論的観念論」と名づけることになるものが、こうした必然性を検討することはない。超越論的観念論は、世界がくっきりと姿を見せるのは、私たち〔人間〕の能力の内部においてである、と確信しているからである。しかし、ここで問いが生じる。つまり、それはいかなる世界が問題であり、他に世界は存在するのか、という問いである。これこそが、ナンシーの書物『世界の意味』の刊行以来、私がナンシーに変わらず投げかけていた問いであった。タイトルの〔世界および意味という名詞の〕単数形にご注意いただきたい。この単数形は次第に、ドゥルーズ的な「複数にして単数＝特異なもの」に、さらには諸々の世界を分岐させる多数の意味＝感覚＝方向の複数性へと開かれゆくのである。

第一に、次のようなことを認めることができる。すなわち、人間をはじめとして想定されている生き物がどのようなものであれ、直観は明らかに、絶対的なものにも、いかなる物自体にも関係することはなく、当の直観が受け止め、理解することのできる諸関係に最終的には依存する〈ある対象＝x〉に関係するのだ、と。というのも、概念はただ、人間学的なレベルでのみ効力を持つからである。それゆえ、なぜ人間という種をこのように選好するのか、と自問してみるべきではないだろうか。なぜ、ただ志向的な現象学は志向的なものでしかないのか？なぜ、動物のみならず植物もが私たちを志向する場となり、肉とは異なる直観の戯れのうちに私たちを捕らえることができるような現象学的存在論のなかに入り込まないのか？〔、と。〕

それゆえ私たちは、アリストテレスから長い時を経て、『ペリ・プシュケース』、すなわち『霊魂論』を書き直さなければならない。そして私は早くも、正確には一九九八年にすでにして、「世界の魂」というタイトルのアリストテレス研究を提示し、〔新たなる〕『霊魂論』を書かなければならないと予感していた。ただしそれは、『ペリ・プシュケース』という表現で、魂から延長する＝横たわる〔s'étendre〕ものを、そして魂が自らの周囲に保っている諸々の場に向けて衰えていき、崩れていくものを意味する限りにおいてである。それは巣に佇む蜘蛛にも少々似ている。それは次第に規模を広げていく「ペリ」、もしくは環状道路[*15]であり、多方向的なベクトルを持った、トポロジー的な接触において生き物の全体に触れる感性的なネットワークである。それはレヴィナス的な意味での〈倫理〈*Éthique*〉〉ではないような「器官なき身体」

であるかもしれない。ただし、倫理なる語で、エートス〔ethos〕や行動生態学的〔éthologique〕アプローチを意味するのであれば話は別だ。そしてひとたび顔そのものが失墜してしまったなら、他者の夢、一切の顔から遠く離れた絶対的な他者の夢を見てはならない理由などあるだろうか。

「私」〔なる主体〕が失墜したとき、あるいはJLNのテクストのタイトルを繰り返すなら「私」が眠りに落ちるとき*16、この夢が私たちに吹き込むものとは、私たちが経験したことのないものの経験である。これは、『自由の経験』においても海賊行為*17〔peiratès〕、海賊の名で問題となっているような、経験の危機〔péril〕である。海賊とは、つねに境界の危機にあり、境界のなかに、あるいは複数の境界線のあいだにあるものなのだ。

---

*15 『霊魂論』のタイトルにも含まれる語 **πεpì/peri** は「〜について、〜をめぐって」を意味する前置詞だが、この後はフランス語では「〜の周囲に」を意味する接頭辞 **péri-** として残っている。この接頭辞を冠しており、「周囲の」を意味する形容詞 **périphérique** は男性名詞で「パリ外周部の環状道路」をも指すが、さらにパリ方言の口語でこの男性名詞は **péri** と省略されることがある。

*16 ジャン゠リュック・ナンシー『眠りの落下』吉田晴海訳、イリス舎、二〇一三年。

*17 『自由の経験』においてナンシーが用いた表現。Cf. *EL*, 24 et 114／二九―三〇、一四八。マルタンは前出『変奏』において、カントの超越論哲学とドゥルーズの超越論的感性論を対峙させつつ、後者は安全なところに安住するのではなく、自らを危険に晒しながら進んでいく旨を主張している。そのとき、彼はこの超越論的経験論の試みを「海賊行為〔peiratès〕」と形容している。『ドゥルーズ／変奏♪』、五一頁を参照。

「私はある経験をした」、この茫然とした表現は、ある種の失神のようなものについて語っている。すなわち、私たちに危機を辛抱させる昏睡であり、〔先に問題となっていた語素 péri や「危機」との関連を強調するなら〕ex/*péri*/ence である。メルヴィルの作品において白鯨に直面した船乗りの経験にも似た、動物の経験。ある種、このような経験によって私は『モビー・ディック』を再読したいと欲するようになったのである。この点について、毒虫に関するカフカ読解と併せてメルヴィル読解に沈潜することができれば嬉しかったのだが。私がそれをしたのかは定かではないが、私の関心事のなかのいたるところ――私のSFへの関心にいたるまで――にその兆候は存在している。こうした兆候の端緒は、『自由の経験』を書き始めていたナンシーがストラスブールで開講した講義を受講して影響を受けた私が、一九八〇年代以来私なりにカント読解をした時期に明確に認められるのだが、おそらく私はそのときすでにドゥルーズの方へと関心が向かっていたのだった。

この問題をめぐってのドゥルーズとの邂逅があったことはそれゆえ、驚くべきことではない。〔この問題をめぐっての〕デリダとの邂逅があったことも、デリダの動物についてのセミネール以来、やはり驚くべきものではなくなった。この視点においてこそ、私は『変奏』と名付けた私の博士論文を読解してもらえないかとジャン＝リュック・ナンシーに訴えかけたのである。私はそのとき、直観主義の外部へと、ある意味では肉〔chair〕の外部へと私たちを連れ出してくれるかもしれない結節点に、ナンシーが位置している気がしていたのだ。コルピュス、「器官なき身体」。これらこそが、私自身のエクリチュールが作動する範囲において私が採用した、多様体〔*multiplicité*〕に訴える概念なのである。ジャン＝リュック・ナンシーにとって、時間は止まってしまった。ドゥルーズにとっての時間も、デリダにとっての時間も、同様に途切れてしまった。〔彼らが開いた〕道を進み続け、その途上でこの道を再開しなければならない。未だ、来たるべきままにとどまっている——そう私は願っているが——そのような別の時間のなかで。

思考の蜂起、あるいは哲学の誕生

――ジャン＝リュック・ナンシーのために[*1]

ボヤン・マンチェフ（乙幡亮訳）

昨年八月二四日、私は次のような文を綴った。

永遠が始まるところ
永遠は存在する。実存が尊厳と呼ばれるときにそれは生まれる。
永遠不滅の、星のごとき実存が可能なのはある瞬間だけである。瞬間を切り開く瞬間。時間の蜂起。

＊1　このテクストは、次の拙論に加筆したものである。«L'insurrection de la pensée, Jean-Luc Nancy», *Lignes*, n° 68, mai 2022.

七月生まれの哲学の友
土用の季節の神秘的な星、シリウスが、日の出を告げる星であるように、あなたは哲学の可能性そのもの、
その約束をあらたに告げたのであった。
尊厳ある実存の約束は、そこで、その特異な瞬間において、永遠を揺さぶる。
いま、生まれ出る永遠

†

この数行は、八月二四日、ソフィアの街を見下ろすヴィトシャ山で、赤く染まる夕焼けのなか、そして宵の明星（それはまた明けの明星でもある）を追って昇る満月のもとで、手帳に書きとめたものだ。

それ以上何も書くことはできなかったが、呼びかけの力に声が詰まりかける。しかし、私のよく知るジャン゠リュック・ナンシーのある論考の忘れられた一節を読み返すと、内なる激しさはたちどころにおさまったのだった。「現前への誕生」には次のように書かれている。

哲学は真の喪を知らない。真の喪は「喪の作業」とはなんら関係がない。「喪の作業」、死者の体内化を遠ざけようと骨を折ることはまさしく哲学的な作業であり、表象の作業そのものである。結局のところ、死者は表象され、そうして遠ざけられることになるだろう。

しかし、喪には限界も表象もない。それは涙と灰である。喪とは、何も取り戻さないこと、何も表象しないことである。それゆえまた、そのような死者と死が表象されないことへと生まれることである。

生まれること——さらされること、実存すること〔*ex-ister* 外に立つこと〕。実存とは、実存の切迫である。日ごとに、瞬間ごとに実存はおのれの必然性、自由、法、気まぐれにさらされる。実存は存在しない〔*n'est pas*〕。そうではなく、実存とは存在が実存することである。あらゆる存在論はこのことに集約される。[*2]

この数行のおかげで、私はすでに知っていた。ジャン＝リュックの言葉、彼の思考はここに、私たちのそばにあり、混乱や無秩序、世界に襲いかかる不正義に立ち向かう思考を、汲み尽くされえない、立ち上がる思考を、切迫し白熱した、世界を作り上げそれを具体化する〔donner

＊2 J.-L. Nancy, *Le poids d'une pensée, l'approche*, La Phocide, 2008, p. 108.

corps 身体を与える〕ための思考を具体化しているということを。

それゆえ対話は途切れない。そしてそれは、この断章のなかでよみがえってくるのである。

†

三〇年前、心臓移植の直前に――あるいは直後に？――ジャン＝リュック・ナンシーが書いたこの文章は、前代未聞の肯定、すなわち再生〔*renaissance*〕の、それどころか此岸で〔*en-deçà*〕生じる復活〔résurrection〕の肯定を提起している。哲学が真の喪を知らないのだとすれば、実存の内奥の欲動――その再び生まれる力、際限なき出現の力――についてはなおさら知らないことになる。

したがってこの文章は、共通の尺度を持たない哲学的な転覆の可能性を、思考の歴史における真の中間休止を指し示している。実存――再生する、それゆえ無限の実存――の哲学。それこそが、ジャン＝リュック・ナンシーの哲学の最初の――そして最後の――賭金である。

†

「現前への誕生」から一〇年後の『私に触れるな』という驚嘆すべき大胆な小著において——もちろん驚くべきだが、全面的にキリスト教の脱構築というプロジェクトによって切り開かれた道筋に沿って——根本的な有限性の強調は、逆説的にも遺体の起ち上げ〔*levée* du corps mort 出棺〕を相伴っている。起ち上げという言葉は、ナンシーが好んだ、ギリシャ語の「アナスタシス〔anastasis〕」の直訳である。「有限な生の地平（「地平」、それは限界である）と、無限の起ち上げが、互いに対立することなく重ね合わされる」（NMT 39／八六）。かくしてナンシーは、明らかに異端な命題にたどりつく。「それは屍体の再生がありうると信じることではない。それは死を前にした姿勢維持〔tenue〕への確信のうちに、毅然として自らを保つ〔se tenir〕ことである。この「姿勢維持」はまさしくアナスタシス、「復活〔résurrection〕」、つまり再起〔relèvement〕あるいは隆起〔soulèvement〕を（このギリシャ語は「蜂起〔insurrection〕」という意味にもなりうる）もたらす。再生でもなく、再活性でもなく〔…〕、隆起であり、墓の水平性に直交する垂直性としての起ち上げ〔levée〕あるいは起き上がり〔lever〕である」（NMT 33／三一）。

したがって、起ち上げとは隆起、蜂起である。考えうる限りもっとも根本的な有限性をめぐる不屈の思考を前にして、私たちはこの蜂起の意味を思考しなければならない。

復活〔résurrection〕という語は、ラテン語の resurrectio、resurgo（起き上がる）に由来する。一方、蜂起〔insurrection〕は、in（……に対抗して）と surgere（立ち上がる）からなる insurgere（立ち上がる、……対抗して立ち上がる、高く立ち上がる）を語源とする後期ラテン語の動作名詞 insurrectio（蜂起）に由来する。また surgere の方は、sursum（上に）と regere（導く、正す、先導する）からなる surrigere の縮約形である。

†

そう、つまりアナ‐スタシスとは、復活、隆起、蜂起を意味しているのである（ギリシャ語の stasis――立ち上がる、起こす、重さをはかる、立っているといった行為であるが、同時に蜂起するという行為でもある――は histemi（直立する）に由来する）。しかしながら、文字通りに考えれば、アナスタシスのラテン語による翻訳借用は、sur-sistence（sursum + sistere）にほかならないはずである。すなわち、sur-sistence〔超えて‐立つこと〕である。あるいは端的に existence（ek-sistere〔外に‐立つこと〕）である。「死がなければ、接触、隣接、感染、癌のような生の伝染しかないだろう。そして、そのような生は結局のところ、もはや生ではないだろう――あるいは生でしかなく、実存ではないだろう。それが生であるとしても、生であると同時にアナスタシスであるとは言えない、そんな生でしかないだろう。死は関係を開く、つまり出発の分有を。それぞれが終わり=目的なく、止むことなく、到来し出発する」（NMT 74／六三）。

したがって、身体の起ち上げとしてのアナスタシスという革新的な解釈は、逆説的にも、有限性をめぐるナンシーの思考の核として現れる。それが、ナンシーの思考の最終的な賭金、すなわち実存の新たな哲学を明らかにするのである。

「無限の差延は有限である」――『声と現象』におけるデリダのよく知られたこのフレーズを引用しながら、ナンシーは力強く書きつける。「それゆえ何ものでもないものである〔*qui n'est rien*〕ところの差異は、これまた何ものでもないところの有限性である〔*est*〕（この「無〔rien〕」、このモノ〔res〕は、依然として分析されなければならない。ただし、おそらくそれは義務というものを経由しなければなるまい）」[*3]。

さて、無限の有限性は有限である。有限性とは、起き上がる=止揚される〔se relève〕ことがないものであるが、起き上がる=揚棄されることがないものとは、起ち上げの無限性――出現の、隆起の無限性、その無限の存続――にほかならない。

無限の差延は有限である、しかしまた、有限の差延は無限である。究極の差延には終わり=

*3　J.-L. Nancy, «La voix libre de l'homme», *L'impératif catégorique*, Flammarion, 1983, p. 131.〔デリダの引用は、『声と現象』林好雄訳、筑摩書房、二〇〇五年、二二九頁〕

目的が存在しない。

†

実存は存在しない。そうではなく、実存とは存在が実存することである。あらゆる存在論はこのことに集約される。

実存が存在しないのは、その揚棄が不可能だからである。不可能なことは、実存することを実存として揚棄してしまうことだが、実存はそれ自体の起ち上げによって、そしてその起ち上げとして自らを超過する。これこそ実存することの出現である。私たちはナンシーとともに、「存在する〔être〕」という動詞を名詞による実詞化から解放しなければならない。実存の──実存することの──起ち上げとは、たとえ〈存在〔Être〕〉そのものという名詞であれ、それを名詞のうちにとどめおくことの不可能性である。アナスタシスとは、現れ出る脱自〔ek-stasis〕、脱自そのものの脱自である。すなわち、溢れ、超過する投げること、超えて投げること〔sur-jet〕である。

†

> 再生でもなく、再活性でもなく［…］、隆起であり、墓の水平性に直交する垂直性としての起ち上げあるいは起き上がりである。（NMT 33／三一）

この垂直性は、垂直の時間に、ただし出来事や終末の時間ではなく、欲望の時間に送り返される。時間を切り開く時間、瞬間を切り開く瞬間、それこそが欲望にふさわしい時間であり、欲望というこの隆起の力は実存に、あらゆる特異な実存者に内在しているのである。

そして、この欲望の蜂起の力が、ジャン＝リュック・ナンシーの哲学の重要な主題の一つであるのはけっして偶然ではない。[*4] 彼の著作を貫いている概念図式を詳細に検討していけば、

＊4　この点については、次の拙論を参照のこと。« Le désir du monde. Jean-Luc Nancy et l'Éros ontologique », in *Cahiers philosophiques de Strasbourg*, dir. par Jacob Rogozinski et Jérôme Lèbre, octobre 2017.〔ボヤン・マンチェフ「世界の欲望——ジャン＝リュック・ナンシーと存在論的エロス」横田祐美子訳、『人文学報　フランス文学』、首都大学東京人文科学研究科、第五一三巻一五号、二〇一七年〕

復活の――身体の起ち上げや隆起の――根本的な解釈と、誕生という観念の根本的な解釈の間に、驚くべき関係が、それどころか転覆的な関係さえあることにただちに気がつくだろう。その好例が次だ。「生まれ来る子どもは、正確には（本来的には、あるいはこう言ってよければ、ただたんに、主として）内部から外部へと投げ出されるのではない。というのも、その「内部で〔dedans〕」彼はまだ「そこ〔là〕」に存在しているのではないからである（子どもがすでに何かを認識し、何を感じ、経験しえたとしても）。子どもは自分自身の娩出〔expulsion〕のうちに到来する。この娩出として子どもは到来するのだ。子どもがこの到来〔venue〕である。この到来がその存在なのだ」。そしてこの娩出の運動、実存の内在的な欲動をめぐる思考は、ただちに世界をめぐる思考へと影響を及ぼす。「もし、きみが「世界は私たちに対して何を望んでいるのでしょうか」と尋ねるとすれば、こう返事できると思う。世界は、私たちや私たちの諸世界全体をとおして、私たちのように、私たちにおいてあることを望むのだ、と。しかし、このときの「世界が望む」〔il se veut〕は主体的なものでもなければ意志的なものでもない。「ソレが押し出す／〈草木などが〉育つ」〔ça pousse〕と言ってもいいだろう（そもそも、pousser という語は方向をもった力という意味と同時に、生物学的な成長という意味で理解することができる）。衝迫〔poussé〕はおのれを押し出す。言い換えれば、それはただたんに押すのだ。衝迫は、隔たりを生じさせ、この隔たりによってひとつの関係を引き起こす圧力や張力を生じさせる」[*5]。

それゆえ、復活の内在性は蜂起と呼ばれる。それは自ら起き上がって、身体を起ち上げ、身体を具体化する〔*donner corps* 身体を与える〕内在的な力である。したがって、復活とは、可能事の限界を超えて、欲望の蜂起の力、実存の内在的な超過を肯定することなのだ。あらゆる瞬間、あらゆる実存者が、この実存することの蜂起の力を帯びている。哲学そのもののように。「そうだとすれば、身体の欲望として哲学を理解しなければならないのだろう。すなわち、その形態や根底を我が物にされてしまう可能性をたえず退け続けることなくしては、おのれを与えることのない――あるいは捉えられない――ものの欲望として。それはまさに、それ自身底知れぬもののさらけ出しなのだから。私たちは、世界について、実存者について、目下欲望することのできる身体について語ることができるのだろうか[*6]」。

超過――過剰な力、蜂起の力――は、存在の余剰ではなく、その図式それ自体、すなわち超えて-立つこと〔*sur-sistence*〕あるいは欲望である。

＊5 «La métamorphose, le monde. Entretien de Boyan Manchev avec Jean-Luc Nancy», *Rue Descartes*, n° 64 : «La métamorphose», PUF, 2009, p. 85.〔ジャン＝リュック・ナンシー、ボヤン・マンチェフ「変容、世界」横田祐美子訳、『人文学報 フランス文学』、首都大学東京人文科学研究科、第五一三巻一五号、二〇一七年、三九－四〇頁〕

＊6 *Ibid.*, p. 92〔同前、四九 - 五〇頁〕

さて、私たちはまたハイデガー的な存在の神秘主義を超えて、ナンシーとともに、バタイユが切り開いた道、すなわち引き裂きの思考の道へと進んでいかなければならない。引き裂き——結局のところ、（実存の、実‐存することの）超過は、「自らを」、つまりありとあらゆる根拠を超過していくことによって、自らを超過することとしかできない。これが、実存の悲劇的であると同時に至高の条件であるのだが、その尊厳をただひたすら引き裂き保持すること、固執することにのみ存している——分かち難い熱狂と静謐。二〇〇五年にジャン＝リュック・ナンシーは私にこう書いてきた。「そう、君が言うとおり、分有のうちには引き裂きがある。実のところ、私はつねに二つの極の間で揺れ動いている。君が参照しているテクストを書いた頃は、引き裂きは、自己陶酔していて、沸き立っていて、熱に浮かされているもの、それゆえ結局のところ安易なものだろうと思っていた。しかし、私自身かつてより一層熱を帯びてきていて……[*7]」。

二〇二一年一〇月に『リーニュ』誌に掲載された彼の生前最後の文章の一つ「私が言いたいことがわかるだろう」において、ナンシーは驚くべき一節を残している。

†

元初の言語（ヘルメス・トリスメギストス）があるか、それとも歌（オルフェー）があるか。第一の仮説は無限後退に、第二の仮説は音やアクセントや歌としての声と、発話《パロール》としての声の間の引き裂きに通じている。*8

*7　ナンシーの手紙は、『無為の共同体』における彼のバタイユ批判に関する私のいくつかの批判的な指摘に応答するものであった。私の論評は「生の脱有機化」という論文で述べられ、『リーニュ』第一七号「ジョルジュ・バタイユの新たな読解」特集に掲載された。このことは重要であった。それ以来、偉大な友人であり対話者であるミシェル・シュリヤのひるまぬ勇気のおかげで、私にとって『リーニュ』誌は、かつてのナンシーにとってそうであったように、粘り強い共同参与の場となったのである。〔ここで問題とされている「引き裂き」については、CD 76／五五を参照。またマンチェフの指摘に関しては、改稿の上で再録された著作でも読むことができる。Boyan Manchev, *La métamorphose et l'instant. Désorganisation de la vie*, La Phocide, 2009, p. 70-71.〕

*8　J.-L. Nancy, « Vous voyez ce que je veux dire », *Lignes*, n° 66 : « Littérature : quelle est la question ? », octobre 2021.

なぜここでナンシーは、たとえば差異とか、あるいは差延とかでさえなく、「引き裂き」と書いているのだろうか。声と発話の引き裂きは、オルフェウスその人の運命の予兆となっているのではないだろうか——そう、彼の歌は、彼を冥界の暗闇から救い上げたのち、恍惚としたバッカスの信女たちの怒りを買い、その狂宴は供儀の「八つ裂き〔sparagmos〕」、すなわちこのトラキアの神々しい歌い手の引き裂きへと至ったのであった。

声と発話の差異があるところ、人間の——あるいはあらゆる存在の——自由で有限な声が鳴り響くところ、そこではまた限界が、限界の踏み越えが、引き裂きが生じてくる。

引き裂きと直に接するこの声は、いまや「主体」にほかならない。「話す「私」は主体ではない。それは声である」[*9]。しかし、ここには逆説がある。生じる引き裂きは、声を発話から掘り起こして切り離し、そうして語る私——声——を主体から切り離すのである。

引き裂き——「主体」の唯一可能な空間。超過、それは生の超過である。

†

存在するものは、つねに存在するもの以上のものである。それこそが、実存の現れでるような特徴、力、責め苦なのだ。実存すること〔ek-sister 外に-立つこと〕とは、つねに出発の途上にあるもの、出発のうちに、出発間際の〔en partance〕ものであり（古代ギリシャ語で anastasis はまた「出発」、さらには「追放」を意味する）、それゆえ現れ出るもの、再び生まれるものである。ヘラクレトスの火のごとく、実存することは、噴き出しては落ち、投げ出しては投げ返し、上がっては落ちるが、けっしてくみ尽くされない源泉なのである。

ナンシーがその名を冠した書物のなかで語っている「思考の重み〔poids de la pensée〕」。重さ、一見起ち上げに対立するように思われる現前の重々しさ〔gravitas〕、重大さはまた、実存の重さ、その粘り強い堅さである。それは過剰な重さであり、その内在的な超過の輝きと尊厳、その横溢〔débordement〕である。「現代思想全体の合言葉として「事象そのものへ！」と人々は口にしてきた。しかし、この「……へ」のうちにまるごと見極めなければならないのは、重さ＝重力〔pesanteur〕全体、思考の重たい落下全体である。それは、意味のうちで意味を超えるものに重みを持たせる〔faire peser〕うえで必要なのである。それへと意味を与えることが問題となる事物、言い換えれば実は事物の方が意味を与え、意味を解き放つがままにすることが問題となる当の事物へと意味を開くものに、すなわちあらゆる意味への超過によって意味を形づくるものに重みを持たせるうえで、先のような重力、落下がまるごと必要なのだ。どれほど小さな小石

＊9　*Ibid.*, p.17.

の実存であってもすでに溢れ出ている〔déborde〕。どれほど軽くとも、それはすでにあらゆるこの過剰な重みを持っているのだ[*10]」。

この重み——溢れ出る重み——が、起ち上げの逆説的な裏面、二重の触覚をなす。過剰な重み、それは実存の、あるいは生の超過である。

したがって、（身体の）起ち上げ——「自己自身」とあらゆる「自己」のこの内在的な横溢、超過ないし「脱自」、実存に固有の運動——を思考〔*pensée*〕と、あるいはまた欲望〔*désir*〕と呼ぶ危険を冒してみよう。

思考——欲望——とは起き上がるものであり、出現し再び出現するもの——蜂起するもの〔*s'insurgit*〕——である。

重みを持つ思考、天体の力で卒倒を誘う欲望、（自らを）立ち上げ、出現する実存。

そこから哲学が生じる。あるいは「エロゾフィー〔érosophie〕」が？　二〇〇八年に、私はナンシーに世界の欲望——哲学の欲望——についての問いを投げかけた。以下がそれに対する応答である。「仮に「哲学」という語になおも取り掛からなければならないとしても〔…〕、それはエロスのいっさいの任務を愛すること〔philein〕に取り戻させるためのものでなければならない。本当ならプラトンは、この任務を愛することのうちに決定的に認めておかなくてはならなかったのだ。知〔sophia〕に関することはその後でのみやって来るし、かつこうしたエロス観に依拠して、つまり、欲望、傾向、さらには欲動という意味での、思考の要請に唯一正しさを認めるこうした欲求（philia）に依拠してやって来る。知は「欲望の対象」でしかありえず、言い換えれば、それによって欲望が掻き立てられるところの「主体」、つまり身体でしかありえない。そうだとすれば、身体の欲望として哲学を理解しなければならないのだろう。すなわち、その形態や根底を我が物にされてしまう可能性をたえず退け続けることなくしては、おのれを与えることのない——あるいは捉えられない——ものの欲望として。それはまさに、それ自身底知れぬもののさらけ出しなのだから。私たちは、世界について、実存者について、目下欲望することのできる身体について語ることができるのだろうか[*11]」。

*10　J.-L. Nancy, *Le poids d'une pensée, l'approche*, *op. cit.*, p. 14.

*11　«La métamorphose, le monde. Entretien de Boyan Manchev avec Jean-Luc Nancy», *op. cit.*〔ジャン＝リュック・ナンシー、ボヤン・マンチェフ「変容、世界」、四九－五〇頁〕

†

主体の力を、世界という事物の——主体-世界の、実存者の——尊厳を剥奪された客体へと還元するプロセスによって、魂の編成が統治されているこの不浄な=非世界的な〔immondes〕な時代において、私たちが直面しているのは、思考-身体の自由、端的な実存そのものの自由を肯定する思考——その蜂起——である。

思考-身体の自由、重みを持ち、粘り強く、鷹揚な思考は、私たちを立ち上げ、私たちのうちで立ち上がることで私たちの重みをはかり、その無限の起ち上げの運動において私たちを立ち上げる。

思考の蜂起。この特異で絶対的な蜂起の力によって、実存は持続する——それは存続する。

それゆえ、今日、ここで、まさにこの瞬間に、ジャン=リュックは私たちと共にいる。その思想とともに起き上がり、その無限の蜂起、粘り強い起ち上げのうちで、彼は私たちと共に居続け、語り続けるのだ。

実存の縁で

――au bord de l'existence, lui et moi

小林康夫

†

Nous sommes au *bord* du colloque sur Jean-Luc.（われわれはジャン=リュックのシンポジウムの縁にいる）
Nous sommes au *bord* de la Philosophie.（われわれは哲学の縁にいる）
Nous sommes au *bord* de l'Occident.（われわれは西欧の縁にいる）
Nous sommes au *bord* de la langue.（われわれは言語の縁にいる）
Nous sommes au *bord* de l'existence.（われわれは実存の縁にいる）

本書ではジャン＝リュックの哲学に捧げられた多彩な論考が収録されていますが、われわれはその終りの《縁》bord にいます。わたしのテクストは、ジャン＝リュックの哲学についての学術的な研究というよりは、本書全体への「反歌」envoi のようなものです。

そして、この「反歌」が歌おうとすることと言えば、ただひとつ、ジャン＝リュックの哲学は、もしそれを——無謀なのだが——一言で言おうとするならば、徹底して「実存の縁の哲学」であったということです。sexistence（性・存）という言葉を発明するほど、かれは、その思考の歩みの最後に至るまで、実存（existence）にこだわり続けた。しかも、つねに実存を、その《縁》において、あるいは《限界》limite、あるいは《限界づけられていること》（fini）においてすくいあげようとした。たとえばサルトルなどの実存主義が、六〇年代から七〇年代にかけて、——《六八年のパリ》によってと言ってもいいのだが——、いわゆる構造主義的な「知」の衝撃によって、停止され、終らされたその後で、しかしその「実存の哲学」の「終り」の《縁》そのものにとどまることで、実存という存在の《意味》sens を実存に、なんとか与え返そうとし続けたのではなかったか、とわたしは言ってみたいのです。（そして、これは、若い人たちに、ナンシー哲学が位置する時代的な、歴史的な状況、その大まかな布置、つまりトポグラフィーを伝えておきたいという願いからでもあります）。

†

もうひとつ言っておかなければならないことがあって、それは、わたしにとっては、ジャン＝リュックはけっして研究対象ではなかったということ。わたしにとってデリダそしてリオタールは、はっきりと「師」であったが、ジャン＝リュックとフィリップ（・ラクー＝ラバルト）は、一九八〇年の出会いの当初から、一〇歳ほどの年齢差ということもあって、強いて言えば「先輩‐後輩」のような間柄であったのです。いわゆるポスト構造主義のフランス現代哲学のなかで、デリダをひとつの中心とした――こう言いましょうか――Constellation-DE（ディコンストラクション星群）の同じ仲間という感覚です。もちろん、わたしはこの哲学的運動体の「落ちこぼれ」にすぎません。ジャン＝リュックたちにはまったく及ばない。でも、かれやフィリップには、わたしははじめから、自分なりの疑問などを直接にぶつけることができた。遠い外国から来た、哲学の素養もほとんどない学生のクリティークを、かれらは真摯に受けとめ、応答してくれました。わたしは、かれらのおかげで、そうした運動体の一員であるという自覚をもつことができたのだと思います（その出会いの詳細については、拙著『死の秘密、《希望の火》』（水声社）に、ドキュメントも含めて、詳述していますので、そちらを参照してください）。そして、かれらの哲学に対しては、わたしはつねに、同じ問題圏を共有しつつ、しかしだからこそ、つねに、わたしなりの差異（différence ですね、あるいは「遅れ」まで含んで différance（差延）と言うべきかな?·）を演じることを自分に課してきました。「差異を演じる」、それこそが、かれらとの la distance intime（親密なる距離）あるいは une amitié distante（離れにおける友情）のささやかな倫理だったのです。

だから、本論においても、そのように「差異」を演じようと思った。そして、ジャン＝リュックの仕事をあらためて読み返したりしているときに、――わたしは完全に忘れてしまっていたのですが――まさに、同じ対象について、かれの思考とわたし自身の思考とが、接し、そして分かれるという交差する「差異」を演じていたのではないか、つまりある種の「分有（partage）」が起っていたのではないか、という事例を見つけてしまった。すなわち、「分有」が、三〇年以上の「遅れ」を経て、いま、起る、戻ってくる、cela arrive, avec différance（それは起こる、ディフェランスとともに）。cela m'a touché（それがわたしに触れました＝感動させました）。だから、わたしは、ここで、それを報告 relater しないわけにはいかないのです。

†

Une seule phrase au bord de l'existence（実存の縁のたったひとつの文）

すべては、たったひとつの文をめぐって起っています。

そのひとつの文、それはアルチュール・ランボーの『地獄の一季節』（一八七三年）の最後の詩「別れ（Adieu）」の最後の文、«et il me sera loisible de *posséder la vérité dans une âme et un corps*» です。posséder 以下の部分がイタリックになっていて、ジャン＝リュックは、それをタイトルにしたかなり長い論文を、一九八九年の「ポエジー（*Po&sie*）」誌に発表しています（それは翌年刊行の『限りある思考（*Une pensée finie*）』に収められています）。

この文は、il me sera loisible という表現がなかなかニュアンスに富んでいて、「できるだろう」とか「ゆるされるだろう」と言い切るのとは少しズレ（振幅）があるのですが、まあ、ここでは「そしてぼくは、ひとつの魂とひとつの身体のうちに真理を所有することもできるだろう」としておきましょう。いずれにしても、この文は、ランボーにとっての詩への決定的な「別れ」（分かれ？）の言葉です。詩の《縁》の言葉です。ランボーという根源的な詩人、つまり根源的に実存的であり、その実存の冒険を限界まで実践した詩人が、その《縁》の上で、それまでの実践に、つまり「詩」に、「詩」という言語活動に、決定的な「別れ」を言う文なのです。

そのように、ジャン＝リュックはこの文を受けとめ、それを interpréter つまり「解釈する」という以上に、わたしの諸感覚（sens）によれば、（哲学的に）「演奏する」、あるいは「変奏する」

のです。わたしには、かれの論文は、ランボーのこの一文を主旋律として、それをディコンストラクティヴに、激しいリズムも加えてアレンジしたジャズのセッションのように聞えてくるのです（実際、告白しますが、そのテクストを読んでいると、言葉の意味作用ではなく、その接合・分離のリズムに、目頭がうるんでこないわけではない）。

ですから、この論文を要約することにはほとんど意味がないのですが、しかしそれでもいくつかのポイントは抜き出しておかなければならないでしょう。とすれば、たとえば、これ。

詩はそこでより真なるものになるのではない。詩は、この縁に（sur ce bord）、この限界に（sur cette limite）に置かれ、放され、打ち捨てられるだけだ。そこから出発してはじめて、真理を——つまりなによりも詩という最後の語の、捉えることができない、予測することができない、意味することのない、来るべきもの（l'à-venir）としての真理を——未来において所有することが、ただ名指されているだけのこの縁、この限界に。

だが、こうして「真理」という言葉が発せられた以上、その言葉は、——少なくともジャン＝リュックにとっては——哲学と分有されないわけにはいかない。なにしろ、ここで言われていることは、「真理。それは、消されてはならないものの消去、そして来るべきものとして読まれなければならない消去なのだ」から。詩の《縁》、それはまた、哲学の《縁》でもある。そして、それこそ、ジャン＝リュックがランボーの詩の《縁》に読みこもうとすることです。かれは言います、「いずれにしても、哲学や詩が割りふることができるような意味＝感覚（sens）をはるかに超えた遠くから到来するなにか（quelque chose）」と。

詩へ、哲学へ Adieu（さよなら）と言うことは、この「なにか」の到来（arriver / venir）へと開かれること。《縁》とは、そのような《開け》なのだ。ある意味では、ジャン＝リュックは、生涯かけて、そのことを言い続けたように、わたしには思えるのです。

だが、それならば、《それ》はどのように到来するのか？

この必然的な問いに対して、ランボーの最後の言葉は驚くべき応答を返してきます。それが、「ひとつの魂とひとつの身体のうちに」です。そして、当然、ジャン＝リュックのここでの思考は、まさにこの文の衝撃！を正面から受けとめることにかかってくる。なぜならば、「魂と身体」の二重性、それこそ、哲学の常套句だったからです。ところが、ここで、ランボーは、dans une âme et un corps と言っている。魂と身体は、「二」でもなく「一」でもない。「それは、どちらについても純粋な外部性があることを否定している」、これこそ「極限的な暴力」だとジャン＝リュックは言うのです。この「と」et の暴力性、それこそが「実存の縁」の暴力性です。それは「魂と身体の結合（union）とも《二》のシステムであるとも言っていない」のです。

そして、「このあまりにもシンプルな表現は、まずなによりも（d'abord）――終りの《縁》で（au bord de la fin）、「魂」と「身体」とがなにであるかを言わない、知らない、歌わないその前の最後の語なのだ」と。そして言います、«Il lui arrive que ‘âme’ et ‘corps’ n'ont pas de sens, ni ensemble, ni séparés : mais ensemble *et* séparés, ils font la limite du sens, de tous les sens»（ランボーに到来すること、それは、《魂》と《身体》とが、いっしょの意味＝感覚をもつのでも、分かれている意味＝感覚をもつのでもないということ。すなわち、いっしょにして、かつ*et*、分かれているものとして両者は、意味＝感覚の限界、あらゆる意味＝感覚の限界をなしているのだ）、と。そして、そこに、その関係の不在に、ジャン＝リュックは、「限界なしの関係（un rapport in-fini）」、「無‐限の真理（vérité in-finie）」を見出そうとするのです。

ここでは、当然、細かな議論の展開は省いているのですが、この展開を通じて、「生気（vivacité）」、「活力（vigueur）」というランボーの詩句の言葉を引用しつつ、最後に、ジャン＝リュックはとうとう、まるで何気ないかのように、「実存」という言葉を書きつけます。「それは、有限な実存が限りなく存在するというこの自己自身への異質性の突き刺さる生気であり活力なのだ（C'est la vivacité aiguë, et la vigueur de cette étrangeté à soi-même que l'existence finie *est* infiniment）」。「一個の魂と一個の身体はたしかに一個の実存を、そして《ただひとつの生》をなす、しかしそれらはたがいに相手を見ることもなく、相手に話しかけることもない（une âme et un corps qui font bien une existence, et 'la seule vie', mais qui ne se voient pas l'un l'autre, et qui ne se parlent pas l'un à l'autre)」、と。

こうして——細かな議論の展開を追う余裕がここではないのですが——、「限界づけられた(fini)」、いや、「限界づけ」そのものとして「存在する」実存が、想像力や記憶を通してではなく、「来るべき意味＝感覚」へと開かれていること、いや、もっと言えば、「さらされている(exposé)」ことを、ジャン＝リュックは論じていきます。この「外にさらされて(exposé)」は、のちの一九九二年刊行の『共同-体(*Corpus*)』において徹底して論究されることになります。(明らかに、このランボー論はそこへとつながっていく《原点》であるように思えます。つまり、ある意味では、une âme と un corps の分有から、かれの思考は、とりあえず corps (corpus) の方向へと舵をきったのだ、とか言ってみたい気もしますね)。

そして、これが、ジャン＝リュックのテクストの最後、いや、厳密には最後からひとつ前の言葉です。

> この《縁》において、(……)われわれは語の、同じ古い語の到来へとさらされて〔exposé〕いるが、それらはどの語からも来ないし、どんなほかの語へも連れて行ってくれるわけではない。そうではなくて、それらの語は、限界づけられた実存の未来からやって来る、そして、その未来とともに、なによりもそのおかげで《ぼくにはひとつの魂とひとつの

身体のうちに真理を所有することができるようになる》自由からこそやって来る。この真理は行く、わたしにその最後の語、つねに最後である語をもたらしつつ、それはわたしを話すことから自由に解放してくれるようにするのだ。（ランボーは言った）《ぼくはもう話すことができない》と。それはやって来る、それはつねに到来する、説明不能の祈り〔prière inexplicable〕だ。

この「説明不能の祈り」、言葉にすることができない祈り、それが、ジャン＝リュックのテクストの最後の言葉です。じつは、昨夜のこと、このテクストを読み返していて、かれのエクリチュールの最後がこの言葉であったことに、はじめて深い衝撃を受けました。きっと、――かなり昔ですが――はじめにこれを読んだときには、ここには少しも立ち止まらなかったにちがいない。しかし、いまは、この言葉、この語がわたしの「心」に突き刺さります。わたしは、いま、（ようやく）この語を読むことができる。それが（とうとう）わたしに到来する。

じつは、これは、厳密には、かれのテクストの最後の言葉ではありません。ちょうど、わたしがいま、本書全体への「反歌」を演じているように、ジャン＝リュックは、この語の後に、四行の短いコーダを付け加えています。《終り》を超えて、かれは、ランボーが書いた最後の言葉（一八九一年一一月九日）を引用しているのです。それは、« ... je désire me trouver à bord. Dites-moi à quelle heure je dois être transporté à bord »（……ぼくは船にのりたい、言ってください、何時に、ぼくは船に運ばれるべきなのか？…）。ここも同じ bord という言葉です。しかし、それは、もはや《縁》ではなく、《船の上》à bord を意味しています。ランボーは、みずからの生命の《縁》に、あるいはフランスの《縁》にいて、しかし最後までその《縁》を超えて、それを通過して——さあ、どの岸（rive）に向かうためだったのか——《船》に乗りこむことを願ったのでした。

†

さて、ジャン＝リュックがこのテクストを書いていた同じ一九八九年に——遠く離れた別の岸で——、同じくランボーのこの詩（Adieu）を参照しながら、次のように書いている者がいました。こちらは、まずは、この詩の冒頭一句「すでに秋！（l'automne déjà）」に反応することからはじまって、

「確かに芸術も思想も宗教も、すべてこの《光の発見》の約束においてみずからを発動するのかもしれない。秋の光に隠された《無限の鋭利な切っ先》が書き込むのは、まさにそれ自体としては解読不能の、そしてそれ故にあくまでも不可能な翻訳を要求して止まないこの《約

束》の言葉であるのかもしれない。だが、忘れてならないのは、われわれはこの約束に、最終的には、耐えられないだろうということだ」と書かれているのです。

本論の文脈からすれば、この「解読不能の」という語を、さきほど述べたinexplicable（説明不能）という言葉に送り返してみたいという欲望が湧いてくるのですが、これを書いたのは、わたしです（あえて付け加えるなら、かれが「祈り」というその同じところで、わたしは「約束」と言ったのです）。それは、雑誌『文学』に掲載された短いエッセイ「秋の光、あるいは聖なる《激怒》」でした。じつは、同じ年に『現代詩手帖』にも「明りに照らされた休息」というタイトルでランボーについてのエッセイを書いていますので、ほぼ同じ年に、ジャン＝リュックもわたしもランボーの詩と向かいあっていたのです。

そしてそれに続いて、二年後の一九九一年に、わたしは雑誌『新潮』に、「幸福から真理へ——ランボーの速度と通過」と題された、比較的長いランボー論を書きます。しかも、そこではエピグラフとして、「共同体とは、それが偶然によってではなく親愛の心として、——心あるいは法——彼を孤独にさらすその在り方なのだということをいっそうよく知っていたのである」という一文を含むブランショの『明かしえぬ共同体』からの一節が引用されているのです。

今回、ジャン＝リュックのランボー論を再読したことで、わたしは同じ時期にわたし自身も（ほとんど最後の、と言ってもいい）ランボー論を書いたことを思い出し、そして自分がなにを書いているのか、——長い空白の後に——読み返してみたのです。
すると、思いがけず、そのまんなかに、「魂と身体——ジャン＝リュック・ナンシーが言うように、「ランボーはこの結合、この結び付き、結び付きの切り離しを好む」。いや、「好む」どころか、ランボーにとっての問題の一切は、つねに魂と身体とのあいだのこの関係、つまりその不連続線、断層、傷にあったと言うことすらできるだろう」という一文が見つかりました。ジャン＝リュックのこの文の出典は明示されていない。ただ一文が引用されているだけ。だが、これほどの明証はありません。すっかり忘れていたのですが、このテクストを書きながら、わたしは、密かに、あるいは明確に、ジャン＝リュックのランボー論に対して挑んでもいたのです。

そうです、今日、この場で、わたしが行いたいのは、ただひとつ、ランボーをめぐって、そのAdieuをめぐって、わたしがジャン＝リュックのエクリチュールに対抗しつつ、みずからの論を組み立てようとした、その両者の交差《クロス・オーヴァー》の……いかなる出来事でもない《出来事》を——まるで（ジャン＝リュックの言い方を借りるなら）「未来」から到来したものであるかのように——演じてみたいということなのです。

実際、いま引用したパッセージに続けて、わたしは「別の言葉で言うならば、彼のエクリチュールのすべては、〈心〉という問題のまわりを巡っていた。すなわち、もし魂と身体とを自然に結び付けるものが心であるのなら、ランボーは——他の多くの呪われた詩人たちと同様に——ひび割れ、傷ついた心から出発しながら、しかし彼らとは異なって、その傷を抒情的な歌によって修復し、原始的な無辜を夢見るのではなく、むしろ徹底して心を失う方向にエクリチュールを押し進めたのである」と書いているのです。

〈心〉——これが、ランボーというあまりにも過激な《実存の縁》、《詩の縁》についての、ジャン＝リュックの思考とわたしの思考とのあいだの決定的な差異です（もうひとつ、わたしの論考の副題が示唆しているように、〈通過〉か、そうでないか、という運動の問題があるのですが、ここでは触れている余裕がありません）。

「ひとつの魂とひとつの身体」——わたしは、そこに、〈心〉の不可能な不在を読もうとします。

わたしの結論は次のようでした。

……〈詩〉は結局は、〈心を失くす〉ことを可能にはしない。言語の錯乱は、脱-自《エクスターズ》を可能にしても、しかしそれは通過するべきものであるが故に、けっして心という本質的な悲しみから解放はしてくれない。〈心〉ではなく、〈真理〉を！——ランボーはそう叫ぶ。だが、いったい、どうやってそれが可能だろう。魂と身体の野生の衝突ではなく、「ひとつの魂とひとつの身体のうちに真理を所有すること」がどうして可能になるのか。たしかに、もし〈真理〉というものがあるとすれば、それはかならずや魂と身体というこの絶対的な分離に係っている。この分離、この差異以外に人間にとっての〈真理〉の場処などありはしない。だが、それをどうやって所有することができるだろうか。決定的な答えなどあるわけがない。誰もそれに答えることはできないはずだ。だが、それ故にこそ、この問いが開かれなければならないのだ。ランボーは〈詩〉から離脱するぎりぎりの境界線において、この問いを開いた。この問いがこれほどの直截さ、これほどの強度で開かれたことはない。ランボーを読むとは、最終的には、この開かれた問いの強度に耐えることだろう。いつまでも心を失うことができないわれわれは、ランボーを通して、心という緩衝材を通さない世界の非人間的な光の〈真理〉、その〈沈黙〉にわずかに触れる。彼の〈詩〉を人間化し、心理化して読むことがランボーを読むことではない。誰にもランボーの〈友〉になる資格などない。ランボーを読むとは、〈心〉を捨て去り、みずからの感覚を非人間化し、そうしてその果てに訪れる光、その到来する時間に対して開かれているような空き、ないしは明るみを自分の魂のなかに準備することに違いない。

しかし、――ジャン＝リュックのエクリチュールに倣ったのか――ここでもまた、この結論のあとに、わたしもひとつのコーダを付け加えています。そして、そこでは、やはり死の直前のランボーのエピソードとして、かれの告解を受けた病院付きの司祭が妹のイザベルに語った「お兄様は信仰をお持ちです。いったいあなたはわたしたちに何を言っておられたのです。あの方は信仰を持っておられます。そしてわたしは今までこんな種類の信仰は見たことがありません」という言葉《パロール》を引用しているのです。そして、そこに、わたしは、「存在のもっとも深い層に埋め込まれ、保持されていた〈心〉、もはやランボーの心と言うことすらできないような誰のものでもない〈心〉」を読み取ろうとしたのでした。（わたしのこのテクストは、拙著『光のオペラ』（筑摩書房）に収録されています）。

†

ジャン＝リュックは「心」について語りませんでした（かれがランボー論を書いたのは、かれに重大な心臓の疾患が見出された年でした。フランス語では、「心」も「心臓」も同じく cœur です。その符合にわたしは無感覚ではいられないのですが、それはここでは主題化できないことにちがいありません）。わたしはほとんど「心」だけを語ろうとした。だが、そうした決定的な差異にもかかわらず、あるいは、二つの論は、ほとんど同じことを言っていたのかもしれません。わたしは、ジャン＝リュックに挑みつつ、かれとの「差異」を演じながら、しかし同じことを別の言い方で言っていただけなのかもしれません。だが、今日、三〇年ほど前の二つのランボー論のあいだの、差異を通しての、共振ないし共鳴の響きを聞いていると、それを書いていたときにはまったく気がついていなかったことが到来することを感じます。

たとえば、いま触れたばかりのわたしのランボー論のコーダで引用されている司祭の言葉は、いまのわたしには、ジャン＝リュックの論の最後の言葉であったあの「説明不能の祈り」と直接に響き合うように感じられるのです。そして、それだけではなく、そこで司祭が述べている「今まで見たことのないような種類の信（la foi）」は、ランボーだけではなく、じつはジャン＝リュックの実存をも射抜いているのではないか、という思いを禁じえない。

La prière inexplicable ——言葉では説明できない祈り
La foi inavouable ——明かしえぬ信

もちろん、この四〇年ほどのあいだに、いくつかの瞬間において、かれと交差しただけのわたし、かれの生そのものをほとんど知らないわたしが言うべきことではないのでしょうが、しかし、わたしは、ジャン＝リュックの実存（existence）のもっとも深いところに、——かならずしもキリスト教に還元されるわけではないかもしれない――ひとつの〈信〉が、ひとつの「説明不能の祈り」が密かに保持されていた（se tenir というフランス語が浮かびます）のではないか、と――（考えるのではなく）――感じるのです。三〇年以上も前の二つのランボー論を交差させることで、今日、あえてそのことを言うことができるようになったとわたしには思われる。それが「ひとつの真理（une vérité）」であるかどうか、わたしにはわからない。ひとつの実存と et もうひとつの実存との、「うちに」ではなく、「あいだ」に、「ひとつの真理」が、誰が「所有」したわけではないにしても、静かに立ち昇ったかもしれない、と言ってみたいのです。

そして、そう、それは響きます―― Adieu（神へ）と。

＊

そう、ジャン＝リュック、いま、あなたにわたしは言います……Adieu！

著訳編者紹介

編　者

西山雄二（にしやま・ゆうじ）
一九七一年生。東京都立大学人文社会学部教授。一橋大学大学院言語社会研究科博士課程修了。二〇世紀フランス思想・文学。著書に『異議申し立てとしての文学』、編著に『いま言葉で息をするために』など。

柿並良佑（かきなみ・りょうすけ）
一九八〇年生。山形大学人文社会科学部准教授。東京大学大学院総合文化研究科博士課程単位取得退学。現代フランス哲学・表象文化論。共著に『〈つながり〉の現代思想』『ミシェル・アンリ読本』など。

執　筆　者

澤田　直（さわだ・なお）
一九五九年生。立教大学文学部教授。パリ第1大学大学院哲学科博士課程修了。フランス哲学・フランス語圏文学。著書に『ジャン＝リュック・ナンシー』、訳書にナンシー『自由の経験』など。

西谷　修（にしたに・おさむ）
一九五〇年生。東京外国語大学名誉教授。東京都立大学大学院修士課程修了。思想文化論。著書『戦争論』『夜の鼓動にふれる』『私たちはどんな世界を生きているか』など。

ジェローム・レーブル（Jérôme Lèbre）
一九六七年生。ルイ＝ル＝グラン高校・高等師範学校受験準備級教員。哲学。著書に『現代哲学の試練にかけられるヘーゲル』『デリダ　条件なき正義』など。

ジャコブ・ロゴザンスキー（Jacob Rogozinski）
一九五三年生。ストラスブール大学哲学科教授。哲学。著書に『我と肉』『政治的身体と〈残りもの〉』など。

松葉祥一（まつば・しょういち）
一九五五年生。同志社大学嘱託講師。パリ第8大学博士課程満期退学。哲学。著書に『哲学的なものと政治的なもの』、訳書にロゴザンスキー『我と肉』『政治的身体と〈残りもの〉』など。

鵜飼　哲（うかい・さとし）
一九五五年生。一橋大学名誉教授。京都大学大学院文学研究科修士課程修了。フランス文学・思想。著書に『抵抗への招待』『まつろわぬ者たちの祭り』、訳書にデリダ『他の岬』、ナンシー編『主体の後に誰が来るのか？』など。

合田正人（ごうだ・まさと）
一九五七年生。明治大学文学部教授。フランス文学・近代ユダヤ思想史。著書に『レヴィナスの思想』『ジャンケレヴィッチ』、訳書にレヴィナス『存在の彼方へ』、ナンシー『限りある思考』、ジャンケレヴィッチ『泉々』など。

郷原佳以（ごうはら・かい）
東京大学大学院総合文化研究科教授。パリ第7大学博士課程修了。フランス文学。著書に『文学のミニマル・イメー

ジ モーリス・ブランショ論』、訳書にデリダ『散種』、ブランショ『終わりなき対話I〜III』など。

渡名喜庸哲（となき・ようてつ）
一九八〇年生。立教大学文学部准教授。パリ第7大学博士課程修了。哲学・倫理学・思想史。著書に『レヴィナスの企て』、共著に『ドイツ語圏のコスモポリタニズム』『レヴィナス読本』など。

市川　崇（いちかわ・たかし）
一九六二年生。慶應義塾大学文学部教授。パリ第7大学博士課程修了。フランス現代文学・思想。訳書にバディウ『コミュニズムの仮説』『人民とは何か』など。

ジャン＝クレ・マルタン（Jean-Clet Martin）
一九五八年生。ジャン＝ジャック・エンネル高校（アルトキルシュ）教員。哲学。著書に『物のまなざし』『哲学の犯罪計画』『ドゥルーズ』など。

ボヤン・マンチェフ（Boyan Manchev）
一九七〇年生。新ブルガリア大学教授。ソフィア大学博士課程修了。哲学。著書に『世界の他化』など。

小林康夫（こばやし・やすお）
一九五〇年生。東京大学名誉教授。パリ第10大学博士課程修了。現代哲学・表象文化論。著書に『起源と根源』『光のオペラ』『死の秘密。《希望》の火』など。

翻訳者

黒木秀房（くろき・ひでふさ）

一九八四年生。立教大学外国語教育研究センター教育講師。立教大学博士課程修了。フランス現代思想。著書に『ジル・ドゥルーズの哲学と芸術　ノヴァ・フィグラ』、訳書にマリ＝ジョゼ・モンザン『イメージは殺すことができるか』。

松葉　類（まつば・るい）

一九八八年生。同志社大学ほか非常勤講師。京都大学大学院博士課程研究指導認定退学。フランス現代思想・ユダヤ思想。著書に『飢えた者たちのデモクラシー』、訳書にエマヌエーレ・コッチャ『メタモルフォーゼの哲学』など。

吉松　覚（よしまつ・さとる）

一九八七年生。帝京大学外国語学部講師。京都大学大学院人間・環境学研究科博士課程修了。哲学。著書に『生の力を別の仕方で思考すること』、論文に「可傷的なものと可塑性」。

乙幡　亮（おつはた・りょう）

一九九三年生。東京大学総合文化研究博士課程在籍。東京大学総合文化研究科修士課程修了。美学。

ジャン=リュック・ナンシー文献目録

（作成＝柿並良佑＋西山雄二）

以下の文献目録は、ジャン＝リュック・ナンシー（1940-2021）の⑴単著、⑵共著・編著、⑶日本語訳テクスト、⑷日本語での特集号からなる。対象文献はフランス語、日本語で発表されたものに限定し、表紙等に著者としてのクレジットがないもの（展覧会カタログへの寄稿等）や他人の著作への序文の類は原則として省いた。1992 年時点でのより詳細な書誌情報として *Paragraph*, vol. 16. no. 3, June 1993, pp. 232-238、2006 年時点での詳細な情報として『水声通信』第 10 号（2006 年 8 月）、120 – 130 頁、およびナンシーの友人が運営し、随時更新している目録サイト（https://jln08.wordpress.com/）も参照されたい。なお、本目録は『思想』（1172 号、2021 年）に掲載された情報を補訂して再録するものである。転載を快諾された『思想』編集部に感謝する。

⑴ 単著

La remarque spéculative. Un bon mot de Hegel, Galilée, 1973.

Le discours de la syncope. I. Logodaedalus, Aubier-Flammarion, 1976.

Ego sum, Aubier-Flammarion, 1979.『エゴ・スム　主体と変装』庄田常勝・三浦要訳、朝日出版社、1986 年。

Le partage des voix, Galilée, 1982.『声の分割《パルタージュ》』加藤恵介訳、松籟社、1999 年。

L'impératif catégorique, Flammarion, 1983.

La communauté désœuvrée, Christian Bourgois, 1986 ; 2e éd., 1990 ; 3e éd., 1999.『無為の共同体　バタイユの恍惚から』西谷修訳、朝日出版社、1985 年；『無為の共同体　哲学を問い直す分有の思考』西谷修・安原伸一朗訳、以文社、2001 年。

L'oubli de la philosophie, Galilée, 1986.『哲学の忘却』大西雅一郎訳、松籟社、2000 年。

Des lieux divins, TER, 1987 ; suivi de *Calcul du poète*, TER, 1997.『神的な様々の場』大西雅一郎訳、松籟社、2001 年；ちくま学芸文庫、2008 年。

L'expérience de la liberté, Galilée, 1988.『自由の経験』澤田直訳、未來社、2000 年。

Une pensée finie, Galilée, 1990.『限りある思考』合田正人訳、法政大学出版局、2011 年。

Le poids d'une pensée, Le Griffon d'argile / PUG, 1991 ; *Le poids d'une pensée, l'approche*, La Phocide, 2008.「近接した地点にて」、『水と火』吉田晴海訳、現代企画室、2009 年。

Corpus, Anne-Marie Métailié, 1992 ; 2e éd., 2000 ; 3e éd., 2006.『共同-体《コルプス》』大西雅

一郎訳、松籟社、1996 年。

Le sens du monde, Galilée, 1993 ; rééd., 2001.「政治」守中高明訳、『批評空間』第二期第六号、1995 年。

Les Muses, Galilée, 1994 ; rééd., 2001.『ミューズたち』荻野厚志訳、月曜社、2018 年。

Être singulier pluriel, Galilée, 1996 ; rééd., 2013.『複数にして単数の存在』加藤恵介訳、松籟社、2005 年。

La naissance des seins, École régionale des beaux-arts de Valence, 1996 ; suivi de *Péan pour Aphrodite*, Galilée, 2006.

Résistance de la poésie, William Blake & Co., 1997 ; rééd., 2022.

Hegel. L'inquiétude du négatif, Hachette, 1997 ; rééd., Galilée, 2018.『ヘーゲル　否定的なものの不安』大河内泰樹・西山雄二・村田憲郎訳、現代企画室、2003 年。

Technique du présent. Essai sur On Kawara, Institut d'Art Contemporain, 1997.「現在の技術　河原温についての試論」熊倉敬聡訳、『河原温　全体と部分 1964-1995』東京都現代美術館、1998 年。

Le portrait (*dans le décor*), Institut d'Art Contemporain, 1999.

La ville au loin, Mille et Une Nuits, 1999 ; rééd., La Phocide, 2011.『遠くの都市』小倉正史訳、青弓社、2007 年。

Le regard du portrait, Galilée, 2000.『肖像の眼差し』岡田温司・長友文史訳、人文書院、2004 年。

L'intrus, Galilée, 2000 ; 2e éd., 2005 ; 3e éd., 2010 ; 4e éd., 2017.『侵入者　いま〈生命〉はどこに?』西谷修訳編、以文社、2000 年。

La pensée dérobée, Galilée, 2001.「ハイデガーの「根源的倫理」」合田正人訳、『みすず』第 488、489、491 号、2001 年 11 月 - 2002 年 2 月。

L' « il y a » du rapport sexuel, Galilée, 2001.

Visitation (*de la peinture chrétienne*), Galilée, 2001.『訪問　イメージと記憶をめぐって』西山達也訳、松籟社、2003 年。

La communauté affrontée, Galilée, 2001.

L'évidence du film. Abbas Kiarostami, Yves Gevaert, 2001 ; rééd., Klincksieck, 2007.『映画の明らかさ　アッバス・キアロスタミ』上田和彦訳、松籟社、2004 年。

« Un jour, les dieux se retirent ... » (*Littérature / Philosophie : entre deux*), William Blake & Co., 2001.

Transcription, Crédac, 2001.

La création du monde ou *la mondialisation*, Galilée, 2002.『世界の創造あるいは世界化』大西雅一郎・松下彩子・吉田晴海訳、現代企画室、2003 年。

À l'écoute, Galilée, 2002.

Au fond des images, Galilée, 2003.『イメージの奥底で』西山達也・大道寺玲央訳、以文社、2006 年。

Noli me tangere. Essai sur la levée du corps, Bayard, 2003 ; rééd., 2013.『私に触れるな　ノリ・メ・タンゲレ』荻野厚志訳、未來社、2006 年。

Chroniques philosophiques, Galilée, 2004.『哲学的クロニクル』大西雅一郎訳、現代

企画室、2005年。
Au ciel et sur la terre. Petite conférence sur Dieu, Bayard, 2004.
58 indices sur le corps et *Extension de l'âme*, Nota bene, 2005.
Sur le commerce des pensées. Du livre et de la librairie, Galilée, 2005.『思考の取引　書物と書店と』西宮かおり訳、岩波書店、2014年。
La déclosion (*Déconstruction du christianisme, 1*), Galilée, 2005.『脱閉域　キリスト教の脱構築1』大西雅一郎訳、現代企画室、2009年；「強化／慰め、唯一化／悲嘆」吉田晴海訳、『現代思想』2004年12月。
Tombe de sommeil, Galilée, 2007.『眠りの落下』吉田晴海訳、イリス舎、2013年。
À plus d'un titre. Jacques Derrida, Galilée, 2007.
Juste impossible. Petite conférence sur le juste et l'injuste, Bayard, 2007.
Vérité de la démocratie, Galilée, 2008.「民主主義の真理」山本光久訳、『悍』第3号、2009年；「民主主義の実相」渡名喜庸哲訳、『フクシマの後で　破局・技術・民主主義』、以文社、2012年。
Je t'aime, un peu, beaucoup, passionnément…, Bayard, 2008.『恋愛について』メランベルジェ眞紀訳、新評論、2009年。
La beauté, Bayard, 2009.
Le plaisir au dessin, Galilée, 2009.
Dieu, la justice, l'amour, la beauté. Quatre petites conférences, Bayard, 2009.
Identité. Fragments, franchises, Galilée, 2010.『アイデンティティ　断片、率直さ』伊藤潤一郎訳、水声社、2020年。
L'adoration (*Déconstruction du christianisme, 2*), Galilée, 2010.『アドラシオン　キリスト教的西洋の脱構築』メランベルジェ眞紀訳、新評論、2014年；「フロイトいわば」國分功一郎訳、『フロイト全集』、「月報」11、岩波書店、2009年。
Maurice Blanchot. Passion politique, Galilée, 2011.『モーリス・ブランショ　政治的パッション』安原伸一朗訳、水声社、2020年。
Partir. Le départ, Bayard, 2011.
Où cela s'est-il passé ? Où cela est-il passé ? Cela s'est-il passé ? Cela est-il passé ?, IMEC, 2011.
L'équivalence des catastrophes (Après Fukushima), Galilée, 2012.「はじめに　フクシマの後」渡名喜庸哲訳、村上勝三・東洋大学国際哲学研究センター編著『ポストフクシマの哲学』；「破局の等価性　フクシマの後で」渡名喜庸哲訳、『フクシマの後で』。
Vous désirez ?, Bayard, 2013.
Ivresse, Payot & Rivages, 2013.
L'autre portrait, Galilée, 2014.
Tu vas obéir ?, Bayard, 2014.
La communauté désavouée, Galilée, 2014.
Le philosophe boiteux, Franciscopolis / Presses du réel, 2014.
Demande. Littérature et philosophie, Galilée, 2015.「ブランショの復活」大西雅一郎訳、『脱閉域』。

Tàpies. L'âme au corps, TER, 2015.
Journal des Phéniciennes, Christian Bourgois, 2015.
Banalité de Heidegger, Galilée, 2015.
Que faire ?, Galilée, 2016.
Stabat Mater, Dies iræ. Deux contrepoints, Tallone Editore, 2016.
Sexistence, Galilée, 2017.
Exclu le juif en nous, Galilée, 2018.
Derrida, suppléments, Galilée, 2019.「省略的な意味」高桑和巳訳、カトリーヌ・マラブー編『デリダと肯定の思考』、未來社、2001 年；「ユダヤ‐キリスト教的なるもの」大西雅一郎訳、『脱閉域』；「パラレルな差異　ドゥルーズ&デリダ」大池惣太郎・柿並良佑訳、『現代思想』（2 月臨時増刊号 総特集 デリダ）、2015 年；「マッド・デリダ　思考と狂気の事実そのものから」、『来たるべきデリダ』藤本一勇監訳、明石書店、2007 年。
La peau fragile du monde, Galilée, 2020.
Un trop humain virus, Bayard, 2020.『あまりに人間的なウイルス　COVID-19 の哲学』伊藤潤一郎訳、勁草書房、2021 年。
Mascarons de Macron, Galilée, 2021.
La vérité du mensonge, Bayard, 2021.『嘘の真理』柿並良佑訳、講談社、近刊。
Cruor, Galilée, 2021.

⑵ 共著・編著

Le titre de la lettre. Une lecture de Lacan, avec Ph. Lacoue-Labarthe, Galilée, 1973 ; rééd., 1990.「文字の資格」後藤直輝・中畑寛之他訳、『EBOK』、第 14‐16 号、神戸大学仏語仏文学研究会、2002‐2004 年。
L'absolu littéraire. Théorie de la littérature du romantisme allemand, avec Ph. Lacoue-Labarthe, Seuil, 1978.『文学的絶対　ドイツ・ロマン主義の文学理論』柿並良佑・大久保歩・加藤健司訳、法政大学出版局、近刊。
Le genre. Colloque international organisé par les universités de Strasbourg, de Baltimore et de Buffalo, éd. J.-L. Nancy, Université de Strasbourg II / Groupe de recherches sur les théories du signe et du texte, 1980.
Les fins de l'homme. À partir du travail de Jacques Derrida, dir. Ph. Lacoue-Labarthe et J.-L. Nancy, Galilée, 1981 ; rééd., Hermann, 2013.
Rejouer le politique, dir. Ph. Lacoue-Labarthe et J.-L. Nancy, Galilée, 1981.「〈政治的なるもの〉と〈哲学的なるもの〉」立川健二・長野督訳、『現代思想』、青土社、1986 年 8 月。
Le retrait du politique, dir. Ph. Lacoue-Labarthe et J.-L. Nancy, Galilée, 1983.「政治的なものの「退引」」柿並良佑訳、『思想』、岩波書店、1109 号、2016 年 9 月。
Hypnoses, avec Mikkel Borch-Jacobsen et Éric Michaud, Galilée, 1984.「同一性と振動」藤井麻利訳、『イマーゴ』、青土社、1990 年 8 月。

La faculté de juger, avec Jacques Derrida, Vincent Descombes, Garbis Kortian, Ph. Lacoue-Labarthe, Jean-François Lyotard, Colloque de Cerisy / Minuit, 1985.「怒りの日」、ジャン=フランソワ・リオタール他『どのように判断するか　カントとフランス現代思想』宇田川博訳、国文社、1990 年。

Du sublime, avec Jean-François Courtine, Michel Deguy, Éliane Escoubas, Ph. Lacoue-Labarthe, Jean-François Lyotard, Louis Marin, Jacob Rogozinski, Belin, 1988.「序言」「崇高な捧げもの」、ミシェル・ドゥギー他『崇高とは何か』梅木達郎訳、法政大学出版局、1999 年;「崇高な捧げもの」松葉祥一訳、『現代思想』1988 年 11 月号。

Cahiers Confrontation, nº 20, «Après le sujet qui vient ?», dir. J.-L. Nancy, Aubier, 1989.『主体の後に誰が来るのか?』港道隆・鵜飼哲他訳、現代企画室、1996 年。

La comparution (*Politique à venir*), avec Jean-Christophe Bailly, Christian Bourgois, 1991 ; rééd., 2007.『共出現』大西雅一郎・松下彩子訳、松籟社、2002 年。

Le mythe nazi, avec Ph. Lacoue-Labarthe, L'Aube, 1991 ; rééd., 2016.『ナチ神話』守中高明訳、松籟社、2002 年。

Nium. In diesem Sinne. Point final, avec François Martin, ERBA, 1993.

Être, c'est être perçu, avec Jean-Claude Conésa [2e vol. de *Passages*, dont le 1er vol. est *Les ambassadeurs* de Jean-Marc Cerino], Cahiers Intempestifs, 1999.

Mmmmmmm, avec Susanna Fritscher, Au figuré, 2000.

Dehors la danse, avec Mathilde Monnier, Rroz, 2001.

La connaissance des textes. Lecture d'un manuscrit illisible (*Correspondances*), avec Simon Hantaï et Jacques Derrida, Galilée, 2001.

Granel. L'éclat, le combat, l'ouvert, dir. J.-L. Nancy et Élisabeth Rigal, Belin, 2001.

Le genre humain, nº 36, «L'art et la mémoire des camps. Représenter exterminer», dir. J.-L. Nancy, Seuil, 2001.

Nus sommes. La peau des images, avec Federico Ferrari, Yves Gevaert, 2002 ; rééd., Klincksieck, 2006.

Cœur ardent / Cuore ardente, avec Claudio Parmiggiani, Mazzotta, 2003.「激しく燃え上がる心臓」西山雄二訳、『水声通信』、15 号、2007 年。

Wir, avec Anne Immelé, Filigranes, 2003.

L'extension de l'âme / Exister c'est sortir du point, avec Antonia Birnbaum, Le Portique, 2003.

Penser à Strasbourg, avec Lucien Braun, Gérard Bensussan, Joseph Cohen, Jacques Derrida, Francis Guibal, Martin Heidegger, Isabelle Baladine Howald, Ph. Lacoue-Labarthe, Jacob Rogozinski, Galilée / Ville de Strasbourg, 2004.

Fortino Sámano (*Les débordements du poème*), avec Virginie Lalucq, Galilée, 2004.

La blessure, avec Ensemble Perceval, Les petits Matins, 2005.

Iconographie de l'auteur, avec Federico Ferrari, Galilée, 2005.『作者の図像学』林好雄訳、ちくま学芸文庫、2008 年。

Allitérations. Conversations sur la danse, avec Mathilde Monnier, Galilée, 2005.『ダンスについての対話　アリテラシオン』大西雅一郎・松下彩子訳、現代企画室、2006 年。

Natures mortes. Douze variations, avec François Martin, URDLA, 2006 ; rééd., 2014.
Adieu Derrida, ed. Costas Douzinas, Palgrave Macmillan, 2007.「マッド・デリダ　思考と狂気の事実そのものから」藤本一勇訳、『来たるべきデリダ』。
Tombée des nues, avec Jacques Damez, Marval, 2007.
Le ciel gris s'élevant (*paraissait plus grand*), avec Anne-Lise Broyer, Filigranes, 2007.
Les traces anémones, avec Bernard Moninot, Maeght, 2008.
Démocratie, dans quel état ?, avec Giorgio Agamben, Alain Badiou, Daniel Bensaïd, Wendy Brown, Jacques Rancière, Kristin Ross et Slavoj Žižek, La Fabrique, 2009.「終わりある／終わりなき民主主義」河村一郎訳、ジョルジョ・アガンベン他『民主主義は、いま　不可能な問いへの8つの思想的介入』河村一郎ほか訳、以文社、2011 年。
L'hermaphrodite de Nadar, avec Magali Le Mens, Creaphis, 2009.
Trafic / Déclic. Les villes de Nancy, avec Benoît Goetz, Le Portique / La Phocide, 2010.
Atlan, les détrempes, avec Jean-Michel Atlan, Hazan, 2010.
L'idée du communisme, éds. Alain Badiou et Slavoj Žižek, Lignes, 2010 ; *The Idea of Communism*, eds. Costas Douzinas and Slavoj Žižek, Verso, 2010.「共産主義、語」松本潤一郎訳、コスタス・ドゥズィーナス、スラヴォイ・ジジェク編『共産主義の理念』長原豊監訳、水声社、2012 年。
Politique et au-delà, avec Philip Armstrong et Jason E. Smith, Galilée, 2011.
Dans quels mondes vivons-nous ?, avec Aurélien Barrau, Galilée, 2011.「集積について」渡名喜庸哲訳、『フクシマの後で』。
*« Le geste de dieu ». Sur un lieu de l'*Éthique *de Spinoza*, avec Alfonso Cariolato, La Transparence, 2011. アルフォンソ・カリオラート、ジャン＝リュック・ナンシー『神の身振り　スピノザ『エチカ』における場について』藤井千佳世・的場寿光訳、水声社、2013 年。
La possibilité d'un monde, avec Pierre-Philippe Jandin, Les petits Platons, 2013.
Jamais le mot créateur, avec Simon Hantaï, Galilée, 2013.
Qu'appelons-nous penser ?, avec Daniel Tyradellis, Diaphanes, 2013.
Scène, avec Ph. Lacoue-Labarthe, Christian Bourgois, 2013.
La panique politique suivi de *Le peuple juif ne rêve pas*, avec Ph. Lacoue-Labarthe, Christian Bourgois, 2013.「政治的パニック」柿並良佑訳、『思想』、1065 号、2013 年 1 月；「ユダヤの民は夢を見ない」藤井麻利訳、『イマーゴ』、1992 年 7 月。
La jouissance, avec Adèle Van Reeth, Plon / France Culture, 2014.
Inventions à deux voix. Entretiens, avec Danielle Cohen-Levinas, Le Félin, 2015.
C'est quoi penser par soi-même ?, avec Émile, L'Aube, 2015 ; rééd., 2022.
La fin des fins. Scène en deux actes, avec Federico Ferrari, Cécile Defaut, 2015 ; rééd., Kimé, 2018.
Proprement dit. Entretien sur le mythe, avec Mathilde Girard, Lignes, 2015.
Quand tout arrive de nulle part. Sur l'œuvre d'Albert Palma, avec Albert Palma, Manucius, 2015.

Sur «le Ciel du centaure» de Hugo Santiago, avec Alain Badiou et Alexander García Düttmann, Lignes, 2016.
Signaux sensibles. Entretiens à propos des arts, avec Jérôme Lèbre, Bayard, 2017.
Marquage manquant & autres dires de la peau, avec Nicolas Dutent, Les Venterniers, 2017.
La tradition allemande dans la philosophie, avec Alain Badiou, Lignes, 2017.
Derrida lecteur de Heidegger (après les Cahiers noirs), avec Cristina de Peretti, Michel Lisse, Fernanda Bernardo, Palimage, 2018.
Karine. Apparitions, avec Robert Cahen, Yellow Now, 2019.
Démocratie ! Hic et nunc, avec Jean-Fançois Bouthors, François Bourin, 2019.
Immortelle finitude. Sexualité et philosophie, avec Mehdi Belhaj Kacem et Raphaëlle Milone, Diaphanes, 2020.
(Re)lire Être et Temps aujourd'hui, dir. Jean-Luc Nancy et Élisabeth Rigal, TER, 2020.
Amitiés de Bernard Stiegler. Douze contributions réunies par Jean-Luc Nancy, Galilée, 2021.
Rencontre, avec Carolin Meister, Diaphanes, 2021.
La haine des Juifs, avec Danielle Cohen-Levinas, Cerf, 2022.
«L'infinité du progrès est un mauvais infini», avec Élodie Maurot, William Blake & Co., 2022.

⑶ 日本語訳テクスト

（ナンシーは短いものに関しては既出テクストにしばしば加筆修正を施していたので、刊行された版と日本語に訳出された版では異同がある場合もある。）

«Commentaire», *Bulletin de la Faculté des lettres de Strasbourg*, 48e année, nº 3, décembre 1969 ; *L'Animal*, nº 14/15, été 2003.「注釈」伊藤潤一郎訳、『人文学報』、No. 514-15、首都大学東京人文科学研究科（フランス文学）、2018 年。
«La panique politique» (avec Ph. Lacoue-Labarthe), *Cahiers Confrontation*, nº 2, 1979.「政治的パニック」柿並良佑訳、『思想』、1065 号、2013 年 1 月。
«Catalogue», *Avant-guerre*, nº 1, avril 1980.「カタログ」庄田常勝訳、『現代思想』、1984 年 3 月。
«Le peuple juif ne rêve pas» (avec Ph. Lacoue-Labarthe), *La psychanalyse est-elle une histoire juive ? Colloque de Montpellier, 1980*, dir. Adélie et Jean-Jacques Rassial, Seuil, 1981.「ユダヤの民は夢を見ない」藤井麻利訳、『イマーゴ』、1992 年 7 月。
«La joie d'Hypérion», *Les études philosophiques*, nº 2, 1983 ; *Hölderlin,* Cahiers de l'Herne, 1990.「ヒュペーリオンの悦び」大西雅一郎訳、『神的な様々の場』。
«The Deleuzian Fold of Thought», *Deleuze: a Critical Reader*, ed. Paul Patton, Blackwell, 1986.「思考のドゥルーズ的襞」安川慶治訳、『批評空間』、第 2 期 18 号、1998 年。

«Portrait de l'art en jeune fille», *L'art moderne et la question du sacré*, Cerf, 1993.「乙女の姿をした芸術の肖像」長友文史訳、『現代思想』、2007 年 7 月。

«Un entretien avec Jean-Luc Nancy» (par Ferenczi Thomas), *Le Monde*, 29 mars 1994.「これからは、世界を再・魔術化しようとは望まずに、脱・魔術化されたままの世界を生きねばならないのです。」石田靖夫訳、『現代思想』、1995 年 7 月。

«Six regards en contrechamps», avec Jean-Pierre Limosin, Jean-Claude Biette, Denis Gheerbrant, Alain Bergala, Claire Denis, *Cahiers du Cinéma*, n° 493, juillet-août 1995.「切り返しショットによる六つの視線」(J - L・ナンシー、A - P・リモザン、A・ベルガラほか)森紀与子訳、『ユリイカ』、1995 年 10 月。

«Du sens, dans tous les sens», *Libération*, 7 novembre 1995.「あらゆる意味=方向における意味について」石田靖夫訳、『現代思想』、1996 年 1 月。

「未来へ! 20 世紀の「知性」に聞く 喪失感の時代超え 目覚める人類の自己意識」、『朝日新聞』、1997 年 2 月 3 日夕刊。

「実存に責任を負う ジャン=リュック・ナンシーの講演と浅田彰との対話」夏目幸子・安原伸一朗訳、『批評空間』、第 2 期第 13 号、1997 年。

«Cours, Sarah !», *Les Cahiers du GRIF*, nº 3, printemps 1997.「クール、サラ!」棚沢直子訳、フランソワーズ・コラン他『サラ・コフマン讃』、未知谷、2005 年。

«La déconstruction du christianisme», *Les études philosophiques*, n°4, octobre-décembre 1998.「キリスト教の脱構築」大西雅一郎訳、『神的な様々の場』。

«Des sens de la démocratie», *Transeuropéennes*, n° 17, 2000.「民主主義の様々な意味」大西雅一郎訳、『共出現』。

«Au lieu de l'utopie», *Les utopies et leurs représentations. Colloque franco-japonais, Tokyo 2000*, Le Quartier, 2000.「ユートピアの場に／代わりに」大西雅一郎訳、『共出現』。

«Nancy, le cœur de l'autre», *Libération*, 17 février 2000.「ナンシー、他者の心臓」西谷修訳、『侵入者』。

«Tout est-il politique ? (simple note)», *Actuel Marx*, nº 28, août 2000.「すべては政治的なのか(単なる覚書き)」大西雅一郎訳、『共出現』。

「痕跡」森元庸介訳、『別冊思想 トレイシーズ1』、第 918 号、2000 年 11 月。

«Responsabilité – du sens à venir» (avec Jacques Derrida), *Sens en tous sens. Autour des travaux de Jean-Luc Nancy*, dir. Francis Guibal et Jean-Clet Martin, Galilée, 2004.「責任 来るべき意味について」西山雄二・柿並良佑訳、『水声通信』、第 10 および 11 号、2006 年。

«La voix qui a manqué, celle qui doit parler», *Libération,* 30 avril 2002 ; *Cahiers intempestifs*, nº 15, 2003.「欠けていた声、それこそが声をあげねばならない」藤田尚志訳、批評空間 HP-WebCRITIQUE。

«Jeux d'ombres», *Po&sie*, n° 111, janvier 2005.「陰翳の戯れ」高山花子訳、『人文学報』、東京都立大学人文科学研究科、No. 517-15、2021 年。

«Une pensée au partage des eaux», *Le Monde* (supplément «livres»), 11 mars 2005.「分水嶺としてのサルトル」澤田直訳、澤田直編『サルトル読本』法政大学出版局、2015 年。

«A-athéisme», *L'ENA hors les murs*, nº 353, juillet 2005.「無 - 無神論」西山達也訳、

『水声通信』、第 10 号。
«Feu», *Cai Guo-Qiang: Red Flag / Paradise*, Zacheta Narodowa Galeria Sztuki, 2005.「火」吉田晴海訳、『水と火』。
«À l'approche», *Lieux propices. L'énonciation des lieux / Le lieu de l'énonciation*, dir. Adelaide Russo et Simon Harel, Presses de l'Université Laval, 2005.「近接した地点にて」吉田晴海訳、『水と火』。
«Dialogue entre J. Derrida, Ph. Lacoue-Labarthe et J.-L. Nancy», *Rue Descartes*, nº 52, 2006.「ジャック・デリダ、フィリップ・ラクー=ラバルト、ジャン=リュック・ナンシーの対話」渡名喜庸哲訳、『思想』、1088 号、2014 年 12 月。
«Regard donné», *Portraits photographiques par Henri Cartier-Bresson. Le silence intérieur d'une victime consentante*, Thames & Hudson, 2006.「贈られる眼差し」安原伸一朗訳、『ポートレイト　内なる静寂　アンリ・カルティエ = ブレッソン写真集』、岩波書店、2006 年。
「「共和国」理念の崩壊と資本主義の危機　新しい価値観の創造を」、『毎日新聞』、2006 年 5 月 8 日夕刊。
「思想の言葉で読む 21 世紀論　異郷化　転換期の「居心地悪さ」」、『朝日新聞』、2006 年 5 月 22 日夕刊。
「世界化の時代における政治」西山達也訳、『文學界』、2006 年 7 月。
«Le dehors du monde»「世界の外」吉田晴海訳、『水声通信』、第 10 号。
«Tu aimais les Leçons de Ténèbres», *Lignes*, n° 22, mai 2007.「暗闇の教え」大西雅一郎訳、『環』、第 29 号、2007 年。
«Philippe Lacoue-Labarthe, la syncope reste ouverte», *Libération*, 2 février 2007.「宙吊りの分有」大西雅一郎訳、『環』、第 29 号。
«Le dangereux voisinage de la philosophie et de la poésie», *Saisons d'Alsace*, La Nuée Bleue, n° 34, mars 2007 ; *Europe*, n° 973, mai 2010.「ラクー=ナンシー」大西雅一郎訳、『環』、第 29 号。
«Insistances démocratiques. Entretien avec Miguel Abensour, Jean-Luc Nancy & Jacques Rancière», *Vacarme*, n° 48, été 2009.「民主主義の執拗さ　ミゲル・アバンスール、ジャン=リュック・ナンシー、ジャック・ランシエールとの対話」伊藤潤一郎訳、『人文学報』、首都大学東京人文科学研究科、No. 513-15、2017 年。
«La métamorphose, le monde. Entretien de Boyan Manchev et Jean-Luc Nancy», *Rue Descartes*, n° 64, PUF/CIPh, 2009.「変容、世界」（ボヤン・マンチェフとの対話）横田祐美子訳、『人文学報』、No. 513-15。
«Le désir des formes. Entretien avec Jean-Luc Nancy», *Europe*, n° 960, avril 2009.「さまざまな形への欲望」西山雄二・石田奈生訳、『人文学報』、No. 517-15。
«Eros, le roman d'Emmanuel Levinas ? Conférence de clôture», *Levinas et l'expérience de la captivité*, éd. Danielle Cohen-Levinas, Lethielleux, 2011.「『エロス』　エマニュエル・レヴィナスの小説?」渡名喜庸哲訳、『現代思想』、2012 年 3 月。
«Rencontres et travaux du Groupe de philosophie de Strasbourg (GPS). Autour de Jean-Luc Nancy : Déconstruction du christianisme», *Les Cahiers philosophiques de Strasbourg*, n° 30, 2011/2012.「ジャン=リュック・ナンシー「キリスト教の脱構築」を

めぐって」松田智裕訳、『人文学報』、No. 513-15。

«Philosopher après Fukushima», International Web Lecture Meeting: “Philosophy in the Post-Fukushima Age: Asking Questions of Great Savants”, 17 décembre 2011.「フクシマの後で哲学すること」渡名喜庸哲訳、『国際哲学研究』、1号、東洋大学国際哲学研究センター、2012年。

«L'intrigue littéraire de Levinas», Emmanuel Levinas, *Œuvres III. Eros, littérature et philosophie*, éds. J.-L. Nancy et D. Cohen-Levinas, Grasset / IMEC, 2013.「序　レヴィナスの文学的な〈筋立て〉」渡名喜庸哲訳、『レヴィナス著作集3　エロス・文学・哲学』法政大学出版局、2018年。

«Université : savoir et non-savoir»「大学　知と非 - 知」西山雄二訳、西山雄二編『人文学と制度』、未來社、2013年 .

«Questions à Jean-Luc Nancy», *Phasis*, Inschibboleth, n° 2, 2014.「「フクシマ」という名を通じて思考すること」西山雄二訳、西山雄二編『カタストロフィと人文学』、勁草書房、2014年。

«Note sur l'«économie du salut»», 2014.「「救済のエコノミー」についての注記」柿並良佑訳、『Nύξ（ニュクス）』、創刊号、2015年。

«Beni vacanti», 2015.「無主物」西山達也訳、『思想』、1172号。

«Le poids de notre histoire», *L'Humanité des débats*, n°21802, 20-22 novembre 2015.「われわれの歴史の重み」松葉祥一訳、『現代思想』、2016年1月。

«Jean-Luc Nancy, entretien avec Shoichi Matsuba sur les attentats de Paris», *Médiapart*, 6 décembre 2015.「安全保障でも恐怖でもなく」松葉祥一・桐谷慧訳、『現代思想』、2016年1月。

«En chute libre à l'infini. Entretien avec Jean-Luc Nancy», *Kierkegaard en France. Incidences et résonances*, dir. Florian Forestier et al., BnF, 2016 ; «Un mot d'accompagnement», Søren Gosvig Olesen, *Avec Kierkegaard. La philosophie dans le texte*, Mimesis, 2018.「キルケゴール　ジャン=リュック・ナンシーへの問い」伊藤潤一郎訳、『人文学報』、No. 513-15。

«Bataille par cœur», *Artpress2*, n° 42, 2016.「心からバタイユを」中川真知子・市川崇訳、『多様体』、第2号、2020年。

「日本のみなさんへのメッセージ」乙幡亮・柿並良佑訳、『多様体』、第2号。

«Ich bin sprachlos», 2017.「私は言葉もない」西尾宇広・針貝真理子訳、『多様体』、第2号。

«Que reste-t-il des astres ?», *Belgrade Journal of Media and Communications*, vol. VI, n° 11, Singidunum University, 2017.「星々の遺りもの?」時田圭輔・松本鉄平・市川崇訳、『多様体』、第2号。

«Séminaire sur *Sexistence*», 2017.「『性存』をめぐるセミナー　二〇一七年四月一八日　慶應義塾大学」市川崇訳、『多様体』、第2号。

«Nippospitalité», *Le Portique*, n° 43-44, 2019.「Nippospitalité 日本で受けた歓待」渡名喜庸哲・市川崇訳、『多様体』、第2号。

「ジャン=リュック・ナンシー　インタビュー」（聞き手：澤田直）、『ふらんす』、2017年8月。

«Eccezione virale», *Antinomie*, 27 February 2020.「ウイルス性の例外化」伊藤潤一

郎訳、『現代思想』、2020 年 5 月。
«Le mal, la puissance», 8 avril 2020.「病と力」市川崇訳、『三田文学』、142 号、2020 年。(https://www.youtube.com/watch?v=kT7S2ciWz9o)
«Nous avons compris notre existence comme un destin, puis comme une conquête, il va falloir trouver autre chose», avec Milo Lévy-Bruhl, *Le Grand Continent*, 9 juin 2020.「別の精神性」伊藤潤一郎訳、西山雄二編『いま言葉で息をするために　ウイルス時代の人文知』、勁草書房、2021 年。
«Démosophia», *Philosophy World Democracy*, 22 November 2020.「デモソフィア」柿並良佑訳、同誌、2022 年 2 月 20 日。
«La sindrome biopolitica», *MicroMega*, 2020.「生政治症候群」伊藤潤一郎訳、『いま言葉で息をするために』。
«"La fin de la philosophie et la tâche de la pensée"», *Philosophy World Democracy*, 15 July 2021.「「哲学の終焉と思考の課題」」柿並良佑訳、『思想』、1172 号。

⑷ 日本語での特集号

『未来』(小特集：ジャン=リュック・ナンシー)、第 477 号、未來社、2006 年 6 月。

『水声通信』(特集：ジャン=リュック・ナンシー)、第 10 号、水声社、2006 年 8 月。

『グローバル化時代における現代思想』(「ジャン=リュック・ナンシー『フクシマの後で』から出発して」)、第 2 号、東京大学東洋文化研究所、2014 年。

『人文学報』(特集：ジャン=リュック・ナンシーの哲学の拍動)、首都大学東京人文科学研究科(フランス文学)、No. 513-15、2017 年。

『ふらんす』(特集：バタイユからナンシーへ)、白水社、2017 年 8 月。

『多様体』(総特集：ジャン=リュック・ナンシー)、第 2 号、月曜社、2020 年。

『人文学報』(小特集：ジャン=リュック・ナンシーにおける芸術の問い)、東京都立大学人文科学研究科(フランス文学)、No. 517-15、2021 年。

『思想』(特集：追悼　ジャン=リュック・ナンシー)、岩波書店、第 1172 号、2021 年。

『Supplément』(特集 I　ジャン=リュック・ナンシー追悼)、脱構築研究会オンラインジャーナル、第 1 号、2022 年。

『Limitrophe』(特集：ジャン=リュック・ナンシー)、東京都立大学人文科学研究科(西山雄二研究室)、第 2 号、2023 年。

ジャン＝リュック・ナンシー略年譜

（作成＝柿並良佑＋西山雄二）

1940年
ラスコー洞窟壁画発見の年。7月26日、占領地帯にあるジロンド県ボルドー市コーデランにて、ロジェ・ナンシーとジャクリーヌ・ジャンドロノーの子として生まれる。フルネームはジャン＝リュック・ロラン・ルイ・アンドレ・ナンシー。

1942年
妹が誕生。後に弟とさらに2人の妹が生まれる。

1945年
軍の火薬技師であった父の占領軍配属に伴い、ドイツ南西部のバーデン‐ヴェルテンブルク州の温泉地バーデン・バーデンに転居、シャルル・ド・ゴール・フランス人学校に通う。ドイツ語・ドイツ文化に親しむ。

1951年
第6学年（中等教育第1学年）の始まった年度の途中で帰国、メーヌ・ド・ビランが居を定めた街としても知られるベルジュラック（フランス南西部のドルドーニュ県）に移り、アンリ4世中学校に通う。同校で司祭を務め、カトリック左派の教養を身に着けていたバレ神父を介して「キリスト教青年学生団（Jeunesse Étudiante Chrétienne : JEC）」に参加、プロテスタンティズムおよび解釈学の影響を受けたカトリックの環境でテクスト解釈の技法に目を開かれる。1950年代、聖書とともにコーランも読んで多くのノートを取り、ジャック・ベルクやルイ・マシニョンのイスラム研究書も繙く。同学生団では教育の民主化運動にも長く参加し、その後、キリスト教労働者同盟（CFTC）の再建運動（組織の世俗化）にも関わる。

1954年
第3学年（中学最終年度）、アルジェリア戦争開始（～1962年）。同戦争開始当初よりキリスト教青年学生団はフランスの植民地政策を強く批判。当局およびキリスト教会から活動を危険視される。

1956年
第1学年（高校での第2年度）。幼少より読書家であったが、高校時代はバルザックやゾラの小説を読み耽っていた。キリスト教青年学生団が、その急進左派的態度により司教団から停止命令を受け、危機的状況を迎える。ナンシーはこの時期に同学生団を離れ、その機関紙に

発表を考えていた原稿は後に雑誌『エスプリ』に持ち込まれることになる。ハンガリー動乱が起こり、民衆蜂起をソ連軍が鎮圧する出来事に衝撃を受け、共産党に対する不信感が募る。

1957年

高校での最終学年。哲学教師アンリ・シカールは先史時代にも強い関心を抱いており、レゼジーやラスコーの洞窟見学および課外授業をおこなった際、ナンシーに「君は先史学者になりなさい、ただその目的のために、人間の起源を考察するべく哲学の勉強をしなさい」と助言する。この年から翌年にかけて、宗教に準拠することなく社会的・知的な活動が可能であると考えるようになる。宗教的生活が実質を失ったと感じる一方、文章の執筆への関心が高まり、数多くの詩を創作する（12歳から22歳まで）。

1958年

トゥールーズ大学に登録。この頃同地に転居。ピエール・ド・フェルマー高校のグラン・ゼコール準備学級に通う。

1960年

ルイ・ル・グラン高校、ついでソーのラカナル高校で準備学級に通うが、高等師範学校への入試には失敗。パリ・ソルボンヌ大学に登録、ジョルジュ・カンギレム、ポール・リクールらの講義を受講。この頃、ルイ・ル・グラン高校の友人に連れられて、イエズス会の哲学者ジョルジュ・モレルが行っていたヘーゲルをめぐるセミナーに参加。

1961年

ラカナル高校で長年の友人となるフランソワ・ヴァランと出会い、ハイデガーのテクストを知る。最初、「ヒューマニズム書簡」に言われる「存在の羊飼い」などについては真面目に取り合わなかったが、ヒューマニズムが人間の「フマニタス」を十分に高く評価していないという議論には近しさを感じる。

1962年

ソルボンヌ大学にて学士号取得。6月、「エスプリ会議」に参加し、若い世代の沈黙をめぐって発表。このときの考察をもとにした文章が翌年の『エスプリ』誌に収録される。アルジェリア戦争終結。アルジェリアの未来を考える教員研修に参加したが、民族解放戦線（FLN）の協力者が統率する雰囲気に困惑。脱植民地化運動には賛同するものの、独立後の権威主義的な体制化には居心地の悪さを覚える。この頃、フランス全国学生連合（UNEF）、民主労働総連合（CFDT）の活動に参加（1967年まで）。また、コミュニストでもマオイストでもトロツキストでもない活動の可能性を統一社会党（PSU）にみて党員登録するが、組織の精神に馴染めず翌年離脱。

1963年

リクールの指導の下、論文「形象と真理　ヘーゲルによる啓示宗教の分析における表象の問題」により修士号（DES）を取得。最初の公刊論文「とある沈黙」を『エスプリ』誌に発表。以後1968年までに、このキリスト教左派の雑誌に計5本の論文を寄稿。7月11日、クレール・マテと結婚。後にアンヌとジュヌヴィエーヴの2子が誕生。

1964年

試験対策としてカントの勉強に本格的に取り組み、アグレガシオン（高等教授資格）試験に合格。国家博士論文へ向け神学の研究をするため（後に放棄）、ストラスブール大学へ登録。近くの街コルマールにあるバルトルディ高校でグラン・ゼコール準備学級の教員。同地にいる間に、ストラスブール大学専任講師のリュシアン・ブラウンと出会う。ハイデガーの「「ピュシス」の本質と概念について」をヴァランと共訳、コスタス・アクセロスを中心とする雑誌『アレーテイア』に発表。ジャック・デリダの『幾何学の起源・序説』（1962年）を読んで、そのアクチュアルな思考と言葉遣いの息吹に衝撃を受ける。

1966年

兵役の代わりに軍学校で文化論などの科目を担当。マルクスのテクストを取り上げようとした際には上官から止めるように要請があった。また共産党員であったルイ・アルチュセールと『エスプリ』誌が対談を企画した際にも許可が下りなかった。この頃、ストラスブールではシチュアシオニストの学生が教授会も含め、あらゆる集会で大学自治や学生の悲惨な状況をめぐりパンフレット『学生生活の貧困』を撒き始める。2年間、『人民日報』を北京から取り寄せて購読するも、毛沢東主義にはさほど関心を惹かれず。

1967年

フィリップ・ラクー＝ラバルトがジョルジュ・ギュスドルフの助手となる。ストラスブール大学にはカトリックとプロテスタントの間に定員のバランスを保つ取り決めがあり、ギュスドルフはボルドー大学で優秀賞を受けたラクー＝ラバルトを、自分と同じくプロテスタントの素養を持つ人物として採用した。これはアルザス出身でカトリックの出自を持ち、助教授に昇任したブラウンの後任人事にあたる。一方、ナンシーがリクールの助手としてパリ大学ナンテール校に移ることを懸念したブラウンは、前年からこの年にかけての冬のある日、ナンシー夫妻の家に自分とラクー＝ラバルト夫妻を招いてもらう。その場でナンシーとラクー＝ラバルトはすぐに意気投合する。事が上手く運んだと判断したブラウンはナンシーに大学で講演を行うことを提案、助手の職を提示する。また1962年頃にパリで知り合っていたアナーキストで、ラクー＝ラバルトとも旧知のダニエル・ジュベールとストラス

ブールで再会し、三人で政治的活動に参加するようになる。前年から引き続き学生の集会などに参加するナンシーとラクー＝ラバルトの活動にギュスドルフは強く反対。コルマールもストラスブールも保守的な街で、革命的性格を持つ集会には敵対的な雰囲気があり、2人を強く結びつけた要因にはこうした環境も挙げられる。

1968年

5月革命。共産党に不信感を抱き、シチュアシオニズムに惹かれる。ストラスブールにおいて、シチュアシオニズムが特定の展望に導かれた変革よりも、政治や革命といった観念自体の宙吊りを体現しているようにみえたからである。ナンシーらは続けて同地での集会などに参加。秋の新年度からストラスブール大学助手。

1969年

ジャック・デリダの著作に触発されて「注釈」を『ストラスブール大学文学部紀要』に発表。感銘を受けたデリダはナンシーに長い返事を送り、2人の交流が始まる。この年の後半、コルマールとの往復中に自動車事故に遭い、重症を負ったのを機にストラスブールに転居。シャルル＝グラド通りの住居でラクー＝ラバルト夫妻との共同生活開始。この家は一種の作業場として、デリダやジャン＝フランソワ・リオタールを含め、常に多くの人が訪れる空間となる。

1970年

ストラスブールにてシンポジウム「レトリックと哲学」をラクー＝ラバルトと共同で主催。5月、デリダをストラスブール大学に初めて招き、それ以後、彼らの共同作業は継続される。ナンシーはラクー＝ラバルトと共に多様な主題をめぐり、しばしばゲストを招いて土曜日に「セミネール」を継続。当時、フランスでは一般的でない授業形態であった。これに伴い多くのテクストが共同執筆されたものの、「政治的パニック」などいくつかの例外を除いて公刊されていない。セミネールで取り上げられたバタイユやブランショといった思想家についてフランスの哲学科で研究するのが難しいという状況は2000年代初頭になるまで続くが、ナンシーは多くの学生の指導を引き受けた。

1971年

ペーター・ソンディの自死の後、ベルリン自由大学でドイツ語でセミネールを行うよう依頼を受ける。以降数年にわたり、1年の数ヶ月をヤーコプ・タウベスの設立した解釈学研究所で過ごすようになる。

1972年

パリ・ユルム街の高等師範学校にて非常勤講師（79年まで）。ラクー＝ラバルトと二人で、「記号とテクストの理論についての研究グループ（GRTST）」を組織（92年まで）。この研究グループはストラスブール国立劇場とも共同しつつ、大学と都市を横断する学術・文化活動を

展開。芸術家、演劇人、精神分析家らと多様な会合をおこない、パリから研究者（デリダやリオタール、ロラン・バルト、エマニュエル・レヴィナスなど）を定期的に招聘することで、辺境地ストラスブールを分野横断的な活動で活気づける。外務省の文化使節としてルーマニアに赴く。

1973年

ラクー＝ラバルトとジャック・ラカン論『文字の資格』を刊行。ラカンはこの著作の分析に満足し、セミネール『アンコール』で出席者に推奨する。リクールの指導の下、「カントの類比的ディスクール」により第3課程博士号を取得。ストラスブール大学講師。この頃より海外からの招聘が増える。ベルリン自由大学（1973-74, 81, 82-83年）、カリフォルニア大学アーヴァイン校（1976, 77, 78, 84年）、同バークレー校（1987-1990年）など。フラマリオン社刊行、後にガリレー社に引き継がれた叢書「哲学の実際＝効果としての哲学」（La philosophie en effet）の共同編集人（他3名はデリダ、ラクー＝ラバルト、サラ・コフマン）となる。第一弾シリーズの1冊として、初の単著にしてヘーゲル論『思弁的注釈』を刊行。

1975年

外務省の文化使節としてアメリカに赴く。

1977年

ニーチェ『悲劇の誕生』をミシェル・アール、ラクー＝ラバルトと共にフランス語に翻訳。

1978年

ストラスブールにてシンポジウム「自伝的エクリチュール」をラクー＝ラバルトと共同で主催。反動的な哲学教育改革（アビ改革）に対抗するべくデリダらが創設した哲学教育研究グループ（GREPH）のメンバーとなる（83年まで）。ラクー＝ラバルトと共同で、ドイツ・ロマン主義の文学理論をめぐる『文学的絶対』を刊行。

1979年

6月、哲学教育の危機をめぐってソルボンヌ大学で哲学三部会が開催される。ナンシーが司会を務めたセッションに、ベルナール・アンリ＝レヴィとその一派が乱入して騒ぎとなる。7月、ストラスブールにてシンポジウム「ジャンル」をラクー＝ラバルトらと共同で主催。ポール・ド・マン、ヴェルナー・ハーマッハー、ロドルフ・ガシェ、デリダらが参加。新たな『テルケル』を目指す雑誌『ディグラフ』に連載時評「モノグラム」などを多数寄稿。

1980年

5月、フランス・シルティカイムでの「ファシズムのメカニズム」シンポジウムに参加して、ラクー＝ラバルトと共同発表（のちに『ナチ

神話』として公刊)。7月、スリジー＝ラ＝サルで10日間のシンポジウム「人間の終焉＝目的　ジャック・デリダの仕事から出発して」をラクー＝ラバルトと共同で主催。11月、高等師範学校に「政治的なものについての哲学的研究センター」を開設。クロード・ルフォールやリオタール、リュック・フェリーらが、政治的なものの本質を問うこの共同研究に参加した。研究は1984年まで継続され、その成果は論集『政治的なものを再び賭ける』『政治的なものの退引』として刊行される。年末、リオタールとジル・ドゥルーズから自分たちの後任として、パリ第8大学サン・ドゥニ校へラクー＝ラバルトとともに移るよう提案される。だが数ヶ月後、やはりストラスブールに残ることを勧められ、結局とどまることになる。

1983年

『アレア』誌が共産主義と共同体に関する特集を組み、ジャン＝クリストフ・バイイから寄稿を依頼されたナンシーは「無為の共同体」を執筆。バタイユの共同体論を掘り下げたこの論考に対して、同年、モーリス・ブランショが『明かしえぬ共同体』を執筆して応答する。以後、ブランショへの応答は『モーリス・ブランショ　政治的パッション』(2011年)、『否認された共同体』(2014年)と継続される。

1984年

外務省の文化使節としてイギリスに赴く。

1985年

7月13日、エレーヌ・サガンと再婚。同年にオギュスタンが誕生。国際哲学コレージュのプログラム・ディレクター(1989年まで)。経済面等々の問題からリオタールの勧めを受け入れ、カリフォルニア大学サン・ディエゴ校で2年間教職に就く。

1986年

6月、国際哲学コレージュにて『無為の共同体』をめぐる書評会が開かれ、ジョルジョ・アガンベン、コフマン、リオタール、ミゲル・アバンスールらが発表。

1987年

ジェラール・グラネルを指導教員に、トゥールーズ大学に提出された論文(および関連する既刊の論考)により国家博士号を取得。審査員にはデリダ、リオタール、ジャン＝トゥサン・ドゥサンティ、ジョルジュ・マイヨスが名を連ねた。同論文は加筆の上、翌年『自由の経験』として出版。この機に父親から贈られた腕時計をナンシーは晩年まで大切にしていた。

1988年

ストラスブール大学教授に昇任。

1989年
ストラスブール大学研究班（UFR）、「哲学、言語科学、コミュニケーション」の長となる。95年に再選、97年に健康上の理由で退任。同時期、各種研究拠点の長、評議員などの職を歴任。5月、国際哲学コレージュにて『自由の経験』をめぐる書評会が開催され、ラクー＝ラバルトやジャック・ランシエールらが発表。夏、長らく患っていた心臓疾患が急変し、症状の重さを自覚する。相談を受けたデリダはその容態をひどく心配し、ナンシーの仕事を再考するべく『触覚』の原稿を書き上げた。『コンフロンシオン』誌で特集「主体の後に誰が来るのか？」を編纂。
1990年
バタイユの供犠、ハイデガーの決断、カントの崇高などを考察した論集『限りある思考』刊行。
1991年
春、心臓移植手術を受け、成功。以後、黒人女性から提供された心臓とともに生き延びることになる。ラクー＝ラバルトとの共著で『ナチ神話』刊行。11月、ストラスブールでの知識人会議「ヨーロッパ文学の十字路」開催にあたり、責任者クリスチャン・サルモンとともに準備に携わる。
1992年
11月、「ヨーロッパ文学の十字路」（第4回）において、シンポジウム「ヨーロッパをその境界で考える」をラクー＝ラバルトらと共同で主催。アガンベン、エティエンヌ・バリバール、マッシモ・カッチャーリ、ポール・ヴィリリオ、デリダらの講演を組織する。
1993年
意味が放棄された現代において、世界が意味そのものであるという構造を論究する『世界の意味』を刊行。7月、英語圏の学術誌『パラグラフ』にてナンシー特集。ナンシーの思想に関するはじめての特集号。11月、世界中で迫害を受けている作家や知識人のために第5回「ヨーロッパ文学の十字路」を開催。エドゥアール・グリッサンが基調講演を務めた他、ピエール・ブルデュー、デリダ、トニ・モリソン、サルマン・ラシュディらが参加。
1994年
『ストラスブール哲学手帖』の出版責任者。芸術論『ミューズたち』刊行。以後、絵画論や芸術論の著述、芸術家らとの共同製作が増えていく。
1995年
芸術文化勲章シュヴァリエを授与される。

1996年

『無為の共同体』や『共出現』(1991年) の仕事を批判的に発展させ、共同存在の問いを深化させた『単数にして複数の存在』を刊行。11月に初来日し、東京、横浜、京都で講演。

2000年

心臓移植手術の経験を考察した『侵入者』刊行。1月、デリダが『触覚　ジャン=リュック・ナンシーに触れる』を刊行。アリストテレス以来の触覚の哲学的伝統にナンシーの思想を位置づける大作で、ナンシーは深く感動し、過分な友愛さえ感じる。2月、日仏共同コロック「ユートピアとその表象」にビデオ講演の形で参加。11月、グラネル死去。ほとんどセミネールを休まなかったナンシーがこの時は葬儀に参列するために休講。

2001年

外務省の文化使節としてエジプトに赴く。クレール・ドゥニ監督による短編映画『ナンシーの方へ』製作。

2002年

1月、パリでナンシーをめぐるシンポジウム「あらゆる方向=意味における意味」。外務省の文化使節としてポーランドおよびブルガリアに赴く。5月、パリ郊外のモントルイユ新劇場で子供向けの「小さな講演会」に登壇し、神について議論をする。以後、この講演会シリーズの常連として、ほぼ毎年登壇し、「愛」「正義」「美」「出立」「欲望」「服従」「嘘」などを講じる。ストラスブール大学を退職、名誉教授。

2003年

2月、モーリス・ブランショ死去。イメージと表象の哲学的思索をめぐる論集『イメージの奥底で』を刊行。外務省の文化使節としてスペインに赴く。

2004年

芸術文化勲章オフィシエを授与される。6月、ストラスブール大学哲学科と哲学者議会がデリダを招聘し、3日間さまざまな催事が開かれる。ナンシー、ラクー=ラバルトとも対談が行なわれたが、三者が討論した最後の機会となった。9月、クレール・ドゥニ監督がナンシーの経験に着想を得て製作した映画『侵入者』公開。10月、デリダ死去。

2005年

西洋世界を形作ってきた宗教の問いを再考するライフワーク、『脱閉域 (キリスト教の脱構築1)』刊行。レジオン・ドヌール勲章シュヴァリエを授与される。

2006年

4月、二度目の来日。東京、京都にて計5回の講演や討議(「共通の大義　翻訳者の使命 (ジャン=リュック・ナンシーの著作について)」

「身体をめぐる省察」「無 - 無神論」「無神論と一神論」)。5月、ストラスブール大学哲学科と哲学者議会によるワークショップ「共同体」。

2007年

1月、ラクー＝ラバルト死去。

2009年

1月、パリにてナンシーをめぐるシンポジウム「外の形象」。3月、ロンドンでのシンポジウム『共産主義の理念』にスラヴォイ・ジジェクやアラン・バディウらとともに参加予定だったが、この年は肺に重篤な感染症を患い、イベントへの参加はほとんどキャンセルを余儀なくされる。9月、ケンブリッジで大学院生を中心に芸術とナンシーの思想をめぐるシンポジウム「メイキング・センス」が開催されるも、やはりゲストとしての登壇を断念。準備したテクストはマーティン・クロウリーが代読。10月、ラクー＝ラバルトを追悼する大規模なシンポジウムが開催され、ナンシーによる長大な発表「フィリップ」で締め括られる。

2011年

12月、東洋大学主催でWEB国際講演会「ポスト福島の哲学　知の巨匠に尋ねる」開催。ドイツ・ミュンヘン大学のベルンハルト・ヴァルデンフェルスとともに、ネットを通じて参加。

2012年

4月、ポルトガルのコインブラにてシンポジウム「宛先　ジャン＝リュック・ナンシーを讃えて」開催。前年の講演会を踏まえ、福島第一原発事故を受けた技術論『破局の等価性　フクシマの後で』を発表。

2014年

文学をめぐる初期からの論考によって再構成された大部の集成、『要求　文学と哲学』刊行。

2015年

11月、ストラスブール大学にてナンシーをめぐるシンポジウム「変異を思考する」開催。

2017年

4月、シンポジウム「神話・共同体・虚構　ジョルジュ・バタイユからジャン＝リュック・ナンシーへ」に登壇するため、3度目の来日。大学院生を主な対象に最新刊『性存』をめぐるセミネールを開催。その後、緊急入院のためシンポジウムへの参加は果たせず。

2019年

3月、オックスフォード大学ベリオール・カレッジにて開催されたシンポジウム「ジャン＝リュック・ナンシーと共に思考する」に参加。デリダ没後に綴られた追悼的テクストを含む論集『デリダ、代補』を刊行。

2020年

Covid-19によるパンデミックをめぐって、アガンベンとの論争を含む時評集『あまりに人間的なウイルス』を刊行。世界中からの要望に応え、Youtubeなどを通じて精力的にメッセージを発し続ける。インドの哲学者ディヴヤ・ドゥウィヴェディ、シャージ・モハンらが主催するオンライン・ジャーナル«Philosophy World Democracy»の編集委員を務め、積極的に寄稿。80歳の誕生日を祝して、ミシェル・ドゥギーやアレクサンダー・ガルシア・デュットマンら35名の友人によるメッセージ集『世に言うように、あなたは80歳』が贈られる。

2021年

8月23日、ストラスブールにて逝去。12月、イタリア、「女性とジェンダーの知識の祭典」（主催：バーリ大学、共催：アリアンス・フランセーズ・バーリほか）にて追悼シンポジウム。

2022年

1月、オランダ、ライデン大学にて追悼シンポジウム「有限性を分有する」。同月、パリ、ポンピドゥーセンターおよび高等師範学校にてシンポジウム「思考のアナスタシス」。9月、メキシコ、ケレタロ自治大学にて追悼のための国際シンポジウム。同月、東京にて国際シンポジウム「ジャン＝リュック・ナンシーの哲学　共同性、意味、世界」。10月、ストラスブール大学にてシンポジウム「ジャン＝リュック・ナンシーへのオマージュ」。

〔**付記**〕年譜の作成にあたってはナンシー本人の手になる履歴書の他、以下の文献に収録されているインタビュー等を随時参照した。年号に食い違いがみられる場合には、暫定的に最も整合性がとれると判断した形にまとめてある。クレール・ナンシー、メランベルジェ眞紀、増田靖彦の各氏からは往時のストラスブールや来日時の様子についてご教示いただいた。また本年譜は『思想』（1172号、2021年）に掲載された情報を補訂して再録するものである。先の諸氏、および転載を快諾された『思想』編集部に感謝する。

ジャン＝リュック・ナンシー『侵入者』西谷修訳、以文社、2000年。

Dominique Janicaud, *Heidegger en France, II*, Albin Michel, 2001.

Almémos. Bulletin de l'Association Alsace mémoire du mouvement social, n° 19, décembre 2013.

Jean-Luc Nancy, *La possibilité d'un monde*, avec Pierre-Philippe Jandin, Les petits Platons, 2013.

Jean-Luc Nancy, *Democracy and Community*, with Peter Engelmann, Polity, 2019.

ブノワ・ペータース『デリダ伝』原宏之・大森晋輔訳、白水社、2014年。

ジャン=リュック・ナンシーの哲学
共同性、意味、世界

2023年6月26日　第1刷発行

編　者　西山雄二　柿並良佑
著　者　市川崇　鵜飼哲　合田正人　郷原佳以　小林康夫　澤田直
渡名喜庸哲　西谷修　松葉祥一　ジャン=クレ・マルタン
ボヤン・マンチェフ　ジェローム・レーブル　ジャコブ・ロゴザンスキー
訳　者　乙幡亮　黒木秀房　松葉類　吉松覚

発行者　明石 健五
発行所　株式会社 読書人
〒101-0051 東京都千代田区神田神保町 1-3-5
Tel : 03-5244-5975　Fax : 03-5244-5976
https://jinnet.dokushojin.com/
email : info@dokushojin.co.jp

装　丁　坂野仁美
印刷・製本　中央精版印刷株式会社

ISBN978-4-924671-62-1　C0010　Printed in Japan

ディアローグ デュラス／ゴダール全対話

マルグリット・デュラス／ジャン＝リュック・ゴダール 著
福島勲 訳

これまで一部のみ翻訳されていた、デュラス／ゴダールの三つの対話を、マルグリット・デュラス・アーカイブ、並びにフランス現代出版史資料館のマルグリット・デュラス寄贈資料に残る音声資料から完全再現。

四六判・二一四頁・三〇八〇円

見ることからすべてがはじまる
インタビュー／会話（1951-1998）

アンリ・カルティエ＝ブレッソン著

1951年から1998年にかけて実現された12の会話とインタビューを収録。幼い頃の記憶から、第二次大戦時の捕虜体験と幾度もの脱走……。マグナム・フォト設立前後の話、盟友キャパとの関係と、その死について。

四六判・二四二頁・三七四〇円

民主主義は不可能なのか？
コモンセンスが崩壊した世界で

宮台真司・苅部直
渡辺靖 著

現代の三賢人が語り尽くした「10（平成後期10年間）＋1（10年後の未来に向けて）」。世界は、社会は、人びとの心は、どう変わったのか。二度の政権交代、トランプ政治、東日本大震災、脱原発運動、格差社会、天皇退位、沖縄基地問題……。

四六判・四一二頁・二六四〇円